农产品市场化对农户土地利用行为的影响研究

高 珊 著

东南大学出版社
SOUTHEAST UNIVERSITY PRESS
·南京·

图书在版编目(CIP)数据

农产品市场化对农户土地利用行为的影响研究 / 高
珊著. —南京:东南大学出版社,2013.12
ISBN 978-7-5641-4747-1

Ⅰ.①农… Ⅱ.①高… Ⅲ.①农村—土地利用—研究
—中国 Ⅳ.①F321.1

中国版本图书馆 CIP 数据核字(2014)第 007893 号

农产品市场化对农户土地利用行为的影响研究

出版发行 东南大学出版社
出 版 人 江建中
社 址 南京市四牌楼 2 号
邮 编 210096

经 销 全国各地新华书店
印 刷 南京玉河印刷厂
开 本 787mm×1092mm 1/16
印 张 9.25
字 数 243 千字
书 号 ISBN 978-7-5641-4747-1
版 次 2013 年 12 月第 1 版
印 次 2013 年 12 月第 1 次印刷
定 价 32.00 元

(本社图书若有印装质量问题,请直接与营销部联系,电话:025—83791830)

序 言

在市场与政府的双重推动下,家庭农场、农业企业等经营方式得到了较快的发展,但总体来看,家庭经验仍然是我国农业经营制度的基础。长期以来,我国一直重视通过耕地保护、尤其是基本农田制度等政策对于农户土地利用的引导与规范。然而,有关农产品市场发展对农户土地利用行为的引导机理,以及如何发挥农产品市场对于农户土地利用行为的引导性作用还关注不够。

2013年11月十八届三中全会明确提出促进市场在资源配置中起决定性作用,加快形成现代市场体系,提高资源配置效率和公平性。土地是各种农业生产经营活动的基本生产资料,农产品供给与土地利用方式息息相关。城乡一体化进程的快速推进,使农业、农村面临资源和市场的双重约束更加明显,农村土地生产格局、经营方式及农户收益的改变更为剧烈。针对这些新现象和新问题,研究区域农产品市场发展过程中,如何影响农户土地利用方式的命题显得愈发重要。

高珊博士的这部著作《农产品市场化对农户土地利用行为的影响研究》,正是以我国农产品市场发育水平高、农户土地利用自主决策强的沪、苏、皖三省(市)农户调查的实证数据为主体,综合宏观区域层面的时空数据统计分析,建立农产品市场化对农户土地利用影响的理论模型和研究框架,揭示农产品市场发展对农户土地利用变化的作用过程,归纳不同农产品、不同地区、不同农户的差异性,进而提出农产品市场环境下农户土地可持续利用的可能路径。

该著作既从农户微观层面分析了农产品市场化与土地利用变化的关联性与规律性,又结合区域层面的时空序列数据,共同阐述了农产品市场化对农户土地利用变化的影响程度及地域分异,并探讨了农产品市场环境下农户土地可持续利用的现状及问题,有利于为决策者从农户层面提供更具操作性的改善土地利用状况和提升农产品市场化水平的举措及建议。

这部论著具有一定的理论创新性,探索性地构建了农产品市场化对农户土地利用行为影响的理论框架及方法体系,尝试性地针对粮经农产品归纳了农产品市场化对农户土地利用结构、效益及流转行为的作用特征及地域差异,有助于丰富农户行为、农产品市场建设与土地利用变化的相关理论依据,也有助于丰富现有农户土地利用变化的市场机制驱动力研究。

整体而言,该著作内容具体、方法科学,数据翔实,不失为一项严谨的实证研究。该书开展了农村土地资源利用领域的探索性研究,伴随市场经济的动态性发展,对于农产品市场化程度的综合判断及区域差异对农户土地利用行为的影响、农户土地可持续利用与农产品市场的关联等方面有必要做出进一步的深入研究。希望该书的出版能够为后续的研究者提供可借鉴的内容,也希望更多的研究者关注农产品市场对于中国土地利用变化的影响,协调农产品市场与土地利用的关系,为更好地解决我国的"三农"问题群策群力。

南京大学　黄贤金

2013 年 12 月

前　言

　　土地是各种农业生产经营活动的基本生产资料。在一定的技术经济条件下，农产品供给与土地利用方式息息相关。随着我国市场经济体制改革的深化，农产品市场化得到了积极的推进和发展，直接影响了农户土地利用决策行为，加剧了以农户为主体的土地利用方式变化。本书以安徽省阜南县、上海市奉贤区以及江苏省常熟市、宝应县和江都市等地的普通农户为研究对象，初步构建了农产品市场发展对农户土地利用行为影响的研究框架。以农户问卷调查为依据，采用实证分析与规范分析相结合的方法，着重从农户微观层面深入剖析了农产品市场主体、市场环境及市场行为特征与农户土地利用行为之间的关联性。总结了以沪苏为代表的长三角发达地区和安徽为代表的传统农区的地区分异规律，较为系统地揭示了农产品市场发展对农户土地利用方式变化的影响过程及作用机理，有利于从完善市场制度的角度更为全面地阐释农村土地利用变化的驱动力，为引导农户土地可持续利用，优化农业产业结构，提升农产品市场化水平提供决策参考。本书共分八章，主要研究内容和结论如下：

　　研究内容一：农产品市场化对农户土地利用行为影响的理论模型研究。基于农业土地利用理论、农产品市场供需原理和农户行为理论，在研究假设前提下，参照人类行为模型，尝试构建研究的理论逻辑框架，详细分析了选择市场主体特征、市场环境特征和市场行为特征三方面作为主要影响因素的动机及可能影响。并阐述了农产品市场化与土地利用结构、效益、流转及可持续发展之间的关系，以及农户微观行为与区域宏观决策的关系。

　　研究内容二：区域农产品市场化与农业土地利用方式变化的时空特征研究。紧密结合全国及农产品主产区等不同区域层面的宏观统计数据，选取农产品市场化和农业土地利用方式变化的关键指标建立回归分析。结果发现：无论时间序列还是空间分析，农产品市场价格和商品率对粮经农产品的土地利用结构及土地利用效益都产生了比较显著的影响，市场价格的推动力量突出。粮食价格和商品率每增加 1 个单位，其播种比例和产值分别提升 0.14 和 7.80 个单位；蔬菜商品率和价格每增加 1 个单位，其播种比例和产值分别提升 0.39 和 72.74 个单位。

　　研究内容三：农产品市场化对农户土地利用结构的影响过程及差异研究。阐述研究地区市场主体、市场环境及市场行为的特征差异，运用 Tobit 计量模型检验各要素对农户土地利用结构的影响。结果发现：农产品的销售价格、流通成本及商品化、专业化和组织化生产行为，对刺激农户扩大粮经作物土地利用规模起到了正向促进作用。市场价格和商品率每增加 1 个单位，蔬菜种植比例将提升 0.18 和 0.45 个单位。资源禀赋、区位条件及农户特征对于蔬菜和稻麦都产生了积极影响。

多样化土地利用结构的形成与家庭的自给自足生产特性密不可分。根据研究区域市场化动力特征差异可划分为自主推动型(奉贤)、外力促进型(常熟)、内外共推型(宝应和江都)及自发传统型(阜南)四种。市场价格对传统农区、商品率和流通渠道对长三角地区的农户土地利用结构呈现显著的正效应。

　　研究内容四:农产品市场化对农户土地利用效益的影响过程及差异研究。阐述研究地区农资和劳动投入的市场环境特征差异,运用扩展生产函数计量模型检验各要素对农户土地利用效益的影响。结果发现:农产品的销售价格、流通成本及商品化行为对粮经作物土地利用效益的提升产生了显著的正向刺激作用。商品率和市场价格每增长1‰,水稻单位产值分别增长0.28%和1.02%;小麦单位产值分别增长0.20%和1.47%;蔬菜单位产值分别增长1.69%和0.26%。稻、麦和蔬菜对农资投入的响应比劳动投入更显著。农户素质提升及家庭收入结构改变影响农户土地利用效益的高低。根据研究区域行政干预重点差异可划分为价格补贴型(奉贤)、技术推广型(常熟)、组织强化型(宝应和江都)及公共服务型(阜南)四种。农资投入及市场行为对传统农区和长三角地区的优势农产品土地利用效益影响更显著。

　　研究内容五:农产品市场化对农户土地流转行为的影响过程及差异研究。阐述研究地区土地流转规模、方式及费用等土地流转市场环境特征差异,运用Heckman两步法计量模型检验各要素对农户土地流转的影响。结果发现:农产品市场价格、流通成本及流转租金等要素还未对土地流转产生显著的影响。商品化、专业化及组织化等行为有利于促成土地规模经营。农户年龄、家庭收入结构及土地原始状态是刺激土地流转的主要动力。多数因素对流转规模的影响比流转概率的影响更显著。农产品市场机制及土地市场机制不健全制约了土地流转的速度和规模。根据研究区域土地流转规模差异可划分为流入流出型地区(宝应和江都)、流入型地区(阜南)及流出型地区(奉贤和常熟)三种。

　　研究内容六:农产品市场环境下农户土地可持续利用决策研究。农户目标、国家目标和市场目标三方不一致是导致土地不可持续利用行为发生的主要原因。根据农户土地可持续利用的基本内涵,建立化肥投入与土地产出的回归模型,得出20 942元/公顷为土地产值由升到降的投入转折点。针对农产品市场化对农户土地可持续利用的可能影响及地区差异,为促进农户土地可持续目标的实现提出若干建议。

　　关键词:农产品市场化　农户　土地利用行为　土地可持续利用

目　录

1 绪 论

改革开放以来,我国城市化、工业化的快速发展,带来了农村生产格局和经营方式的变化,引发了劳动力、土地、资本、产品等一系列资源要素的重组。随着市场经济体制的全面确立,农业产业化、专业化、规模化等新型、高效的生产经营模式不断涌现,加速了我国传统农业向现代农业转变的步伐。我国农产品市场发展也随之进入了一个新的阶段,商品率大幅提高,专业化分工初步形成,组织化水平有所提升,都将引起农村土地利用格局的显著改变。本章从选题背景及研究意义入手,在对国内外研究进展进行梳理与总结的基础上,提出研究思路及研究方法。

1.1 研究背景及意义

1.1.1 研究背景

土地是各种农业生产经营活动的基本生产资料,农产品供给与土地利用方式息息相关。我国农业土地利用格局以农产品市场为目标导向的趋势越来越显著,农产品市场变化逐渐成为农户土地利用变化的重要驱动力之一。近年来国家确立的农业、农村发展政策,尤其是农产品价格机制、农业产业化经营模式以及农地规模流转等具体政策的实施,将更有利于农产品市场的发育,也加剧了以农户为主体的农村土地利用变化。农业的"小"生产模式与市场的"大"流通需求之间的矛盾逐步显化(姚洋,2000;钟甫宁和王兴稳,2010)。加入WTO之后,面对世界农业的竞争与冲击,农业、农村面临资源和市场的双重约束愈发明显,农村土地生产格局、经营方式及农户收益的变化更为剧烈。从农产品市场与农户土地利用的变动过程及关联角度寻找中国农业的出路,已经引起了各界的普遍关注(黄季焜,2010;Diao et al,2003)。

1) 农村土地制度改革与经营模式创新

我国农村土地制度改革始终是整个中国制度变迁的始点和动力(马晓河,2009)。纵观近40年的变革历程,农村土地制度从所有权与经营权合一到两权分离,从均田承包到"两田制"、"三田制"、农地代营、农地租赁、股权化改革等等,逐步形成了与市场经济机制相融合的产权制度安排(王玉蓉和孙良媛,1999)。规模化、专业化、产业化等土地经营方式的出现和农产品市场价格机制的导向,促使种养专业户、经纪人、专业合作组织、农业龙头企业、超市等新型经营主体不断涌现。土地制度变革极大地推动了农产品生产和流通各环节的快速改善,现代经营方式提高了农产品市场经营效率(董晓霞等,2011;Brown et al,2011)。从政府强制安排到市场配置与政府干预双重引导,我国农产品市场建设进入多元化主体、现代化经营和国际化竞争为特征的新阶段。农产品市场流通不仅是农副产品由生产领域转入消费领域实现其价值的桥梁,也是农村经济体系走向专业化、商品化、社会化的重要前提。促进农村土地制度和农产品市场体系的完善,有助于优化农户的生产条件和生活福利,营造有利于"三农"发展的上层宏观环境。

2) 农业土地结构调整与经济效益增长

20世纪90年代后期以来,我国实施了一系列推动农村土地流转、调整农业结构等方面的措施和手段,以按照市场需求合理配置土地与其他生产要素。国际上,不少学者提出以农业多功能性战略来解决粮食安全与耕地保护的问题(Clark,2005；Holmes,2006；Gómez and González,2007)。在市场经济环境下,以农户自身可能获得的经济效益为依据,其土地利用行为会做出相应的调整与应对。当前愈演愈烈的农产品涨价风潮、食品安全等问题,农民无法获得涨价利润,又受到农产品价格波动的不利影响,势必扰乱他们对土地经营效益的正确判断。就专业化生产者而言,随着土地规模扩大及生产经营各环节市场化程度的提高,他们承受的市场风险和自然风险将更大,收入预期上的不确定性也增大。我国农村的土地利用格局还不能对农产品及相关要素的市场变化做出及时、有效的响应,进而产生有利于生产者效率与效益的合理安排。以农户为决策主体调整农业土地生产结构,提高农村土地利用效率和收益,是减少"政策失灵"和"市场失灵"对农地和农民带来利益侵害的有效途径之一。

3) 农户土地利用行为与社会福利改善

农户作为农村投资、生产与消费等经济活动的微观行为主体,是农业生产中最基本的决策单元,也是农村土地利用最基本的决策单位(谭淑豪等,2001；Chen et al,2010)。在市场经济过程中,农户对农业土地生产的比较利益和机会成本越来越敏感。他们根据不同农产品的价格、特性、偏好等因素,决定对每种农产品供给多少农业用地量(武立永,2011)。保护政策相对完善的粮食价格运行较为平稳,但完全依靠市场调节的生鲜农产品价格波动剧烈,越发成为影响农业稳定增产和农民稳定增收的主要障碍因素(董晓霞等,2009)。为实现农产品有效供给、增加农民收入与资源环境可持续利用等多重目标,市场能否对各种资源要素起到真正的配置作用是关键。在市场经济活跃的发达地区,农产品市场和土地等生产要素市场发育较为完善,农户土地利用的经济利益目的较为明确(欧阳进良,2004)。农户土地利用的市场化行为将成为扩大中小规模农户抓住农产品消费转型的市场机遇,参与国际市场竞争,提高我国农产品竞争力的重要手段(屈小博,2008)。深入分析农户经营行为与土地利用行为特点,有利于增强农户的自我发展能力,推动区域农业与农村经济、社会、环境的协调发展。

1.1.2 研究意义

农村土地制度变革是全国市场经济体制改革的原动力之一,推动了农产品产量和品质的提升,加速了农产品市场价格和流通机制的形成。土地产权、农业产业结构调整、农地规模经营等对农产品市场发展与农户土地利用的影响已经获得不少关注。然而,在区域农产品市场发展过程中,各种关键指标如何与农业和农户土地利用结构、效益、规模等方面发生关联及作用,还未见明确的讨论与结论。就现阶段而言,政府强制干预逐渐弱化,农户市场主体地位不断上升,其生产经营自主权及资源要素的市场配置意识有所增强,在农村生产力与生产方式发生巨变时期,开展区域农产品市场发展对农户土地利用变化可能影响的研究,正是本书的研究意义所在。

长三角地区是我国经济社会发展与改革开放的前沿地区,农村市场化进程起步较早,农产品市场体系较为完善。当农户的非农就业收入来源比较稳定或具有从事高附加值农业的稳定来源时,意味着农村土地正逐步脱离基本的生存保障功能,初步具备了追求市场收入最大化的功能。以沪、苏为代表的长三角地区作为研究案例,并与安徽传统农区进行对比,深入剖析农产品市场发展与农户土地利用之间的关联性和规律性,对全国其他地区的研究与实践具有一定的借鉴意义和指导作用。

在市场利益对农户行为影响日益强化的情形下,分析农产品市场发展与农户土地利用行为之间的关系,归纳其时空演化过程,并尝试建立影响模型,一方面有助于丰富农户行为、农产品市场建设与土地利用变化的相关理论依据;另一方面有利于从市场制度完善的角度更为全面地阐释农村土地利用变化的驱动力,同时有利于从农户层面提出更具有操作性的改善土地利用状况的举措及建议。

农户既是农业产业结构调整的主体,也是土地利用行为的主体。由于农产品市场运行机制和农业生产利益诱导机制的作用,农户为追求土地利用效益的最大化,不断调整区域土地利用的结构和方式,以适应区域农业产业发展的客观要求,而这势必引起土地利用变化(王鹏等,2004)。但也有学者认为,由于农业收益在农户家庭收入中的比重较低,且总体呈现下降趋势,不同农户土地利用行为对于农产品各类市场的敏感性和响应度也在降低(杨钢桥和彭钱英,2010)。基于上述不同观点,本书试图通过实证研究阐述市场经济体制下区域农产品市场发展对农户土地利用变化是否有影响,如果有,将产生什么样的影响?正向抑或是负向?减弱还是增强?哪些因素的影响更显著?不同地区、不同农户、不同农产品之间有哪些程度差异?如何主动适应这一态势,形成有利于农户土地资源可持续利用管理和现代农业发展的政策建议?这些有待进一步研究的问题,也正是本研究所要关注的核心内容。

1.2 国内外研究进展

1.2.1 农产品市场发展对农户决策行为的影响

在市场经济条件下,农户经营行为是否合理,农业结构能否得到优化调整,都取决于产品和要素价格信号是否真实、准确(罗从清,2002)。

1) 农产品市场发展加剧农村生产要素流动

自20世纪50年代以来,我国农产品从最初的统购统销,经改革开放之初的价格双轨制,发展到现在的市场化流通体制,市场在资源配置过程中的基础性作用逐渐加强,农户根据市场需求来安排生产的方式在一定程度上提高了个人收益。农业和农村发展受市场约束越来越大已经成为一个不争的事实。

劳动力、资本、土地、技术等是农户生产经营的基本要素,受农产品价格和供求变动的影响,其在城乡流动以及国际间流动的幅度越来越明显。有研究显示,农村市场化进程对农村劳动力非农就业有显著的正向作用,既取决于农村劳动力经营农业的收益,也取决于劳动力市场状况(乔俊果,2011)。而农产品价格的强力回升调整了农户的经营决策,促进农户推广先进实用技术及增加农业生产投入(张淑英和李永强,2006)。与农产品成本和价格相关的因素同样影响农户的经营行为,有学者对南北三省农户玉米投入产出进行实地调查,指出其成本收益与土地等级和细碎化以及劳动、化肥、用工等都有关联(柴斌锋等,2007)。还有研究表明,加入WTO后我国农产品的整体竞争力进一步下降,深加工农产品的比较优势显著高于鲜活原料型农产品(李岳云等,2007)。为推进农产品市场化建设,我国行政手段与经济手段并重。既要强化政府在农产品市场化发展过程中的责任和义务,突出农产品市场基础设施建设的公益性(徐柏园,2011);又要根据不同农产品的特性、开放度及其在国计民生中的地位,以市场杠杆综合制定不同农产品的合理价格(姜长云,2011)。

2) 农产品市场发展促进农户经营模式创新

伴随工业化、城市化和农产品要素市场的发展,农户分化加剧,出现了从事农业生产的农户绝对数量减少与专业化生产的农户相对数量增长并存的局面。由于种养专业户、经纪人、专业合作组织、农业龙头企业、超市等新型主体纷纷涌现,加剧了农产品市场参与主体多元化格局的形成。目前,我国已经转变为大量小规模兼业农户与少数专业农户并存;市场化、专业化农业与口粮农业并存的局面,专业农户、家庭农场正在兴起。

专业大户、合作社、龙头企业三者合作互融是发展现代农业的必然选择(赵良庆和张贵友,2011)。"合作社+农户"模式不仅有助于降低农户市场交易费用,而且有利于农业内部积累,增加农户纯收入(蔡荣,2011)。而农业龙头企业是农业垂直一体化经营的重要形式,与农户结合后构成农工商综合体,成为拓展农业产业链的有效载体(张晓山,2011)。也有研究指出,若农户与公司、合作社或专业市场之间建立的利益关系不紧密,合作过程不规范,既会影响农业产业结构的调整和农产品市场的开拓,还会扭曲利益结构,降低农业的比较利益(张学军,2011)。美国农业产业也正在从以家庭为基础的、小规模的、相对独立的农场统治的产业转变为将生产和分配环节更紧密地连接起来的大公司统治的产业(Boehlje and Doering,2000)。

3) 农产品市场发展转变农户营销交易方式

就目前而言,农产品批发市场仍是我国农产品流通的中心环节,承担着 70%以上的农产品流通任务(丁建吾,2011)。随着现代化农业生产方式的全面推进,新的市场交易渠道和流通手段应运而生。从过去的集市贸易、对手交易,扩大到如今的基地直采、订单购销、期货交易和网上竞价等多种方式,农产品物流配送、连锁经营、电子商务等方面有了较快发展(汪腾,2011)。

超市正在取代传统的农贸市场,逐渐地成为农产品零售的重要渠道(Neven and Reardon,2004;胡定寰,2010)。"农超对接"将分散的小生产者与市场有机整合起来,是一种现代流通方式的创新和具体应用(孙江超,2011)。据调查,近年我国大中型超市生鲜农产品直供直销比重达到 30%(刘阳,2011)。至今全国注册并运行的大宗农产品交易所已达 70 余家,交易品种涵盖了蔬菜、水果、粮食、禽畜、农资产品等 200 余种(杨林和曾繁华,2011)。然而农产品现代流通体系依然不健全,侵害农民利益、威胁粮食安全以及农产品质量安全等问题时有发生。诸如农产品流通标准化程度低、优势农产品产业带布局不合理、同构现象严重(费建,2011);"农超对接"的成本过高、意愿缺乏、运营效率低下等现象屡见不鲜(邱述兵,2011)。

1.2.2　农户决策行为对土地利用的影响

近年来,我国乃至世界各地的农户在土地产权、经营方式、利益分配等方面出现了新的变化,富有新的时代特征。众多学者从土地利用变化的各种现象入手,深入研究其变化机理,并针对不同农户的行为分析其驱动力。在获取数据方面,主要涉及以"3S"为代表的空间遥感手段、以农户访谈为代表的田野调查手段和以统计资料为代表的统计数据手段,往往三者结合使用。在阐述论证方面,实证研究与理论推导紧密结合,计量经济学方法比较常见。国外研究走在前列,各种回归模型和空间特征模型等得到了比较广泛的应用(Swinton,2002;Alix et al,2005;Zwane,2007)。

1) 农户决策行为引起土地利用变化的现象分异

人类主要通过两种途径增加土地产出:一是扩大土地面积,二是提高单位面积产出。前者通过用途转移实现,后者借助于增加技术和劳动投入,即提高集约度(伊利·莫尔豪斯,1982)。有学者指出用途转移(或地类变更)与集约度变化构成土地利用变化的两种基本类型(李秀彬,2002)。而土地产权变更则是联系这两个方面变化的重要环节。

从土地利用结构看,土地细碎化一直是制约我国农村劳动生产率的主要因素之一。有学者对我国土地细碎化的成因和影响进行了比较详尽的梳理与概括(吕晓等,2011)。还有学者运用农村固定观察点数据和经济学研究方法从村级水平和农户层次分析了土地细碎化的主要影响因素(谭淑豪等,2003)。也有学者认为农村家庭承包责任制刺激了每片农地的利用,但耕地的分块降低了农业规模生产效率,加剧了农村土地细碎化格局(黄贤金等,2001)。我国学者还利用模型、遥感数据等方法分别从农户角度或区域角度研究了土地用途变更因素和变化过程(赵晓丽等,2010;Zhong et al,2011)。国际学者的研究也表明,中欧土地过度细碎化阻碍了农业商品化的发展(Dijk,2003)。亚马逊研究同样说明人口激增导致大量地块细分,并且土地细分与缺乏非农就业机会有一定联系(Pan et al,2004)。

从土地利用效益看,有学者基于投入产出原理对我国农地利用集约度、边际效应等进行了模型检验、指标选择等系列研究(刘成武和李秀彬,2006;朱会义等,2007)。还有研究采用 DEA方法测度了地区不同兼业类型农户的土地利用效率(梁流涛等,2008)。有学者提出中国农业的适度规模经营对农业生产绩效的提高具有积极的正面效应(许庆和尹荣梁,2010)。也有研究证明中国农业生产具有规模报酬不变的特征(Wu et al,2005;Chen et al,2009)。国外研究成果也揭示了农户土地利用与生产绩效的关系。在丹麦日德兰半岛的研究发现不同类型农户土地利用方式和集约利用程度不同,与职业农民相比较,兼业农民在土地利用上更趋于非集约方式(Kristensen,2003)。在尼泊尔则观察到市场驱动尤其价格因素是导致耕地扩张和集约化利用程度提高的关键驱动因素(Brown and Shrestha,2000)。而非洲土壤养分流失和耕地粮食生产能力的降低是耕地集约化利用造成的(Drechsel et al,2001)。

从土地利用产权变更看,在城市化和工业化快速推进时期,土地被征用并彻底改变土地权属是不可回避的事实,关键是如何保障失地农民的生存发展权利。国际大多数国家采用公正补偿,即使是经济贫困的国家,如津巴布韦、纳米比亚等也采用此方式(Treeger,2004;Moyo,2005)。而农地流转则是农户土地在农业内部的变动。中外学者以地区农户流转为研究案例,分析了农地流转市场发育、土地利用变化频率、空间差异等问题(Deininger et al,2003;Du et al,2006;黄贤金,2010)。农地流转不仅促进农地规模经营,而且提高农地生产效率(郜亮亮和黄季焜,2011)。但是,也有研究担心农地流转带来的负面效应,尤其是对农户长期投资的消极影响(蔡昉等,2008)。

2) 农户决策行为成为土地利用变化的主要动因

国际地圈生物圈计划(IGBP)和全球变化人文项目计划(IHDP)于 1995 年联合设立了土地利用和土地覆被变化(LUCC)项目。LUCC 驱动力研究,其目的在于揭示土地利用/覆盖变化的原因、内部机制和过程,预测未来变化发展的趋势与结果,以便于制定相应对策(摆万奇和赵士洞,2001)。有学者将 LUCC 模型分为三类:基于经验的统计模型、基于过程的动态模型和综合模型,并指出各自优缺点及适用范围(蔺卿等,2005)。其中,Multi-Agent system 模型可以从微观水平上解释土地利用变化的细节,这种自下而上、建立人工社会模型的方法已经被广泛采用(Evan and Kelley,2004;黄河清等,2010)。

针对土地热点问题的机理剖析也较常见。有学者指出我国耕地保护规划的实施有效地减少了地区耕地流失(Zhong et al,2012)。有研究基于农户收益最大化原则,构建了在土地产权约束和农用地用途约束下的农用地变化驱动机制框架(孔祥斌等,2010)。也有学者分析农业机械总动力、化肥施用量、有效灌溉率和地膜使用量等对粮食单产的提高具有正向作用(杨丽霞,2013)。国外有学者证明,法国土地利用的再集约现象是由于农村基础设施改善导致的(Mottet et al,2006)。

不同特征的农户在土地利用上存在着较大差异,可按照不同标准对农户类型进行细分,如生产规模(辛良杰等,2009)、务农成本(张永丽,2009)、兼业程度(陈瑜琦等,2010)等,进而研究每种农户的不同土地利用行为。很多研究也从地块、家庭、村域乃至地区、国家等不同的土地利用层次进行联合分析。国际学者在日本、菲律宾等地区建立了不同层次的土地利用模型来分析土地利用变化(Hoshino,2001;Overmars and Verburg,2006)。我国多层次模型的研究还不多见,有研究尝试构建了从地块到农户的二层土地利用决策影响因素模型(杨维鸽等,2010)。该模型对数据质量要求较高,较小层次(如农田和村庄)数据较难获得(张永民,2009)。如何科学建立不同层面的关联成为这种方法的难点和重点。

3) 农户决策行为作用土地利用变化的生态效应

农户决策引起的土地利用变化不仅会对经济社会发生作用,而且会对生态环境、可持续发展产生作用。自20世纪80年代以来,西方地理学者较多从农户的微观视角开展经济活动与环境关系的研究(Sullivan and Napier,2005;Pumphrey et al,2008;Buijs,2009)。特别在全球经济一体化的背景下,从农户行为视角研究生态环境整治与农业经营策略之间的关系已成为一个重要领域(Sherbinin et al,2008)。国际社会对于毁林开荒等生态问题较多关注。有学者对亚马逊河谷、非洲喀麦隆地区的伐林造地从事种植业的生产活动展开了相关研究(Mertens et al,2000;Evans et al,2001)。在人口压力和生存压力面前,当地住户毁林开荒进行种植利用是保障食物安全的一种策略(Shriar,2002)。盐碱地可持续利用问题也是国际上的关注热点之一,从农户的技术采用、技术决策及影响因素方面展开了不少实证及理论研究(Mbaga and Folmer,2000;Ravindran et al,2007;Wang et al,2012)。

国内学者围绕农户行为对区域生态环境影响开展了实证研究。有学者通过对曲周县农业土地利用系统分析和农户土地利用持续性评价,认为政策激励和市场运作有助于促进农民的土地可持续利用行为(欧阳进良等,2004)。有研究运用马尔柯夫模型,对生态脆弱区农户土地利用行为引起水土流失、土壤退化等问题给予了持续性关注(王鹏等,2003)。由于农户数量庞大,其生产经营行为与水土资源利用变化直接相关,更重要的是,农户行为和当地的生态环境之间存在相互作用以及反馈机制(徐建英等,2010)。了解二者之间的内涵及自然和社会经济背景,有助于通过政策制度手段引导可持续发展的实现(Zimmerer,2004)。

1.2.3　农产品市场发展与农户土地利用的关系

随着我国市场体制改革的不断深入,农产品的市场化发育程度与农户土地利用行为之间的关系越来越紧密。一方面,专业化分工极大地提高了不同农产品的生产效率,刺激了不同生产要素的市场需求;另一方面,适度规模经营加速了农村土地利用格局的调整,进一步优化了农业生产结构。

1) 农产品市场波动加速土地利用结构调整

在市场经济体制下,市场供需关系的波动决定了农产品价格的涨跌,经营者根据市场价格的高低及其变化进行收益和成本的比较,确定利润最大化的产品数量和结构,进而对其土地利用结构做出相应的调整。我国不少学者以地区案例阐述农产品市场变化对土地利用的影响。有学者根据农产品市场时空变化规律提出了加强区域性专业化生产和推进优势农产品产业化发展的建议(姚霞,2004)。有研究以陕西果农调查数据较为系统地分析了农产品流通中交易成本对不同规模农户销售行为的影响(屈小博和霍学喜,2007)。有学者以河南省高寨村的特种农产品为研究案例指出村域经济的多元化、专业化、集团化是未来发展趋向(乔家君,2009)。还有研究基于农用地集约利用和可达性评价方法,提出农产品市场可达性对于农用地集约利用的直接影响不断下降(朱天明等,2010)。有研究论证了农户的农业生产行为市场化程度越高,农地流转对农地投入的影响就越大,农业生产的规模效应就越明显(杨钢桥等,2010)。有学者以沪苏皖农户调查数据揭示了农村市场变化对农户土地利用效益产生显著影响(Gao et al,2013)。

全球经济一体化的发展使农户面临国内国际市场扩大的挑战,农户参与现代食品和农产品市场正变成热点问题(Pingali,2007)。农户在不完全竞争环境下进入市场体系时,不论是粮食种植业,还是水果、蔬菜等商品率较高的农产品,都面临着流通的约束。有研究表明,当进行交易的成本超过参与价值时,农民将不会进入市场(Sadoulet et al,1994)。有学者对秘鲁马铃薯种植户实证分析表明,运输成本、获得市场价格信息的难易程度和实施交易监督的成本对农户市场参与程度影响显著(Maltsoglou and Tanyeri,2005)。农产品销售、流通的难易程度成为决定农户如何参与农产品市场相关生产经营活动的重要因素。加拿大、泰国等地农村市场的发展对土地规模扩大、农业生产力提高等产生了较为积极的刺激作用(Carlyle,2004;Tipraqsa and Schreinemachers,2009)。

2) 土地规模经营提高农产品市场化程度

国内外不少研究证明,农户土地经营规模与农产品商品率有成正比的趋势。早在20世纪90年代末期,我国学者发现江浙地区的粮田规模与粮食商品率之间具有正向关系(黄祖辉和陈欣欣,1998)。有学者以江苏农户为研究对象,指出农业经营规模的扩大有改变种植、养殖品种和结构的倾向,进而提高农产品的商品化程度(方鹏等,2003)。有学者以江苏为研究案例,指出农产品商品率与土地流出和流入率呈相反关系,土地流转有利于规模化和专业化生产(涂军平和黄贤金,2007)。还有学者较为系统研究了土地流转对农产品商品化的作用机理、影响程度、区域差异等内容(张丽君,2006)。还有研究探讨了土地转入转出对农业商品化的影响差异(钟太洋等,2009)。还有学者对全国九省种植茶叶农户分析指出,较大生产规模的农户有相对较高的交易频率、谈判成本、监督成本、资产专用性(姚文和祁春节,2011)。

农户土地经营规模扩大,代表农户生产能力提高,剩余产品增多,进入市场交易的数量随之增加。对智利的相关研究表明,农地流转有利于促进农产品商品化,从而提高区域农业生产竞争力(Carter and Mesbah,1993)。有效运转的土地市场是促进农产品商品化的重要途径(Lerman,2004)。匈牙利在1998年就有60%~70%的私有农场通过土地流转使其规模超过50公顷,并通过农产品市场化产生重大的社会和经济效益(Burger,2001)。有学者研究了越南红河三角洲商业化过程中农场规模和农业生产力的关系,结果表明土地集中不会导致收益不公平反而会促进农业商业化的发展(Tuan,2002)。欧洲研究显示,各类土地市场的发育对地区农业市场的影响也更加明显(Hurrelmann,2008;Deininger et al,2012)。

3) 其他关联

我国农户半自给与半商业化的特性决定了其土地利用方式的选择,既要受到农户自身生活需求及资源限制,还受社会经济、市场环境和体制政策影响。劳动力转移、中介组织参与、农产品质量安全、性别差异等因素与农产品的市场化程度及农村土地利用密切关联。浙江地区的研究认同农业劳动力转移提高农产品商品化程度的论断(Glauben et al,2008)。也有学者认为中介组织对于农产品商品化有一定影响(郭红东和蒋文华,2004;Klerkx and Leeuwis,2008)。有研究认为农产品类型、价格波动、销售难度、种植规模等都会对农户营销合作履约行为产生显著影响(郭锦墉等,2007)。有学者指出完全市场竞争条件下生鲜农产品价格在主产地与非主产地传导具有地域性和交叉性的特点(董晓霞等,2011)。

国际上也有学者关注到农产品市场发展对于贫困地区农业和性别差异等的影响。农业商业化作为一种缓解农村贫困的基础方式,对转型经济中小土地所有者和不公平待遇者的利益分配产生正面作用(Brown and Kennedy,2005)。有研究建立模型预测莫桑比克农户市场决策的主导因素,发现诱导以前不参与市场的农户比关注那些已经存在于市场的农户更重要(Heltberg and Tarp,2002)。还有研究表明在尼日利亚农村的妇女们会积极地参与到农产品市场交易中去,更愿意去较远的地方售出农产品(Akpabio,2007)。

1.2.4　研究述评

根据市场经济发展阶段的差异性,国际社会市场经济体系较为成熟,对农户行为及土地利用变化机理研究较为深入,方法具有一定的原创性及前瞻性。国内研究则是在市场经济转轨过程中,对农户行为及土地利用变化的现象关注较多,地区特色比较明显,研究体系及理论框架有待完善。

1) 已有研究特点

研究手段趋向融合。主要有宏观和微观两个方面。由于学科特点不同,地理学的宏观空间研究居多,经济学、管理学等微观主体研究居多。多种学科融合的趋势越发明显。从微观实证主体入手,经过分析和演绎,提出宏观体制变革的走向及建议,是常见的研究范式之一。

研究区域逐渐扩大。从国内范围来看,从对长三角、珠三角等经济发达地区的关注,扩展到中西部等欠发达地区;从国际范围来看,从亚马逊、非洲等热带雨林区,扩展到中美洲、欧洲等亚热带、温带地区。针对不同的地域特征、不同的农户行为特点,均展开较为深入的研究。

研究方法不断更新。现有理论分析较多采用经济学方法,特别是新制度经济学方法,实证研究则多采用调查统计和案例分析的方法。伴随技术方法的不断改进,不少学者开始尝试运用更多的新方法进行研究,比如更复杂的计量方法、更小尺度的遥感定位等等。

研究内容更加丰富。随着国家政策方针和国际宏观形势的变化,研究内容和重点也随之转变。从农地征收、农地流转、规模经营、农产品批发市场等到土地集约利用、农业组织化与产业化、农产品质量监管等问题均有涉及。

2) 启示

当前研究主要从农业产业结构调整、土地产权或农地流转产生的规模经营等角度,分析了对农户土地利用变化及市场化的影响,而从区域农产品市场角度,进行对农户土地利用变化影响及其空间差异性的研究尚不多见,尤其从微观主体市场行为入手分析二者关联性的研究还比较欠缺。主要表现为:一方面,不少研究选择农户的经济行为作为研究对象,如销售行为、生产行为、管理行为等,把土地经营面积、农产品商品率等因素作为影响这些行为的参照变量进行考察,并未作为主要影响因子考察。而且,即便研究选择了农户的土地利用行为来考察,通常考察农户土地用途变更的居多,对于土地利用效益或者效用的考察还不多见。

另一方面,对于农村土地利用变化的研究成果相对集中在宏观区域层面,较多研究使用"3S"技术获得土地利用变化信息并将其与区域社会经济统计资料结合起来分析土地利用变化驱动力,进而将变化现象反映在空间结构图上,使研究成果更加直观形象。对于土地利用变化的微观驱动研究还有待完善,主要集中在对农户土地流转的研究上,对于其参与市场的行为等较少考虑。在人地关系量化研究中,微观尺度的精细解剖,对于深入认识和解释其内部机理,具有十分重要的作用(李小建,2011)。

随着国际国内农产品市场的进一步接轨,我国农民现有的传统生产方式将受到更加剧烈的冲击,供给与需求的矛盾也将更为突出。我国不同区域的农产品市场日益成熟,其对农业土地利用的影响也日益显著,健全完善农产品市场体系及运行机制,有助于实现农业增效和农民增

收。研究农产品市场发展过程中,如何影响农户土地利用方式的命题显得愈发重要。以下可能是未来主要研究方向:

第一,多种角度的关联。加强宏观与微观的联系,注重宏观层面和微观层面的内部关联。如宏观区域有国际、国家、省际乃至县乡的区分;微观主体除了普通农户之外,还有专业大户、农业经营管理者、农业合作组织、农产品经销商等。

第二,现代方法的应用。不断优化的计量模型和更先进的遥感手段有助于对土地资料的搜集及农户模型的建立。例如如何解决 GPS 定位方法对农户地块的测量,并在大比例尺地图上进行准确反映?该工作面广量大,耗时耗力,需要调查人员具备较高的专业素养,往往实施难度较大。

第三,连续数据的获取。我国现有农户调查的数据多为截面数据,面板数据比较少,连续年度的调查更难获取。农户调查选点也不固定。在典型地区建立持续调查机制更有助于研究的深化;尤其对于变化过程的反映,往往时序数据更具有说服力。

第四,农户行为的扩展。除考虑生产投入的因素,还需要进一步考虑农户消费、组织、福利等方面的因素。这样有助于模型的完善,并且更综合地判断不同行为之间的影响。

1.3 研究目标及主要内容

1.3.1 研究目标

农产品市场化是农村市场经济体制改革的关键环节之一,也将对农村的土地利用形态产生作用。本书试图从理论和实证两方面,围绕微观经济主体,分析、阐述农产品市场发展对农户土地利用的影响。

(1) 提出农产品市场化与农户土地利用及变化的理论框架。归纳农产品市场化对农户土地利用影响的相关理论基础和研究思路框架。

(2) 构建农产品市场化对农户土地利用及变化的影响模型。从理论和实证上确定市场主体特征、市场环境特征以及市场行为特征等因素对农户土地利用的可能影响。

(3) 揭示农产品市场化对农户土地利用及变化的影响过程及差异。进行不同类型农产品、不同农户、不同地区的农产品市场化对农户土地利用及变化影响的实证检验。

(4) 提出农产品市场环境下农户实现土地资源可持续利用的可能路径。

1.3.2 主要内容

(1) 农产品市场化对农户土地利用及变化的理论分析。界定农产品市场化的研究对象及基本内涵,归纳本书所研究的农产品市场特征、农产品市场化过程及农户土地利用的行为过程,综合比较不同理论与不同农户、土地模型的运用条件、适用性等,筛选二者之间的主要影响因素,分析二者之间的作用过程,构建农产品市场发展对土地利用变化影响的理论框架及行为决策模型。

(2) 农产品市场化对农业土地利用及变化的影响趋势研究。紧密结合不同区域层面的宏观统计数据,较为综合地分析农产品市场发展与农业土地利用的时空演变规律及内在联系。通过时序数据和地区数据定量化地衡量二者之间的关联程度,判断二者相互作用的变化趋势。

(3) 农产品市场化对农户土地利用及变化的影响过程研究。利用农户调查数据,在农户层次上对理论模型进行实证检验。阐明二者发生作用的条件、因子等前提下,系统论述市场主体特征、市场环境特征及市场行为特征等方面对农户土地利用结构、土地利用效益及土地流转行为产生的具体影响。

（4）农产品市场化对农户土地利用及变化的影响差异化研究。选择不同类型农产品（如粮食作物与经济作物）、不同类型农户（如不同土地规模、不同市场响应、不同兼业程度）、不同地区（如长三角与传统农区）进行较为深入的对比研究，探讨农作物自然特征差异、农户市场响应差异及经济发展阶段差异、地域差异所带来的影响差异。

（5）农产品市场环境主导下农户土地资源可持续利用的对策研究。通过分析农户土地可持续利用的决策过程，揭示农产品市场化对农户土地可持续利用的可能影响，进而提出农产品市场环境下能够促进农户土地资源可持续利用管理的引导政策，在农户层次较好地推动土地资源可持续利用。

1.4　研究方法及技术路线

1.4.1　研究思路

由于农产品市场化的实现过程不是独立的农产品销售过程，而是贯穿了农产品的产前安排、产中投入、产后销售及效益核算的整个流程，同时，农户的土地利用决策也不是农产品市场的单因素决策，而是综合考虑农资市场、劳动力市场和土地市场等的共同决策。因此，本书以农户主体为研究对象，深入阐述在市场经济体制下，农产品从生产、销售、流通等各主要环节对土地利用变化的影响。即以农产品进入市场的产前、产中、产后过程为主线，既考虑农户自身素质和拥有资源禀赋对农产品市场化的影响，又考虑农资市场、劳动力市场、土地市场与农产品市场之间的关联，较为全面地考察农产品市场化过程中对土地利用结构、土地利用效益以及土地流转行为可能产生的作用，定性与定量相结合，较为科学、系统地归纳农产品市场化对农户土地利用的影响程度及规律，提出农户土地可持续利用的政策建议（图1-1）。

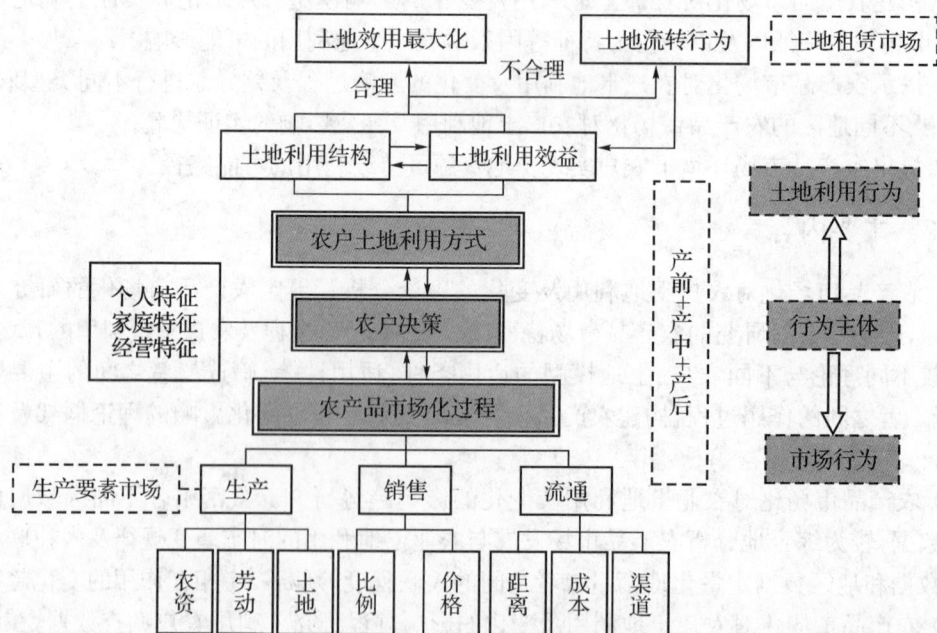

图 1-1　研究思路框架图

1.4.2 研究方法

(1) 数据搜集。一方面,根据权威统计年鉴、部门公报等获得宏观统计数据,分析区域总体情况。另一方面,通过问卷调查获得微观层面的翔实数据,包括农户调查和村庄调查。

(2) 统计分析。对基础数据进行统计学分析和处理,概括数据的基本特征、变化规律等,包括描述统计分析方法和统计检验分析方法。

(3) 计量分析。根据农户市场参与程度与土地利用变化的关系及数据特征,选择不同计量模型。如多元线性回归模型、Tobit 模型、扩展 CD 模型、Heckman 两阶段模型等。

(4) 比较分析。一方面,是对不同模型模拟的结果比较;另一方面,是对不同地区的比较。另外还有对于不同农户、不同农作物的影响程度比较。

1.4.3 数据来源

1) 统计年鉴

宏观区域层面数据主要来自各地方、各部门、各专业行业的统计年鉴。其中主要有《中国统计年鉴 2010》《中国农村住户调查年鉴 2010》《新中国 60 年农业统计资料》《中国农村统计年鉴 2010》《全国农产品成本收益资料汇编 2010》《全国农产品成本收益资料汇编 2007》《中国农产品价格调查年鉴 2010》《中国商品市场交易统计年鉴 2010》《中国粮食发展报告 2010》《江苏统计年鉴 2010》《安徽统计年鉴 2010》《上海统计年鉴 2010》《奉贤区统计年鉴 2010》,等等。

2) 农户问卷调查

2010 年 7 月至 8 月在安徽、上海、江苏三省(市)共选择 5 个县(市、区)、14 个镇、16 个村开展了农户问卷调查,主要考察 2009 年调查地区农户的生产生活情况。安徽阜南县属于传统农区的代表,上海奉贤区和江苏常熟市、宝应县及江都市属于长三角地区的代表。以长江南北为界,既体现了南北差异性,也兼顾了东西过渡性,同时考虑了以往研究地区的延续性。

根据农产品市场发育情况和农业种植结构的差异性,在每个县(市)按照距离县(市)城远近抽取 2~3 个乡(镇),每个乡(镇)选择 1~2 个村。相关研究成果表明,研究区域村庄发生土地利用变化的农户概率在 10% 左右,对每个村随机抽取相应比例的农户展开问卷调查(鉴于村庄合并力度大,有的以合并之前的行政村总户数为依据),同时对村集体情况也进行了相应的问卷调查。此次调查共获得农户调查问卷 1 058 份,村庄调查问卷 16 份(表 1-1)。

调查问卷的设计主要参考了国内外相关理论研究及农户问卷内容,针对农产品市场化与农户土地利用变化的研究主题,借鉴前期研究成果,在多次征求专家意见,进行农户预调研的前提下,最终确定了调查问卷的各类题目。为保证获得数据的真实性与可靠性,对所有调研员进行了问卷调查及录入培训,统一调查及录入标准,并对录入问卷进行规范核查。

表 1‑1　农户研究区域分布

地区	县市	数量(户)	占总数比值(%)	乡镇	村名	数量(户)	占地区比值(%)
安徽	阜南县	269	25.43	王化镇	万沟村	90	33.46
				方集镇	范庄村	85	31.60
				黄岗镇	鞠郢村	94	34.94
上海	奉贤区	221	20.89	南桥镇	沈陆村	83	37.56
				青村镇	元通村	48	21.72
				金汇镇	梅园村	90	40.72
				碧溪镇	白莲村	58	31.87
江苏	常熟市	182	17.20	董浜镇	北港村	63	34.62
				董浜镇	东盾村	61	33.52
				范水镇	新荡村	70	35.35
	宝应县	198	18.71	望直港镇	北河村	67	33.84
				射阳湖镇	四联村	61	30.81
				丁伙镇	新杭村	64	34.04
	江都市	188	17.77	小纪镇	蒲塘村	62	32.98
				邵伯镇	渌洋湖村	38	20.21
				邵伯镇	红岭村	24	12.77
总计		1 058	100			1 058	

1.4.4　技术路线

本研究主要是在国内外文献综述的前提下,以农户调查的实证数据为主体,参照宏观层面的统计数据,在构建农产品市场化对农户土地利用影响的理论模型和框架的基础上,揭示农产品市场发展过程对农户土地利用变化的影响过程及主要规律,同时比较分析因不同农产品、不同地区、不同农户所带来的影响差异,进而提出农村土地可持续利用的路径(图 1‑2)。

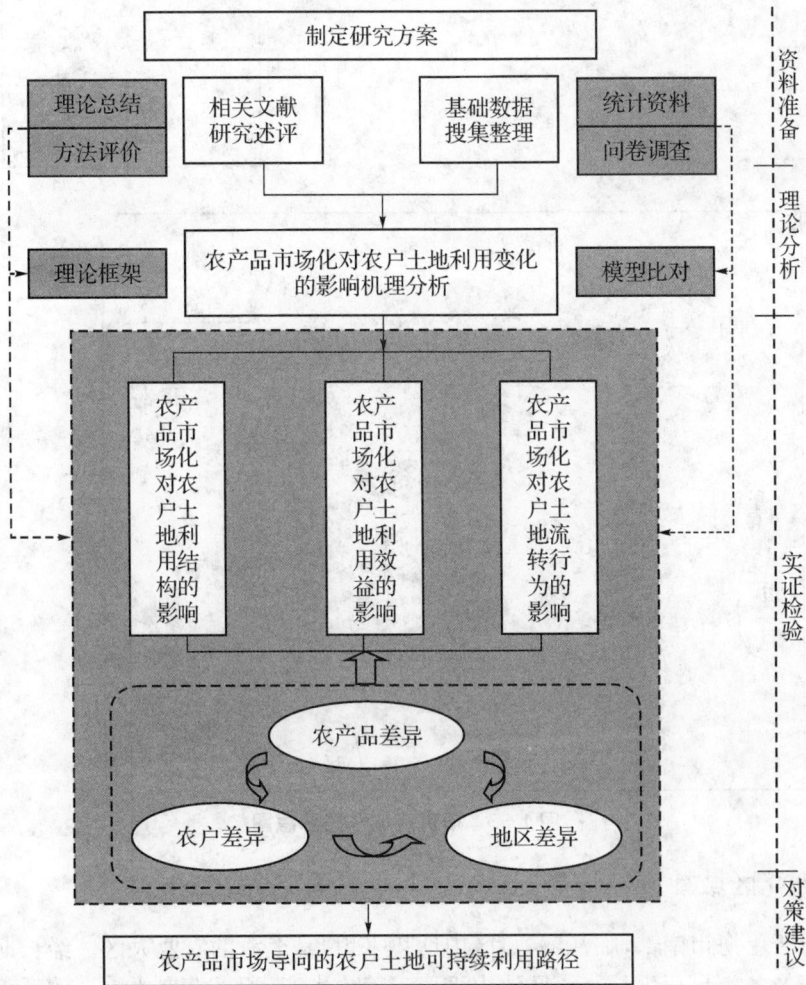

图 1-2　研究技术路线图

1.5　研究区域概况及基本信息

长江三角洲地区区位条件优越,自然禀赋优良,经济基础雄厚,已成为全国整体竞争力最强的地区之一,在我国现代化建设全局中具有十分重要的战略地位。该地区是农村市场体系建设及土地制度改革的先行区。其农产品市场发展进程较快,土地利用变化比较活跃。安徽的阜南地区是传统农区的代表,农业生产方式、农户就业特征以及农产品市场特征等都与长三角地区有很大的不同。以长三角的沪苏地区为研究主体,同时选择阜南地区展开现象和机制在区域上的对比,更有利于问题研究的深入。调查选点区位示意图见图 1-3。

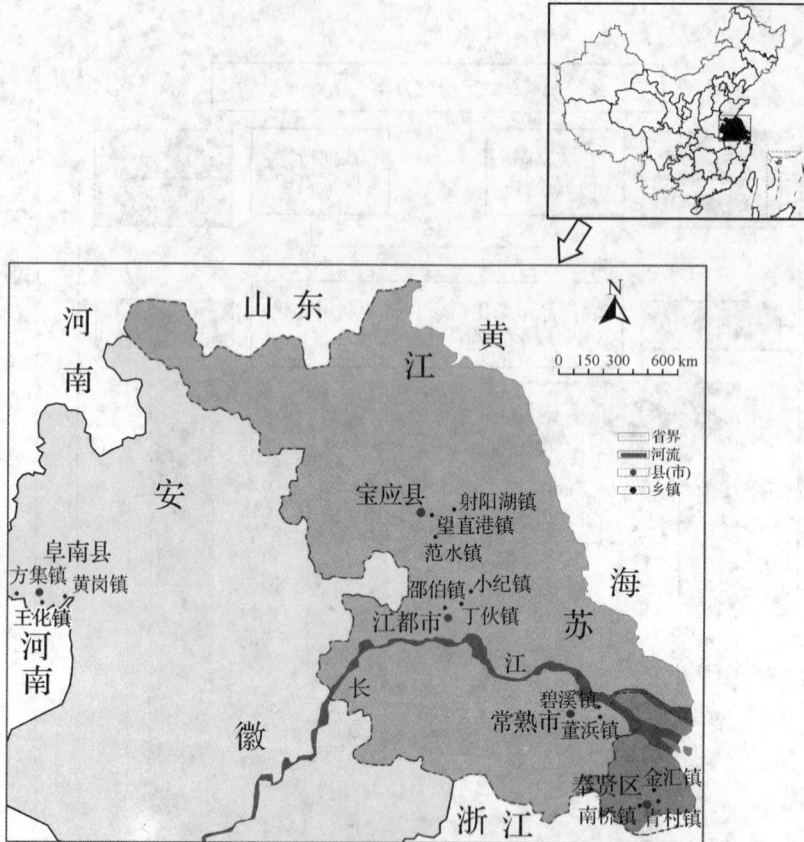

图 1-3　研究区域分布示意图

1.5.1　研究区域社会经济概况

奉贤区位于上海市南部,临江濒海,区内地势平坦,是上海的农业大区。经长期耕作而成熟地,适宜稻、麦及各类果蔬生长。该区致力于稳定粮食生产,积极发展优质高效都市农业。农产品市场化程度较高,农作物多样化种植明显。位于上海近郊,城市化作用明显,农村劳动力非农就业机会多,该区土地流转比较活跃。2009 年全面推广应用优质高产水稻品种,实现水稻良种统供率 100%。2009 年全区国内生产总值为 429.09 亿元,第一产业增加值比重为 3.4%,农业总产值为 37.44 亿元。

常熟市位于江苏省东南部,境内地势平缓,气候温和,一向以农业精耕细作著称,农作物以水稻、小麦、棉花为主,兼有部分油料作物、蔬菜、瓜果、药材等。现代农业有效推进,致力于农业产业化经营,已经形成了粮食、蔬菜、水果、水产、畜牧等 10 个基地。农产品专业化分工明显,农户市场参与程度较高。2009 年全市地区生产总值实现 1 230.7 亿元,第一产业增加值比重为 2.2%,农业总产值 46.22 亿元。常熟市碧溪镇是常熟经济开发区所在地,其所辖白莲村因工业用地产生的农村征地行为较多;董浜镇是蔬菜重镇,持续开展了高效节水灌溉技术的建设推广工作,东盾村和北港村都已开展节水灌溉的试点。东盾村拥有曹家桥农副产品交易市场。

宝应县地处江苏省中部,土地肥沃,湖荡密布,全县耕地面积 90 万亩,是全国优质粮棉生产基地县和全国有机食品基地县。该区加快培育龙头公司,坚定不移推进农业规模化、产业化发展。大力推动土地规模经营集中,加快高效农业集群发展,土地流转发生比较频繁。"公司＋农户"、农业合作组织等新的农业生产带动形式初见端倪。2009 年全县实现地区生产总值 199.29亿元,第一产业增加值比重为 19.4%,农业总产值为 26.13 亿元。新荡村引进泰基公司进行有机稻米规模化生产,吸引了不少农户成为农业工人。

江都市地处江苏省中部,境内地势平坦,河湖交织,是全国农机化示范区。该区现代农业建设加速发展,逐步形成了区域化、规模化、产业化、专业化格局。2010 年底稻麦油生产综合机械化水平达 90.6%,较全省平均水平高出 12 个百分点。在全省率先探索推行农村土地流转交易,建成市镇村三级土地流转交易网络平台,农村三大合作组织进展迅速。2009 年全县实现地区生产总值 402.08 亿元,第一产业增加值比重为 8.1%,农业总产值为 31.71 亿元。渌洋湖村成立了村级土地股份合作社,不少农户享受到"入股+分红"的双重收益。

阜南县位于安徽省西北部,全境为淮河冲积平原,地势平坦开阔,农业开发历史悠久,农产品丰富,是全国粮食生产大县、循环经济示范试点县。全县已形成优质水稻、优质小麦及东柳西椒、南林北蒿、中部食用菌五大特色农业格局。农村市场化进程相对长三角地区较缓慢,劳动力、土地等要素成本相对长三角地区较低廉。2009 年全县实现地区生产总值 70.4 亿元,第一产业增加值比重为 40.2%,农业总产值 31.26 亿元。该区属于传统的农业大县,土地流入现象比较普遍。

1.5.2 农户问卷基本信息统计

1) 土地资源概况

调查样本的户均承包土地面积为 0.35 公顷,人均承包土地面积为 0.09 公顷。耕地中水田约占 69.93%(菜地统计为水田),旱地占 30.07%。就地域差异来看,承包的耕地类型中除阜南县和常熟市的旱地超过水田外,其他的都以水田居多。江都市的户均及人均承包土地面积远远高于其他地区及平均值,可能的原因是调查样本中的经营大户较多,使其明显偏离均值。除江都市外,其余四地的户均承包土地面积呈现由北向南递减的趋势,而人均承包土地面积则呈现由南向北递减的趋势。其中,奉贤区户均承包土地面积最小,为 0.272 公顷,阜南县人均承包土地面积最少,为 0.076 公顷(表 1-2)。

表 1-2 研究区域户均承包土地情况(公顷)

地区	村庄	水田	旱地	林地	园地	鱼塘及其他水面	土地面积	人均土地面积
阜南县	万沟村	0.252	0.092	0.005	0	0	0.349	0.078
	范庄村	0.136	0.114	0.007	0.001	0.003	0.261	0.069
	鞠郢村	0.028	0.296	0.003	0	0.001	0.329	0.080
	地区	0.137	0.170	0.005	0	0.001	0.313	0.076
奉贤区	沈陆村	0.236	0.012	0.001	0.001	0.031	0.280	0.082
	元通村	0.197	0.009	0.018	0.059	0.095	0.377	0.145
	梅园村	0.155	0.021	0.000	0.005	0.029	0.209	0.073
	地区	0.195	0.015	0.005	0.015	0.044	0.272	0.092
常熟市	白莲村	0.098	0.207	0.002	0.036	0	0.344	0.094
	北港村	0.127	0.189	0.000	0	0	0.315	0.084
	东盾村	0.109	0.199	0.005	0	0.001	0.314	0.081
	地区	0.112	0.198	0.003	0.011	0	0.324	0.086
宝应县	新荡村	0.345	0.004	0	0.010	0	0.359	0.093
	北河村	0.368	0.024	0.000	0	0.003	0.395	0.094
	四联村	0.209	0.015	0.001	0.003	0.099	0.328	0.091
	地区	0.311	0.014	0.004	0.001	0.031	0.362	0.093

续表

地区	村庄	水田	旱地	林地	园地	鱼塘及其他水面	土地面积	人均土地面积
江都市	新杭村	0.261	0.050	0.002	0.003	0	0.317	0.089
	蒲塘村	0.373	0.031	0.003	0	0.032	0.439	0.101
	渌洋湖村	0.235	0.019	0.003	0	0.250	0.507	0.125
	红岭村	0.369	0.001	0.001	0	0.905	1.277	0.321
	地区	0.307	0.031	0.002	0.001	0.177	0.518	0.130
平均		0.207	0.089	0.004	0.005	0.047	0.352	0.094

注:表中数据取户均数值,人均土地面积=土地面积/家庭总人口

　　就耕地规模来看,2009 年调查农户实际经营耕地 293.525 公顷,共有 3 070 个地块,其中最大地块面积 9.600 公顷,最小地块面积 0.003 公顷,相差悬殊,并集中在宝应地区。地块的细碎化现象依然严重。拥有耕地块数 6 块及以上的家庭约占 10.11%,最多的达到 13 块。需要说明的是,江都市渌洋湖村实行土地股份合作社的经营模式,村内耕地绝大部分已经由合作社统一经营,调查农户仅以小片自留地形式耕种(表 1-3)。

表 1-3　研究区域实际经营耕地状况(公顷、块)

地区	村庄	总面积	总块数	最大面积	最小面积
阜南县	万沟村	31.141	367	1.333	0.013
	范庄村	26.633	281	1.267	0.010
	鞠郢村	35.063	289	2.040	0.020
	地区	92.837	937	2.040	0.010
奉贤区	沈陆村	10.513	122	0.333	0.013
	元通村	9.440	83	0.433	0.007
	梅园村	11.105	159	1.733	0.007
	地区	31.058	364	1.733	0.007
常熟市	白莲村	12.621	155	1.067	0.017
	北港村	20.115	287	0.667	0.067
	东盾村	19.643	280	0.567	0.067
	地区	52.379	722	1.067	0.017
宝应县	新荡村	12.177	94	0.800	0.003
	北河村	31.161	211	9.600	0.033
	四联村	17.673	162	0.747	0.073
	地区	61.011	467	9.600	0.003
江都市	新杭村	21.487	251	1.067	0.133
	蒲塘村	25.565	256	3.847	0.027
	渌洋湖村	0.700	24	0.200	0.007
	红岭村	8.487	49	5.000	0.033
	地区	56.239	580	5.000	0.007
合计/极值		293.525	3 070	9.600	0.003

注:耕地=水田+旱地,表中数据为户均均值

2) 农产品商品化概况

各地因土壤气候、生活习惯等自然和人文环境的不同,种植结构、农产品产量与销售比例有所差异。2009 年多个地区受到涝灾与虫灾,导致作物有不同程度的减产。常熟市主要以种植蔬菜为主,粮食作物较少涉及;奉贤区种植结构多样,以蔬菜、花木、林果等经济作物为主,兼种稻麦等粮食作物;宝应县、江都市和阜南县则以"稻/麦轮作"或者"稻/油菜(豆类)"、"麦/玉米"轮作的生产模式为主。无论经济作物或是粮食作物市场销售导向都比较显著,基本上留够自家食用的,全部进入市场交易。

从粮食作物看(表1-4),调查地区种植水稻、小麦、玉米的农户占全部调查农户的比例分别为54.35%、58.79%和13.23%。三类农产品的单产分别为 7 208 kg/公顷、5 363 kg/公顷和4 883 kg/公顷;销售率分别达到38.50%、71.28%和58.56%。长三角地区是水稻的主产区,农户以稻米为主食,水稻的销售比例明显低于小麦和玉米;而阜南地区农户以小麦为主食,水稻的销售比例与小麦、玉米基本持平。玉米仍是农户家禽、畜的主要饲料来源。

表1-4 研究区域粮食作物产量及销售状况(户、kg/公顷、%)

地区	村庄	水稻			小麦			玉米		
		种植户	单产	销售率	种植户	单产	销售率	种植户	单产	销售率
阜南县	万沟村	77	6 338	56.65	87	4 313	54.34	16	3105	46.43
	范庄村	50	5 588	48.97	79	4 433	43.29	20	3 953	10.00
	鞠郢村	3	4 935	37.18	91	5 573	58.06	80	5 295	68.42
	地区	130	6 015	52.25	257	4 793	52.26	116	4 755	55.31
奉贤区	沈陆村	55	7 793	18.29	15	4 613	38.20	0	0	0
	元通村	44	7 538	16.38	27	3 990	26.42	1	1 875	20.00
	梅园村	58	7 455	7.61	1	3 750	100.00	18	5 820	89.07
	地区	157	7 598	13.81	43	4 208	32.24	19	5 610	85.44
常熟市	白莲村	2	6 375	0	2	4 238	0	2	6 750	31.25
	北港村	0	0	0	0	0	0	1	3 900	96.15
	东盾村	0	0	0	0	0	0	1	4 500	0
	地区	2	6 375	0	2	4 238	0	4	5 475	39.66
宝应县	新荡村	12	7 995	66.81	44	6 150	97.57	0	0	0
	北河村	65	7 545	56.40	65	6 315	95.65	0	0	0
	四联村	61	7 905	43.51	61	6 255	96.14	0	0	0
	地区	138	7 740	51.60	170	6 248	96.32	0	0	0
江都市	新杭村	64	7 163	35.54	64	5 310	91.26	0	0	0
	蒲塘村	61	7 620	51.74	61	5 940	91.53	1	2 813	0
	渌洋湖	1	7 500	0	3	5 415	33.33	0	0	0
	红岭村	22	7 110	22.65	22	6 008	73.67	0	0	0
	地区	148	7 350	40.06	150	5 670	87.63	1	2 813	0
合计/平均		575	7 208	38.50	622	5 363	71.28	140	4 883	58.56

注:表中数据取种植户的均值

就经济作物看(表1-5),一种是油菜、大豆、芝麻、花生等经济作物较多种植,多为满足自家需要;另一种是蔬菜、果木类。在大多数地区(奉贤和常熟除外),蔬菜属于家庭自给型,农户往往在住处附近开辟小片菜地，一年四季混种，满足自身需要。奉贤地区位于上海国际大都市近郊，经济作物种类多，除蔬菜较大规模种植外，不少家庭种植花卉、果木等，城郊农业特色突出。常熟地区的三个村庄按照政府农业生产布局，属于蔬菜集中种植区。

表 1-5 调查地区经济作物产量及销售状况（户、kg/公顷、元、%）

地区	村庄	油菜			豆类			蔬菜		
		种植户	单产	销售率	种植户	单产	销售率	种植户	单产	销售率
阜南县	万沟村	4	1 635	0	21	2 153	18.25	18	25 253	0
	范庄村	2	2 438	0	7	1 890	26.53	36	28 275	9.61
	鞠郢村	0	0	0	47	1 538	2.60	22	40 193	6.82
	地区	6	1 905	0	75	1 748	9.23	76	31 005	6.53
奉贤区	沈陆村	10	2 100	82.44	1	1 875	0	34	29 888	28.94
	元通村	1	2 250	100	0	0	0	19	34 103	16.25
	梅园村	4	2 955	100	4	4 500	46.88	70	24 758	56.72
	地区	15	2 340	88.29	5	3 975	37.50	123	27 615	42.79
常熟市	白莲村	0	0	0	1	4 500	0	47	29 100	85.93
	北港村	0	0	0	0	0	0	61	31 755	92.58
	东盾村	0	0	0	0	0	0	58	36 675	94.63
	地区	0	0	0	1	4 500	0	166	32 723	91.42
宝应县	新荡村	3	2 753	0	2	2 063	46.67	27	29 348	3.25
	北河村	28	3 323	0	26	2 693	77.90	36	24 750	5.04
	四联村	22	2 918	5.87	13	1 920	69.23	36	21 248	0
	地区	53	3 120	2.44	41	2 415	73.63	99	24 735	2.72
江都市	新杭村	26	2 453	3.85	21	2 018	12.70	39	28 755	2.31
	蒲塘村	19	2 333	0	22	1 920	4.55	38	32 130	12.61
	禄洋湖	3	2 918	0	4	2 190	31.25	19	27 953	0
	红岭村	1	2 625	0	2	2 625	100	16	17 078	0
	地区	49	2 438	2.04	48	2 033	14.41	112	28 095	5.08
合计		123	2 693	12.63	171	2 063	26.84	576	29 130	37.80

2 | 理论基础与分析框架

我国农产品的市场发展仍处于起步阶段,其专业化、规模化和商品化的特征还不明显,大多数农户仍具有半商品化半自给的生产经营特征。近年来农户参与到市场的路径越来越多,农户土地利用方式与农产品市场发展的关联也愈发紧密。由于市场环境和区域农村经济发展阶段的差异,根据不同行为特征的农户微观证据进行经验分析,进而对农户从事的具体农产品类别开展理论与实证检验。本章界定与阐述了农产品市场化及农户土地利用的相关概念和特征,介绍了本研究所依据的相关理论基础,在理论假设的前提下,分析二者作用机理和主要影响因素,尝试构建农产品市场环境下农户行为及土地利用决策模型。

2.1 研究对象及内涵界定

2.1.1 研究对象

(1) 农户。我国土地生产经营单位是以农户家庭为主体的,而不是个体农民。本书所指的"农户",是生产、消费等经济活动独立核算、居住在农村并拥有土地承包经营权的农村住户单位,农户可以从事农业生产活动也可以不从事农业生产活动但必须拥有所在社区的土地承包经营权(钟太洋,2007)。农户主体是居住在农村拥有土地承包经营权并从事农业生产活动的农村住户。

(2) 农产品。农产品一般指农业生产部门生产出来的物质产品。本书所指的"农产品",仅限于狭义的农户直接生产的初级农产品,不包括以初级农产品为原料进行加工的农业加工品。根据样本分布的普遍性,本书主要考察以水稻、小麦、玉米、豆类、油菜、蔬菜为代表的六类种植业农产品。

(3) 土地利用。土地利用变化涵盖用途、结构、效益、产权、动态、静态、宏观、微观等多个方面。本书所指的"土地利用变化",主要是基于截面的农户问卷调查数据,与长尺度的宏观演变比较,是相对静态的微观主体研究。以不同农产品上年度的市场行情对当年度的农户种植结构和种植效益的影响进行考察,并观察了发生土地流转行为的农户。

2.1.2 农产品市场化特征

农产品是生活必需品,市场供给与需求的弹性小,因生产区域相对固定而具有分散性,生产季节性强而具有周期性,产品鲜活性要求高而具有流通约束性。因此,农产品表现出以下市场特征(邵春杰,2005;刘文超等,2006):

第一,资产专用性。农产品生产是资产专用性比较强的活动,化肥、农药、农业机械、水利设施及种植、养殖技术等都是专用性很强的投资。由于农业生产过程的周期性,一旦开启就显示不可逆性,这也是农产品的生产刚性,导致农产品种养决策均具有专用性投资和特异性商品的特点。

第二,风险性。农产品生产经营的风险性既包括市场行情的风险性,也包括由自然条件决定的生产过程风险性。农产品生产的区域性使经营者或消费者都处于相对分散状态,较难把握市场供求信息和相应的竞争者、合作者的信息,更谈不上取得绝对的市场地位。农产品生产和消费的周期性让农户对预期价格难以准确判断,加剧了生产决策的盲目性,也增加了因自然灾害等不可控外力带来的风险性。

第三,交易频率。不同农产品成熟期不同、上市期也不同,倘若农户种养了多种农产品,就要多次进行市场交易。即使种养相同农产品的农户也因其上市交易的品种和数量不同,导致交易频率不同。交易频率越高,治理成本也就越高,交易风险也越大。即使同一种农产品上市频率增多,也会增加交易成本。

2.1.3　农产品市场化过程

市场化过程是市场机制在经济发展中对资源配置发挥的作用持续增大,市场机制从逐步产生、发展到成熟的演变过程(陈宗胜等,1999)。事实上,农产品市场化水平直接关系到我国农村市场经济的发育程度;也关系到能否运用市场经济规律去认识、指导农业的自然再生产和经济再生产过程;更关系到能否运用市场机制实现农业产前、产中与产后各环节的有效衔接;同样关系到能否处理好农业生产、分配与消费的动态关系,进而影响农民进入市场、农产品实现价值、农产品供求关系在市场中不断获得新平衡的程度。抓住农产品市场化不放松,就抓住了现代农业发展的基础(张玉香,2005)。

纵观已有研究,对农业市场化、农村市场化等表述较多,但是对于农产品市场化还没有明确的阐述。农产品市场化是农村市场化进程不可或缺的组成部分,根据农产品市场化的主要环节及本书的主要考察对象,本研究认为:农产品市场化就是市场经济制度在农产品生产、销售和流通领域逐步确立的过程(图2-1)。具体而言,这是以平等的微观经济主体为先导,以健全的市场体系为依托,以规范的市场秩序为保障,以适度的宏观调控为补充,在农产品经济活动各个环节中市场配置资源的基础性作用不断增强的过程。农产品市场机制的逐步完善带来了农业经营方式和农户土地利用方式的变化,推动它们朝着专业化、组织化、规模化、产业化的方向演进,而价格机制正是体现市场供求关系和产品价值的核心指标。

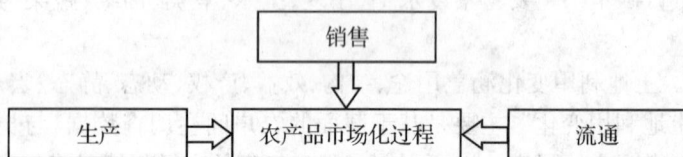

图 2-1　农产品市场化的三个重要环节

农产品参与市场化的过程,是一个循序渐进的动态过程。即以农户的土地利用结构安排为前提,在农产品生产过程中,持续投入各种生产资料和劳动,获得农产品产出后,合理分配自给消费与市场销售的比例,农产品交易后实现市场价值,核算土地成本收益,追求家庭效用最大化目标。农产品市场行为不可避免地与农资市场、劳动力市场、土地市场等生产要素市场交织在一起,同时受到农户自身素质、生产资源禀赋、市场贸易条件等市场主体和市场环境的制约,共同影响农户的土地利用决策。

2.1.4　农户土地利用变化

土地利用变化是人类与地球环境进行物质、能量交互作用的重要表现。既有宏观领域的时空变化,也有微观层面的时空过程。一般而言,土地利用变化有用途变更和集约度变化两个方面。本书研究的是以农户微观行为主体主导下的土地利用变化过程,即以家庭效用最大化为原则,在土地利用结构和土地利用效益之间追求最佳契合点。这是基于农业耕作土地内部的变化,既包括种植结构调整以反映耕地用途变化,也包括种植效益高低来体现耕地集约度变化,同时,考察由上述两方面引起的耕地产权变更以及耕地可持续承载力变化。具体过程如图2-2:

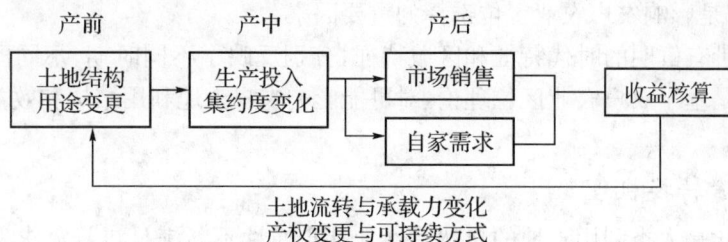

图 2-2　农户土地利用变化过程

农户根据以往的生产经验和市场行情,首先安排新的一季土地利用结构,决定农产品的数量和品种;紧接着,在生产过程中持续投入劳动、农资和技术等各种生产要素;农产品收获后,在满足自家需求后,将剩余农产品进入市场交易,以获得最终的农业收益。基于对家庭成本收益的核算,进入下一个生产季节。若理想,将继续延续以前的生产结构和投入结构;若不理想,则改变土地利用格局,开始生产新的农产品,重新进行土地、农资、劳动等要素投入安排,再次收获核算。如此往复,达到家庭生产经营周而复始的循环。

2.2　相关理论基础

2.2.1　农业土地利用理论

土地利用从经济学角度来看,就是通过土地资源优化配置实现当前或未来福利最大化的过程。这里既包括直接的土地资源优化配置,也包括追求土地储备、土地流转等未实现利益最大化的市场化运作(黄贤金等,2009)。土地利用的终极目的是通过土地活动提供某种产品或者服务。无论什么形式的土地利用,都要在直接或者间接的人为干预下,实现土地利用目标。不同土地利用方式的主导特征不同,而农业用地特征主要表现在对农产品生产需求上。

1) 农业区位与农业土地利用

在区位理论的发展史上,农业土地利用的区位现象最早为学术研究所重视,论著《农业和国民经济的孤立国》可谓是开山之作。德国经济学家冯·杜能在假定均质的条件下,研究农业生产结构因距离城市的远近,在地租作用下发生的变化,并重点分析了交通运费的可能影响。他运用"孤立化"的方法,考察为了从土地取得最大的纯收益,农场经营随着市场距离的增加将如何变化,并得出了著名的"杜能环"。即以城市为中心,由里向外依次形成自由式农业、林业、轮作式农业、谷草式农业、三圃式农业、畜牧业这样的同心圆结构(李小建,2006)。揭示了在同样的自然条件下,因生产区位和消费区位带来的农业生产方式空间分异。首次从理论上系统地阐明了空间因素对人类经济活动的影响。

时至今日,"杜能环"已经出现很多不适应各国实际的情况。我国地理学家李小建(2009)提出了农户农业区位理论。中国农村情况特殊,具有人口密度较高,村庄密集,实施农户联产承包责任制等特点(李小建,2011)。基于中国农业大省河南的农村调查,发现从村庄向外,作物的劳动密集度逐渐降低,单位面积的投入和收益逐渐减少,是由于作物劳动密集度和地块肥力的变化,可以较好地解释现存的(大区域)农业生产专业化和(小区域)多样化共存的状况(李小建和高更和,2008)。地理环境可通过影响农户经营观念和资本投入进一步影响农户收入(李小建,2002)。从事农业生产的农户,耕地分布在居住地附近,农业生产目的有自给和销售两种用途等前提假设,土地适宜性与作物类型配合是农户安排地块农业生产的基本原则,生产距离、交通成本、劳动投入等都是影响农户农业区位选择的重要因素。

以上理论都带有鲜明的时代特征和区域特征,分别反映了不同时期、不同国家的农业区位特征。本研究正是基于农户农业区位理论,对可能影响农户土地利用结构和效益的市场空间区位因素进行考察。

2) 农地用途转换机理

土地利用变化是人类利用土地的自然属性和社会属性不断满足自身需求发展的动态过程(黄贤金和张安录,2008)。土地用途转换的基本条件包括土地用途多样性和土地不同用途的级差收益。土地用途的转换是土地经济供给的源泉,这是因为土地面积的有限性使得土地的自然供给无弹性。

农地指直接用于农业生产的土地,包括耕地、园地、林地、牧草地及其他农用地。农地的主要功能是为生产农产品,保证国家的粮食安全、社会稳定和维持农民基本生活的经济来源。无论哪种原因导致的农地利用变化,都源于农地所有者或使用者对于用地类型之间边际效用的比较。人类开发利用农地的最终动力是希望获得一定的土地收益(用 b 表示)。一定类型的农地收益(第 i 类收益用 b_i 表示)满足人们生产生活需求的程度,称之为农地收益的效用(用 U 表示)。于是农地收益效用函数可表示为 $U=u(b_i)$,它具有与一般效用函数类似的性质,即:

$$U'=u'(b_i)>O; \qquad U''=u''(b_i)<O \qquad (2-1)$$

随着农地收益的增加,其总效用也在增加,但是效用的增加速度趋于减缓(边际效用递减)。农地收益包括经济收益、社会收益和生态收益等。对于具有多宜性的某一地块来讲,用地类型的改变取决于对几种可能的农地利用类型边际收益的比较,即:

$$MAX[u'(b_i)],i=1,2,\cdots,n \qquad (2-2)$$

由边际收益不同所带来的农地内部用途转换的过程如图 2-3 所示,假设只有两种农地利用类型 1 和 2,最初有 O_1X_1 农地用于类型 1,有 O_2X_2 农地用于类型 2。随着经济发展、时间变化,或其他一系列因素的改变,使得农地利用类型 1 的边际收益超过农地利用类型 2 时,追求收益最大化的心理使人们调整农地利用结构,增加类型 1 的面积,而减少类型 2 时,也即有 X_1X_2 的农地转化为类型 1。

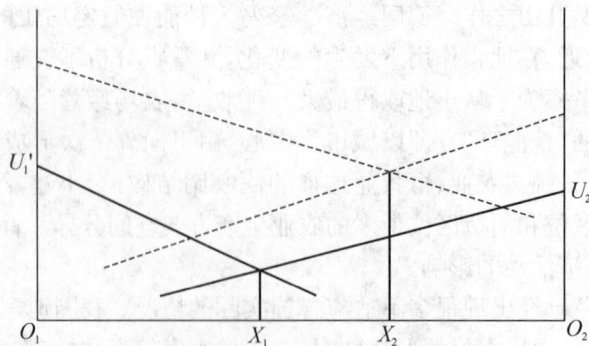

图 2-3 边际收益驱动下的农地内部用途转

当某一区域实现均衡用地结构时,各种用地类型的边际收益相等。当一种或多种用地类型的边际收益变化时,为了追求收益最大化,人们将调整用地结构,产生新的均衡结构。

农业结构调整可以理解为农业生产活动中劳动、资本、土地及其他自然资源等生产要素的供给与使用的重新配置。区域农业产业结构调整与土地利用变化之间存在着显著的对应关系(黄贤金等,2002)。农户和政府分别是区域农业产业结构调整的微观行为主体和宏观行为主体。在市场经济环境下,对于种植业结构调整,农户往往表现为尽可能减少种植利润低的粮食作物,转向经济价值较高、能获得相对较高利润的经济作物和其他作物,从而导致粮食作物播种面积和经济作物的播种面积、园地和耕地面积等发生变化。农户自发土地利用行为既要符合区域社会经济发展的目标,又要符合农户自身的土地利用认同感。而政府则从全局出发安排生产经营,在保证粮食安全的前提下,通过行政和经济手段,创造有利于新兴产业发展的政策环境,抑制落后产业或淘汰落后产能。政府是区域宏观农业政策的制定者和决策者,并能够在宏观层次上对农户的微观选择行为产生影响。

以上理论反映了农地利用变化发生的过程和经济动因。本研究正是基于农地收益效用原理,主要围绕农地的经济效益变化,对可能影响农用地结构调整、效益高低以及规模转换等方面的农产品市场因素进行考察。

3) 农业土地利用外部性

土地利用外部性是指土地使用者在土地利用过程中,引起土地利用及其格局的变化,因这种变化的产生与土地利用者无直接经济利益关系以及生态环境的影响(黄贤金等,2009)。从新制度经济学和社会福利角度,无论是正外部性还是负外部性,都会导致土地资源配置不当。就农业土地利用的外部性来看,主要表现在以下几个方面(黄贤金等,2002):一方面在工业化、城市化发展的过程中低成本占用农业用地,造成过度占用耕地,影响农产品的持续供给;另一方面农业用地还具有景观功能,其过度被占用,也是对于生态景观的破坏,工业污染、城市垃圾等污染物,在很大程度上影响了农业用地的生态环境,影响农产品的品质;同时农业用地的内部调整以及土地整理工作的开展,造成水域用地、湿地等土地资源的减少,使土地结构功能日趋简单。

长期以来,我国农业现代化实际上走出了一条常规的高耗能、高污染的无机农业道路(张小蒂等,2007)。在农业生产方式受制于土地分散经营的情况下,农村的大量面源污染难以避免。不仅化肥、农药等高耗能生产资料的边际报酬将大大降低,而且将造成农业资源和生态平衡的进一步破坏,农业可持续发展难以实现。市场经济体制下,农户作为逐利性的微观经济主体,会在追求短期、局部利益的目标下,对包括土地在内的公共资源进行掠夺式生产,并把生态破坏和环境污染的"外部"费用转嫁给社会,导致社会环境总体质量的下降。

以上理论指出农地利用的外部性是造成农地不可持续利用的根源。本研究正是基于农地利用的外部性原理,在促进农产品市场发展的基础上,分析多种因素的可能影响,并提出推进农地可持续利用的各种策略。

2.2.2　农产品市场供需原理

西方经济学指出,供给和需求是使市场经济运行的力量,它们共同决定了每种物品的产量及其出售的价格(曼昆,2011)。当供给和需求均衡时,能够使消费者剩余与生产者剩余的综合最大化。市场中"看不见的手"指引着买者与卖者有效地配置资源。

1) 农产品市场流通体制的建立

我国农产品流通体制变革经历了统购统销、由计划调节向计划与市场调节相结合以及宏观调控下的以市场为主的自由流通等阶段(冯旭芳,2006)。由于生鲜等经济类农产品市场化程度较高,市场放开较早,而粮食等大宗农产品的供需配置是关系到食品安全、耕地红线以及市场稳定等国计民生问题,国家从未放松对粮食等大宗农产品的宏观调控。下面重点回顾粮食市场化流通体制的建立过程。

1978年后国家连续多次大幅度提高农产品收购价格,不断减少低价收购行为,逐步扩大议价收购范围,并鼓励发展农村集贸市场。2004年粮食销售和收购市场全面放开,标志着我国农产品全部实现市场化流通。同时,政府对化肥、农药、种子、农机具及资金等生产要素也采取了市场化取向的改革,逐渐形成了按市场化配置资源要素的发展方式。

我国对种粮农民实行最低收购价政策影响力巨大。当市场价格高于国家托底价格时,粮食收购价格由市场供求形成;当市场价格低于托底价格时,由中国储备粮管理总公司及其委托公司按照最低收购价收购粮食,而其他粮食企业随行就市进行收购(贺伟,2010)。最低收购价政策执行于主要粮食品种的重点主产区,如本书实证数据的安徽和江苏地区属于稻麦的主产区之一。在品种、区域范围之外的粮食价格则由市场决定,如本书实证数据的上海地区不属于粮食的主产区,随行就市的趋势更明显。粮食最低收购价政策稳定了种粮农民的收入预期,较好地达到了稳定市场粮价、促进农民增收的预期效果。当企业与农民获得长期成长的基础保障,粮食安全与经济增长之间存在一定的互动关系(Timmer,2005)。但是,政府托市的行为在某种程度上扭曲了粮食的真实市场价格,其形成机制有待健全和完善。

农产品的市场流通状况决定着农产品及生产要素的供需价格,本研究正是基于粮、经不同农产品的市场流通水平以及对农户土地利用变化的可能影响分类说明。

2) 农产品市场价格机制的形成

对于市场经济中的每一种物品来说,价格确保供给与需求达到平衡。市场价格既反映了一种物品的社会价值,也反映了生产该物品的社会成本。因此,均衡价格决定了买者选择购买多少这种物品,以及卖者选择生产多少这种物品(曼昆,2011)。

农产品价格是影响农民农业生产积极性进而影响农业产出水平的关键因素,提高农产品价格是提高农业经营收益从而保障国家食品安全的有效政策手段(Rozelle and Swinnen,2004)。农产品市场的供求关系对价格产生影响,而价格的变动又反过来影响农户的收益和投入,进而影响农产品产量、品质等。如何随着农产品生产成本的变动,使农户在相对合理的价格上,获得应有的收益,是保持比较稳定的农产品生产与供给的关键(国务院课题组,2009)。由于信息、技术等条件的制约,我国绝大多数农户仍然是主要依据当地、当年市场价格决定第二年的农产品生产。农产品市场价格依然受到诸多难以预见和把握的外部不确定性客观因素干扰。

农产品属于供给弹性和需求弹性均较小的商品,农产品价格上升,则农户生产积极性大大提高。用图2-4简单示意我国农产品价格管制放松后,市场对农产品供需的调整状况(冯旭芳,2006)。其中,P_0、Q_0 分别为需求和供给达到均衡时的价格与产量,P_1、Q_1、Q_2 分别为实行统购价及所对应的供给量和需求量。可以看出,$P_1 < P_0$,$Q_1 < Q_0 < Q_2$。

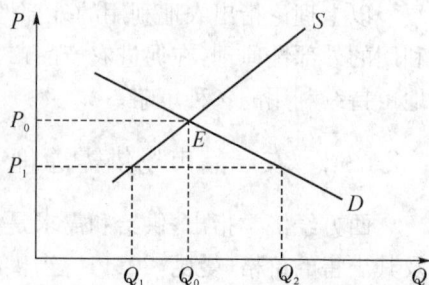

图2-4 农产品市场价格体制改革

农产品价格反映了农产品市场的供求关系和农产品的价值,本研究把农产品的市场价格作为农户市场行为的关键要素,分别考察其对农户土地利用结构、效益、流转等变化的影响。

3) 农产品市场化与农业结构调整

我国农产品的供需正朝着多元化、专业化的方向转变,推动了农业生产内部的结构调整。

我国农产品市场化改革一直采取的是分品种渐进性推进方式(林国先,2001)。对需求弹性较大的果蔬、水产品及畜产品等,价格率先放开,实行市场调节;对需求弹性小又关系到国计民生的粮棉等大宗农产品,价格后放开,国家干预较频繁。正是这种市场利益上的先后差异性,拉动了农产品生产的资源重组和结构调整。从农产品的生产和消费来看,大多数农户因半自给自足的特征,其生产结构和商品化水平往往取决于市场价格和农户个别生产成本之间的差距。种植业结构调整的最终目标是生产并销售具有比较优势的农产品来提高农户收入(刘帅和钟甫宁,2011)。依据农产品市场价格和自身资源禀赋比较优势,农户生产或者种植相应农产品,获得出售后比种植其他作物更高的利润,同时依靠市场解决其他产品的消费需求。

用图 2-5 简单示意农业结构调整的过程(冯旭芳,2006)。横轴代表劳动密集型产品,纵轴代表土地密集型产品,农户在二者之间配置土地资源。当均衡点为 E_1 时,农户生产 Q_{11} 的劳动密集型产品和 Q_{a1} 的土地密集型产品。此时均衡的两种农产品边际转换率等于边际成本之比,又等于劳动密集型与土地密集型产品的价格之比。当比价 P_2/P_1 发生变化时,若劳动密集

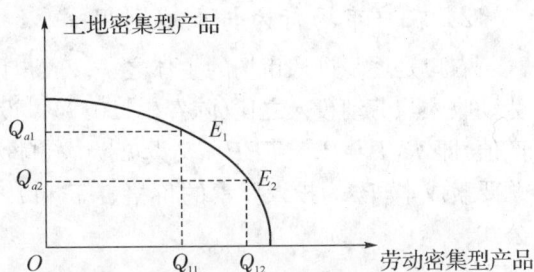

图 2-5　不同类型农产品的市场均衡

型产品的价格上升,农户将增加劳动密集型产品的生产至 Q_{12},而将土地密集型产品的生产由 Q_{a1} 减至 Q_{a2}。两类农产品的价格变化引起农业生产结构以市场为导向进行相应调整。价格机制的作用并不是一瞬间就完成的,而是取决于市场的成熟程度。其成熟度越高,越有利于农业产业结构的转化。另外,在农户自给倾向大、市场交易费用较高时,可能会出现逆市场化现象而退回到自给自足的状态。

农产品市场化进程与农业结构调整是互相影响的,但是影响的程度有多大,怎样影响? 本研究就是从这个角度入手,试图解释在农产品生产、消费、流通等市场化过程中与农户土地利用变化的相互作用。

2.2.3　农户行为理论

1) 农户行为经典流派

迄今为止,国内外学者对农户行为理论比较公认的有三个流派:

(1) 以俄国学者恰亚诺夫为代表的"组织生产"学派。该学派从生物学角度来研究农民家庭,他们认为农户依靠自身劳动力而不是雇佣劳动;农产品主要为满足家庭自给需求而不是追求市场利润最大化(恰亚诺夫,1996)。农户进行自家消费需求和劳动辛苦程度之间的抉择,而不是利润和费用之间的平衡。农户分化是因为家庭周期性的劳动者与消费者比例的变化,而不是商品化带来的农民分化。

(2) 以美国学者舒尔茨为代表的"理性小农"学派。他认为小农是理性的,与资本主义社会的农场主一样,其经济行为在本质上没有差别,行动逻辑都是利润最大化原则(舒尔茨,2010)。改造传统农业的方式理应从现存的组织和市场中来确保合理费用供应现代生产要素。国家的贫困正是不恰当的国内政策造成的,包括榨取农业,忽视农民的刺激,不顾土地每况愈下的经济重要性。经济政策的失误是不恰当的经济分析造成的,特别是扭曲了农业的刺激。他还强调人力资本增长对改革传统农业的重要性。

(3) 以中国学者黄宗智为代表的"历史"学派。他认为农户家庭无视边际报酬十分低下,仍

然继续投入劳动,可能由于他们没有边际报酬的想法,或者受到耕地规模的制约,缺乏农外就业机会,造成家庭剩余劳动力过多,无视劳动机会成本几乎为零的情况。由此对中国的华北平原与长江三角洲地区进行了深入细致的研究,得出"过密性商品化"、"没有发展的增长"等开创性结论。他还认为 20 世纪 80 年代中国农村改革就是一种反过密化的过程,但动力来自于乡村工业和副业的发展,中国农业仍然处于一种"没有发展的增长"中(黄宗智,2000)。

以上学派分别反映了不同时期、不同社会经济条件下和不同类型的农户行为特征(郭锦墉,2007)。本书正是基于小农"理性"观点,认为农户以追求生产利润最大化为目标,进行家庭土地利用结构和效益的决策及调整。

2)农户市场行为与土地利用

农户是逐步进入市场的主体之一。农户评价其劳动成果的最主要指标是劳动报酬率,即净劳动收入与劳动投入之比(陈春生,2010)。设 TPP 为农产品产量,P_y 为农产品价格,TVP 为产值,即 $TVP=P_y\times TPP$。又设 L 为农户投入的劳动量,TFC 为除农户自身劳动投入以外的总要素成本,P_c 为投入要素的价格,LT 和 LV 分别为劳动产出率和劳动报酬率,可得出以下公式:

$$LT=TPP/L \qquad\qquad (2-3)$$
$$LV=(TVP-TFC)/L \qquad\qquad (2-4)$$

在土地规模和农业生产力一定的条件下,农户在经济上的最优产量 TPP 和最优净产出值 $(TVP-TFC)$,是边际收益(MR)等于边际成本(MC)时的产量和产值。由要素价格与农产品价格比(P_c/P_y)决定最优产量。然而农户的意愿并不等于实际能力,提高农产品价格或降低要素价格能使最优产量向最大产量靠近。

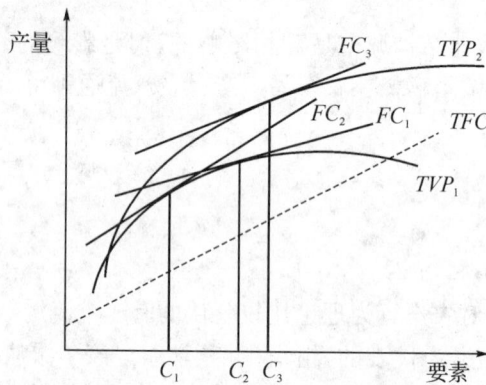

图 2-6　农产品要素、价值及最优产量

在图 2-6 中,C_1、C_2、C_3 分别表示不同要素投入量时的产量,切线 FC_1、FC_2、FC_3 与曲线的切点分别表示不同要素价格与农产品价格比时的最优净产值位置。C_3 对应的是最大产量。一旦要素价格上涨,最优产量则由 C_2 下降到 C_1,与最大产量的差距扩大;一旦农产品价格上涨,最优产量则增加到与 FC_3 切点对应的产量,使其与最大产量的差距缩小。因此,农户会综合衡量土地、资金、技术、劳动等要素的投入比例及产量、产值等产出效益,做出对家庭效用有利的市场行为和土地利用行为趋向,对单个农户来说或者会促使其扩大经营规模,或者将劳动力转移到其他产业。本研究正是从与农产品市场相关联的生产要素市场发育状况等方面综合考察对农户土地利用效益的影响。

2.3　农产品市场化对农户土地利用的影响机理

通过上述理论分析,可以看出农产品市场化水平决定着农户土地利用格局的形成,反过来,农户土地利用变化又对农产品市场化提升具有重要的促进作用。认识农产品市场化对农户土地利用影响的内在规律性,有助于引导农户的土地可持续利用。本书在构建农产品市场环境下农户决策模型的基础上,梳理农产品市场化对农户土地利用的主要影响因素,为全文研究提供一个逻辑思路,以深入探讨农户土地利用变化的动因、过程及其机理。

2.3.1　农户行为决策模型

1) 研究假设

第一,在土地利用过程中,农户的生产经营行为都是经济理性的。他们会根据自己的生产目标、拥有的资源禀赋、经济市场条件及社会政策条件等因素进行综合权衡,对家庭土地进行合理利用。

第二,将农产品市场行为作为内生变量,其变化将影响农户的土地利用行为。假定研究区域的主要农产品都能参与市场化竞争,农产品生产、销售、流通等市场行为将对农户土地利用产生显著影响,其生产要素投入、销售比例及价格、交易渠道及成本等相关变量,都是农户需要考虑的重要条件。

2) 行为决策模型

人的行为是有机体(人体)对外界刺激所产生的反应,即:S(刺激)$\rightarrow R$(反应)。在刺激与反应之间,应考虑有机体的内在条件(O)。因此,人的行为表现为:S(刺激)$\rightarrow O$(需要)$\rightarrow R$(行为),见图 2-7(王唯义,1997)。

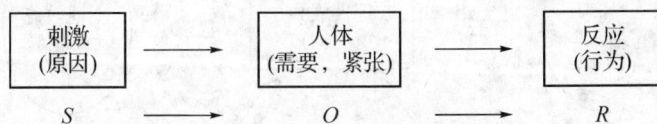

图 2-7　人类行为的基本模型

行为心理学家库尔特·卢因从心理学角度提出了其著名的预期—价值论,该理论把人的行为概括为以下公式:

$$B = f(P, E) \tag{2-5}$$

式(2-5)中,B 表示行为,f 指函数,P 指行为主体,E 指环境。也就是说,人的行为是内在因素和外在环境相互作用的结果。将二者结合起来得到扩展人类行为基本模型。即:人(有机体)对刺激做出的反应(行为),是内在因素和外在环境相互作用的结果。于是,人类行为基本模型就扩展为图 2-8 所示(荣晓华和孙喜林,2001)。

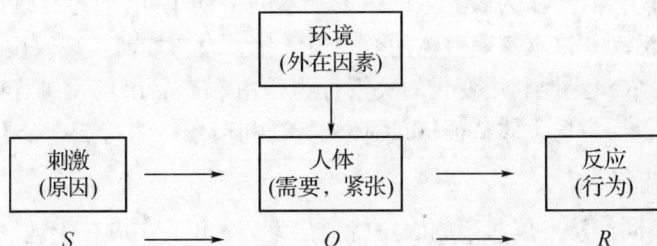

图 2-8　扩展人类行为模型

农产品市场化影响下的农户土地利用行为属于人类行为中的一种,具有人类行为的一般性。在农产品市场化影响下农户做出的土地利用变化行为反应,即农户在刺激因素的刺激下做出行为反应。这一行为反应是农户内在需求因素和外在环境因素共同作用的结果。因此,本书借鉴人类行为扩展模型构建理论分析框架。

根据人类行为的一般模式,人的目标诱发动机和需求,动机(刺激)是行为的直接动力,目标实现后会产生新的需求。农户土地利用行为由其需求和动机决定,实际上是由农户生产家庭效用最大化的经济目标诱发的,农户同时受到内外部环境的影响并产生反应,这种反应最终体现到农户的土地利用行为决策上。这里将农户土地利用行为决策模型构建如下:

$$Decision_{land} = F(Peasant_i, Environment_j, Behavior_k) + \varepsilon \qquad (2-6)$$

式(2-6)中,$Decision_{land}$ 表示农户的土地利用行为决策,F 表示相应的函数,$Peasant_i$ 表示农产品市场主体(农户)特征,$Environment_j$ 表示农产品市场环境(主客观条件)特征,$Behavior_k$ 表示农产品市场行为(生产、销售、流通)特征,i,j,k 分别表示各类因素的第 i,j,k 个子影响因子。ε 表示随机扰动项,是对模型的修正因子。

在此基础上构建农产品市场环境下农户土地利用决策行为的理论框架(图2-9)。以农产品市场化为主线,以追求家庭效用最大化为目标,在市场主体特征、市场环境特征以及市场行为特征的共同影响下,产生对土地利用结构、土地利用效益和土地流转的不同决策安排。

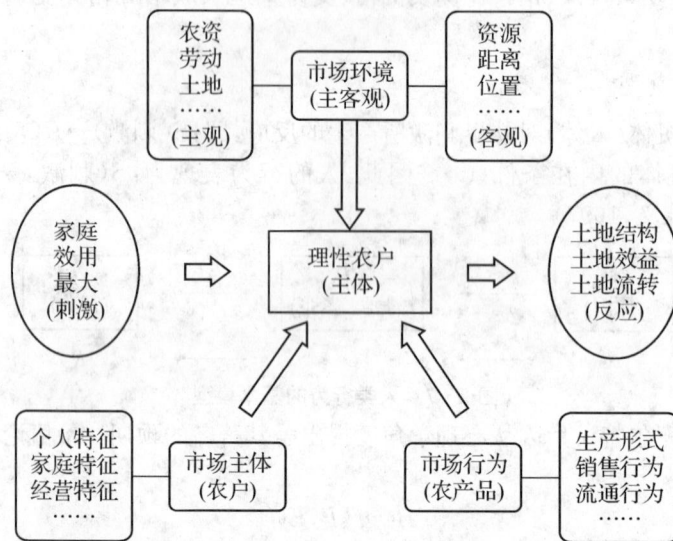

图 2-9　农产品市场环境下农户土地决策分析框架

2.3.2　农产品市场化对农户土地利用的影响因素分析

在市场经济条件下,农户作为农业生产中最基本的活动单元,通过合理配置生产要素进行农业生产,参与市场活动并追求家庭整体的效用最大化。农户如何实现效用最大化取决于农户所受到的约束条件。农户土地利用变化的决策行为是由农产品市场化过程中的内外因共同造成的,这些因素主要包括市场主体特征、市场环境特征和市场行为特征三个方面。

1)市场主体特征

有研究从我国不同经济发展阶段的农户特征出发,提出了农户在土地利用上存在"物质生存型"、"物质生产和利润优化型"、"利润最大化"和"景观效用最大化"四个阶段(孔祥斌和张凤荣,2008)。本书所研究的安徽和苏沪地区,分别属于第二(物质生产和利润优化型)和第三阶段(利润最大化),前者农户的土地利用预期徘徊在满足家庭消费需要和利润增加的过程中,后者农户的土地利用方式选择和土地投入强度主要取决于获利能力。

农产品市场化的行为主体和土地利用的行为主体都是农户,农户特征包括户主特征和家庭经营特征。农户的决策主要是由户主完成,这也是他基于家庭劳动力配置、资源禀赋、收入来源等整体情况综合权衡后做出的决定。根据已有研究成果,户主年龄、户主文化程度、家庭人口及劳动力、家庭收入结构等都是考察农户特征的主要指标,这些指标能反映出户主的"理性"程度和市场响应程度。

户主年龄。不同年龄阶段的农户行为动机和目标差异可能导致农户意愿和行为的不同(尹倩,2010)。根据我国的实际情况,一般而言,年龄越大的农户,其生产能力和学习能力降低,接受新技术和新观念的能力越弱,市场风险意识越强,对于家庭土地利用方式的选择和投入更倾向于传统和保守。年轻者则相反。

户主文化程度。从理论上讲,教育可以增进一个人获取、辨识和理解信息的能力。农户文化程度越高,市场意识越强,越容易接受新事物,也越容易离农就业,对于家庭土地利用方式的选择和投入更倾向于省力与高效。文化程度低者则相反。

家庭人口及劳动力。家庭人口的多少及劳动力是否在农业领域就业的情况,决定着农业生产劳动投入。一般而言,家庭人口越多,由于农业收入的局限性,非农就业的可能性就越高;而务农劳动力越多,表示家庭对农业活动的重视,对于农业生产的劳动投入就越大。

家庭收入结构。家庭生产经营的主要目的是收入(利润)最大化。而家庭收入来源决定了农户对农业或者非农业的偏好,也决定了农户对农业可能的投资能力。一般而言,非农收入比例越高,家庭对农业的依赖越小,越倾向于省时、省力的土地利用形式,但是对于土地的投入可能越不稳定,随着家庭收入总量变化而变化。

2) 市场环境特征

农产品所处的市场环境主要指农户生产经营所处的各种主客观条件的集合。

客观环境。反映农户资源禀赋和空间位置等参与农产品市场的客观优势。包括农户的土地拥有情况、土地质量及到城镇、市场的便利程度等。根据已有研究成果,耕地面积、块均耕地面积、耕作半径、到县城距离、市场位置等都是考察市场客观环境的主要指标。

土地数量及质量。耕地面积总量体现农户的实际土地经营能力及需求;块均耕地面积反映农户家庭土地的细碎化程度,细碎与否直接影响农户的耕作难易程度及流转意愿。耕作半径则反映农户住所到耕作地块的实际距离,其远近程度影响农户的耕作交通成本及劳动投入。一般来讲,耕地面积越大,农户的农业生产能力和需求越高;块均耕地面积越小,家庭耕地的细碎化程度越高,耕种难度越大;耕作半径越远,农户从居住地到耕作地的空间距离越大,交通成本和人力成本相应上升。

空间位置及距离。户到县城距离反映农户距中心城镇的空间位置,决定农户接受城镇辐射的可能性。一般而言,距离城镇越近,农户的非农就业率越高,农产品的市场需求量越大。户到农贸市场距离反映了农户距消费市场的空间位置,决定农户参与市场的难易程度。一般而言,距离农贸市场越近,农产品交易越方便,农户对日常消费品的买卖行为越便利。户到农贸市场距离也反映了区域农村市场基础设施建设水平的高低。

主观环境。反映农户参与农产品生产要素市场的主观能力。包括各种农资价格及获取途径、劳工价格及机械化投资、土地流转规模、土地流转租金等。农资、劳动以及土地等各种农业生产要素的供需状况和市场价格,都将直接影响农产品的生产成本和最终收益,进而影响农户土地利用方式的选择。

农资投入水平。种子、农药、化肥是农户生产经营中的三大基本农资,是农业生产不可缺少的资金投入,也是农户在核算收益时主要考虑的支出成本。农资市场与农产品市场联系紧密,价格波动敏感。种子、农药、化肥的购买价格、购买渠道、投入资金等,体现了农资质量和数量的变动,并计入现金成本,决定农户农业投入产出效益的高低,也是衡量农户土地是否可持续利用的重要指标。

劳动投入水平。劳动工日和农机使用情况是农户生产经营中的主要劳动投入指标。二者有此消彼长的趋势。当劳工投入较多时,农机使用可能较少,农机对劳工的替代作用明显。这仅是对于农户家庭总体生产安排而言,具体到某种作物,则需要衡量其农机或者劳工的适宜性,二者的替代性并不具有普适性的意义。

土地流转水平。土地流转租金、土地流转规模、土地流转类型等内容既是土地利用变化的主要形式,也是农产品生产要素投入变化的主要方面。土地流转的实现与否决定了土地这个基本的生产要素在农户生产经营过程中的实际配置状况。而土地流转租金、流转方式等也是土地市场发育程度的主要判断标志。土地流转有利于专业化、规模化及产业化等土地集约利用方式的形成。

3) 市场行为特征

生产、销售和流通是农产品市场价值实现的主要过程,三者紧密相连,不可分割(刘国荣,2002)。农户通过合理配置生产要素生产出符合市场需求和满足自身需要的农产品,以各种生产经营方式参与市场,进入销售和流通环节,实现农产品的市场价值,以确保农户生活改善和农业再生产投资。这是本书考察的核心要素。

生产参与方式。反映农户参与农产品市场的深度与广度,包括农产品商品率、农户是否参加专业合作组织、农户是否进行了专业化生产等指标。市场的基础是商品生产,商品生产的扩大又取决于分工精细的程度,而农村的组织化和专业化又是市场深化的应有之义(于奎,2005)。

商品化水平。以农产品销售率指标来衡量。农产品商品化水平是关于需求导向的问题(储新民和李琪,2009)。农民在对作物品种、耕作时间和管理方法等安排上,有必要以需求导向为准则,及时有效地满足各类群体对农产品的需求。农产品销售率越高,表明农户参与市场的程度越广泛,与市场连接越紧密,同时也意味着农户的生产规模越大,农产品产量越高。

组织化水平。以农户是否参加专业合作组织指标来衡量。现阶段我国各类专业合作社纷纷涌现,合作组织既具备市场要素又表现出企业组织的形式,能够以企业组织形式克服市场失效,降低交易成本。合作组织中的农户生产和销售可能更有效率,土地收益可能也更高。

专业化水平。以农户是否进行专业化生产指标来衡量。专业化是社会分工和商品经济发展的结果与标志。它既体现了区域比较优势,也提高了农业生产效率。专业化生产的农户土地利用结构更趋向单一,其同类农产品的产出效益可能更高。

销售行为。以农产品市场价格指标来衡量。农户农业收益的实现取决于农产品的售卖情况。一般而言,农产品市场价格越高,农户的收益越高,对农业生产预期也越高,对农业生产是良性刺激信号。而不同农产品的自然属性、生产属性和消费特性等对市场价格有直接影响。例如,稻麦等粮食作物供需弹性小,有最低收购价的调控,市场价格相对稳定;蔬菜、瓜果等经济作物供需弹性较大,品质差异明显,市场价格波动较大。

流通行为。以农产品交易渠道和交易成本等指标来衡量。农产品在市场上是否能够及时交易并获得合理价格,取决于农产品市场流通状况。交易渠道越多,表明农户的交易能力和交易欲望越高,带来的农业收益也越大。交易成本提高,既表明农产品的商品化程度增高,也反映了农户参与市场的成本增加,对于农户农业生产的刺激是多重的,农户会根据自身的承受能力和预期判断进行农业生产用地的调整。不同农产品对交易特性也有影响。例如稻麦等粮食作物成熟期较长,上市期、交易渠道和交易成本比较固定;蔬菜、瓜果等经济作物成熟期短,上市频率高、交易渠道多,能带来较高经济效益的同时,其市场风险也随之增加。

2.4 农产品市场环境下的农户土地利用行为

目前我国农产品总量平衡的脆弱性凸显,品种和区域结构失衡的矛盾加剧,市场变化的放大效应增强(回良玉,2011)。农业比较效益偏低的局面并没有根本改变(苏小梅和曹敏,2011)。农产品能否进入市场并实现其价值决定了农业效益能否提高。农业产业结构演替,引起各类资源要素的重新配置,是土地利用及其空间结构演变的根本动力。

2.4.1 农产品市场化与土地利用结构、效益、流转及可持续发展

以获得农产品市场的比较优势为导向,通过土地用途变更和规模调整,追求土地利用效益,有助于达成区域土地利用总福利的最大化。土地利用目标是实现经济效益、社会效益和生态效益的和谐发展。评价土地利用效益的核心是经济效益。要促进农业的持续发展,土地经济效益的持续提高,必须保持良性的农业生态系统,保持农业再生资源的再生能力。在市场经济条件下,只有生产适应社会需求的农产品,才能获得较好的经济效益,从而实现土地利用的综合效益。

土地利用结构是土地利用效益的基础,土地利用结构转换的动力来自土地利益的驱使(张安录,2002)。而土地流转是调整土地结构的重要手段,土地可持续利用则是土地生态功能的最终体现。各种市场要素配置的动态性是由市场经济发展的动态性决定的(王万茂,2004)。农业经营者在遵循自然生态规律的前提下,既要保持农业结构的相对稳定,还要根据农产品市场的变化,针对不同时期的农业生产结构做出适当调整,从而实现一定的经济目标。依据区域生态条件和资源特点,选取合适的农业生产结构,从而获得稳定的农业产出,并保持农业系统的持续性(图2-10)。

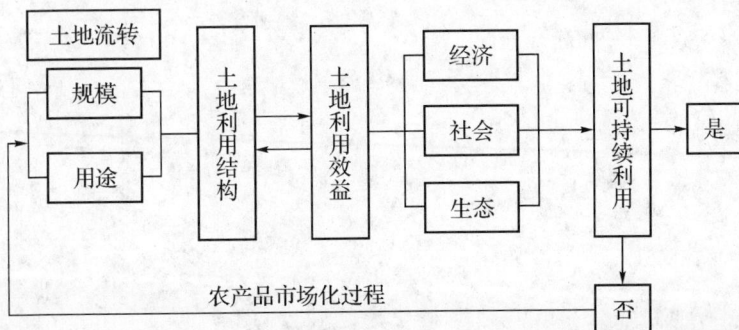

图 2-10 农产品市场化与土地利用变化的关系

2.4.2 农户微观行为与区域宏观决策

土地资源不仅对于区域经济发展具有承载功能,而且具有实现农业增长的生产功能,同时

作为农户重要的财产,还具有储蓄和增值功能(黄贤金等,2002)。农户利用土地的直接目标是获取最大的经济效益,是局部的、短期的,而对于生态效益和社会效益,则是全局的、长期的,农民很难看到直接利害关系,要通过体现公众长期利益的政府和法律进行干预(臧俊梅等,2006)。将微观层面与宏观层面综合考察,既有利于深入研究影响微观主体行为变化的各种要素特征,又有利于把握区域整体变化的趋势和走向,从而做出促进二者发展的科学判断。

区域农业结构调整与农产品市场化过程一样,是动态的和多层面的。在市场经济体制中,就微观层面看,农业生产结构调整的决策者和响应者是农户,其获利和损失具有高度的一致性。就宏观层面看,农业结构调整的决策和响应是两个主体,即政府和农地经营者。政府是引导者和咨询者;经营者是响应者和执行者(张安录,2002)。若宏观政策保证连续性,区域市场波动较小,则有利于农业的生态经济效益显著提高,农业生产结构相对稳定。

本书正是围绕农户土地利用变化的农产品市场驱动力,探讨既能最大限度利用土地社会福利,增加农民收入,又能可持续增强土地生产功能,保证国家粮食安全等策略性问题。

2.5　小结

本章对书中研究的农户、农产品和土地利用分别进行了清晰界定,并概述了农产品市场特征、农产品市场化过程和农户土地利用变化三个核心研究主题。从农业土地利用、农产品供需和农户行为三个方面阐述本书开展实证分析的理论基础及相关启示。在提出研究假设的前提下,参照人类行为模型,尝试构建本书的理论逻辑框架,详细分析了选择市场主体、市场环境和市场行为作为主要影响因素的动机及可能影响,阐述农产品市场化与土地利用结构、效益、流转及可持续发展的关系,农户微观行为与区域宏观决策之间的关系。

上述理论分析和模型推导试图揭示农产品市场化对农户土地利用的影响机理,并解释农产品市场化和农户土地利用变化发生的动因、过程及二者相互作用的结果。本书研究主要围绕三大内容展开:一是农产品生产、销售、流通的市场化行为特征;二是农户土地利用结构、效益、流转的变化特征;三是农产品市场化对农户土地利用变化的影响过程。由于粮食作物和经济作物的自然和社会属性差异显著,本书针对农产品类型进行了区分检验,并进一步总结了地区分异规律。基于农产品市场行为与农户土地利用行为的关联性及实证模型的适用性,在分析土地利用结构变化和土地流转时,重点考察了农产品的销售和流通行为;在分析土地利用效益变化时,重点突出农产品生产行为,并兼顾了销售和流通行为。

3 中国农产品市场发展与农业土地利用变化

我国已经在相当程度上成功地建立了农民和市场之间的联系,深刻地改变了中国的农业经济面貌,并使农业经济发展在中国的现代化发展中发挥着日益重要的作用(黄季焜,2010)。进入 21 世纪后,农产品市场发展进程加速,农村土地的专业化分工、区域化布局和规模化经营的趋向愈发明显。从长期来看,农产品生产先导功能和价值实现功能最终将对农村产业结构调整、农村社会分工以及农村土地利用效率起到重要作用。本章旨在通过对改革开放以来全国农产品市场发展和农业土地利用变化的过程及现象进行回顾和梳理,从宏观层面简要阐述农产品市场化和农业土地利用变化的时空特征及发展态势。并选取农产品市场化和农户土地利用变化的关键指标建立简单的回归分析,从时间序列和空间分异定量化阐释二者之间的影响关系,进一步明确后文实证分析的国家背景。

3.1 中国农产品市场发展与农业土地制度变革历程

当前广大农民正经历着从生存理性到经济理性的转变,主动或被动地遵循着市场理念来组织和安排生产。系统地回顾和总结我国农产品市场发展和土地制度改革的历程,有助于理清历史变迁脉络,把握未来发展方向。

3.1.1 确立土地承包与启动农产品市场改革(1978—1984)

十一届三中全会通过了《关于加快农业发展的若干决定(草案)》,在农村展开了一系列以市场为导向的体制改革。推行农村土地家庭联产承包责任制,统分结合、双层经营体制的确立,使农民拥有了生产经营自主权,为农村提供了生产激励机制。到 1983 年实行联产承包经营责任制的基本核算单位已经上升到 99.5%,实行家庭联产承包责任制的占 98.3%。至此,全国农村普遍实行了各种形式的生产责任制,人民公社体制解体。

这个时期农业获得连年丰收,我国粮食产量年均增长 4.9%(辛明,2003)。为确保农民利益,中央几次大幅度提高农产品价格,1979 年粮、棉、油等 18 种农产品价格提高了 22.4%。1984 年中央要求逐步放开农产品市场,引导农民进入市场。统购统派农产品品种大幅下降,封闭式农产品流通体制发生变化,多渠道、少环节、开放式的流通体制初步形成。农产品市场贸易量逐步扩大,1984 年集市贸易成交额达 250 亿元,比 1978 年增加 152 亿元。

3.1.2 允许土地转包与试行农产品市场放开(1985—1991)

在明确农村土地政策安排的大方向之后,稳定土地承包期成为当务之急。从 1984 年到 1991 年期间,中央先后出台一系列文件,明确指出,"土地承包期一般应在 15 年以上",同时提出"鼓励土地逐步向种田能手集中,社员在承包期内,因无力耕种或转营他业而要求不包或少包土地的,可以将土地交给集体统一安排,也可经集体同意,由社员自找对象协商转包"。这样的规定,既延长了土地承包经营权在较长时间内的稳定,又允许土地转包,为农民安心经营土地提供了制度保证,鼓励农民对土地开展长效投资。

这个时期农业生产力的过快释放,农产品出现大量积压,结构性矛盾十分突出。针对农民

"卖难"现象,国家开始重视农业结构调整,大力倡导发展养殖业和其他经济作物,粮棉播种面积和产量变动幅度较大,农业生产出现徘徊。为打破这种局面,除烟草等个别农产品外,国家全面取消了对农产品的统购派购政策,粮食、棉花改为合同订购,并实行价格双轨制。逐步放开了水产品、生猪、禽蛋和蔬菜市场,根据市场供求,实行议购议销。

3.1.3　倡导规模经营与农产品市场双轨并行(1992—2000)

1992 年我国明确提出建立社会主义市场经济体制的改革目标,稳定和深化家庭承包经营制度成为这一时期农村土地政策的主题(刘广栋和程久苗,2007)。1998 年"土地承包经营期限为 30 年"的土地政策正式上升为国家法律,要求依法管理农村承包合同,并对合同严肃性、土地承包期、经营权流转、农民负担和权益等方面做出了规定。鼓励有条件的地方开展适度规模经营,苏南、浙江沿海等经济发达地区首先开始了农村规模经营的实践。

这个时期全国粮食生产能力快速提升,到 1998 年粮食产量创历史最高水平。制度与政策在计划与市场谁占主导力量的拉锯过程中反复权衡和波动,国家逐步确立了粮棉大宗农产品为代表的市场购销为主的流通格局。进一步确立农户的经营主体地位,积极推进农产品和农业要素市场的建设。以农业产业化发展为契机,促进农村产业结构调整,建立农产品产、供、销等一体的市场化生产模式,鼓励各种经营主体进入流通领域开展竞争,并加大以批发市场为中心的农产品市场体系建设。

3.1.4　加快土地流转与深化农产品市场改革(2001—至今)

2001 年我国正式加入 WTO,农业直接面临着与国际市场接轨的重大转折。2002 年我国通过了完善社会主义市场经济体制的全面部署。《农村土地承包法》《农村土地承包经营权流转管理办法》《农民专业合作社法》等一系列相关法律法规相继公布实施。保护农民土地权益、促进农民增产增收的一系列新的土地经营方式随之出现,土地股份合作、城乡土地同权等新的土地改革期待着再一次激发农业活力,在更大程度上解放农村生产力。

这个时期国家初步建立市场经济条件下的宏观调控体系,全面放开粮食的购销市场和价格,建立和完善了粮食的最低保护价收购制度和直接补贴机制。优势农产品布局在全国开始实施,农产品需求明显增长,而供给增长受到的资源约束也更加明显。中国农产品市场体系建设取得重大进展,市场主体多元化格局已经形成。农产品批发市场逐步完善,农产品零售市场逐步规范,农产品期货市场的导向作用开始显现,农产品市场基础设施全面建立,企业和社会资本也开始涉及农产品市场建设和管理。

3.2　中国农产品市场发展与农业土地利用变化趋势

改革开放以来,我国农业农村发生了天翻地覆的变化。农业生产方式及土地利用和农产品流通格局正在朝着现代化、产业化、市场化的方向全方位推进。

3.2.1　农产品市场化水平逐步提升

农产品商品化销售水平快速增长。1981—2012 年间,全国粮食、油料、蔬菜三种农产品人均出售量分别增长了 25.72 倍、4.75 倍和 8.46 倍,年均递增率分别为 10.68%、4.99%、6.90%。随着粮食市场管制的逐渐放开,其出售总量增幅最大。一些主要农产品单位面积商品率也提升较快。除油菜有所下降外,1991—2012 年间,稻谷、小麦、玉米、大豆和蔬菜分别上升了 33.27%、31.84%、41.80%、33.19%和 5.88%(图 3-1)。农产品生产与市场需求直接联结起来,更能全方位推动农业生产结构的调整。

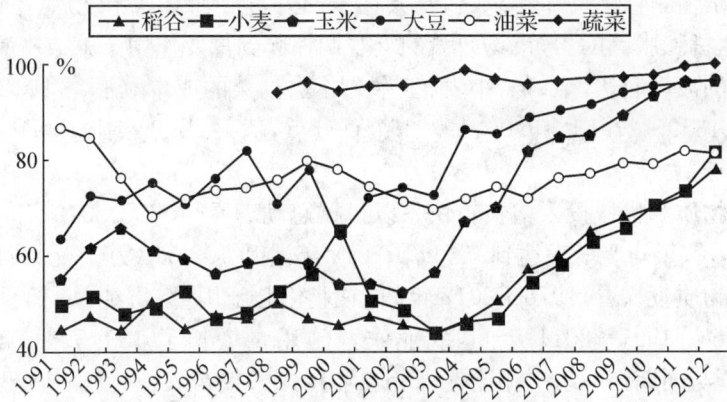

图 3-1　1991 年以来中国主要农产品商品率变化趋势

农产品专业化生产程度持续提高。农产品生产逐渐向区域化、专业化方向发展,主要农产品基本形成全国性区域中心,专业化程度不断提高。1996—2012 年间,全国稻谷和小麦播种面积最多的前三名省份合计占同类农产品总播种面积的比例分别从 32.86%和 39.24%上升到 34.82%和 46.90%;其产量比例也分别由 34.20%和 47.70%变化到 33.19%和 55.32%。有研究表明,1985—2005 年间,蔬菜播种面积最多的九个省份合计占蔬菜总播种面积的比例从 58.63%提高到 64.31%,产量比例从 40.29%提高到 67.70%;并且在主产省内部也出现区域性的集中,蔬菜播种面积在 6 666.7 公顷以上的县由 1990 年的 163 个发展到 2002 年的 658 个,其中 2 万公顷以上的大县已有 55 个(卢凌霄和周应恒,2010)。

农产品商业化交易场所逐步完善。2011 年全国共有亿元以上农产品综合批发市场 702 个,当年成交额 6 325.11 亿元。亿元以上农产品专业批发市场 2 020 个,当年成交额 12 595.26 亿元,其中,粮油类 111 个,蔬菜类 313 个,干鲜果品类 147 个,肉禽蛋类 114 个,水产品类 157 个,其他类 178 个。农产品商业化交易场所地区差异显著。中、西部地区明显低于东部地区。就亿元农产品综合与专业批发市场来看,无论数量还是成交额,东部地区都占到 70%以上,中、西部地区仅分别占 15%～10%。城乡差异明显,大中城市作为商品农产品的集中消费地区,其销地批发市场的发展比较充分,设施条件较好;而农村地区,特别是中部粮棉油和蔬果主产区,以及西部特色农业地区的产地批发市场发展不足(农业部,2010)。

3.2.2　农村土地利用格局不断优化

土地种植结构趋向多样化。1978—2012 年间,我国粮食作物播种比例由 80.34%下降为 68.05%,下降了 12.29 个百分点。其中,稻谷和小麦分别下降了 4 个百分点以上。我国经济作物播种比例不断攀升,豆类、油菜和蔬菜作物播种比例分别上升了 5.94、2.82 和 10.24 个百分点。就地区差异看,1996—2009 年间,东、中、西部的粮食播种面积占地区农产品总播种面积的比例分别下降了 3.38、1.91 和 8.82 个百分点;同时,东、中、西部的蔬菜播种面积占地区农产品总播种面积的比例分别上升了 5.78、6.29 和 5.29 个百分点。各地区在因地制宜的基础上,农产品种植结构向多元化发展。

土地种植收益经历了先升后降再升的波动过程。到 2012 年,稻谷、小麦、玉米、大豆、油菜、蔬菜的净利润分别为 4 285.95 元/公顷、319.35 元/公顷、2 965.20 元/公顷、1 929.45 元/公顷、

—1 224.00 元/公顷和 36 825.00 元/公顷,在粮经作物中,分别以稻谷和蔬菜最高。1978—1995 年,各类主要农产品的净利润达到一个高峰,随后开始大幅下降,小麦、玉米、油菜的净利润出现连续多年负值,直到 2004 年以后,开始逐步回升,进入 2010 年之后,下降幅度又明显增大。扣除物价、通货膨胀等因素,市场政策的宏观调控起到重要作用。就成本利润率比值来看,同样经历了较大的波动起伏。水稻、小麦、玉米、大豆、油菜的成本利润率 2012 年比 1978 年分别上升了 22.44、13.95、27.51、15.06、19.91 个百分点,蔬菜 2012 年比 1998 年明显下降,减少了 23.14 个百分点。

土地生产的物质和机械投入增长较快。以机械总动力看,1978—2012 年间,农用机械总动力提升了 772.87%,年均递增率达到 6.39%,2012 年达到 102 559 万千瓦,我国农业机械化程度不断提高。以物质投入看,1978—2012 年间,农业化肥施用量(折纯)增长了 560.50%,年均递增率达到 5.54%;1991—2011 年间,农业农药施用量增长了 133.59%,年均递增率达到 4.12%,这些物资与同期国际水平相比偏高。农业投入不仅与农作物播种面积有关,而且反映了我国农业更多的应用了大型机械和化学物质,从而达到减少人力、提高产量的目的。然而,化肥、农药施用的大量增加也是农业环境不利的信号。

3.2.3　农业现代生产方式大量涌现

土地流转加速农业规模经营进程。有研究表明,2009 年全国共流转土地 1 000 万公顷,流转面积比例超过 12%,总规模比 2008 年提高了 37.6%。大部分地区流转形式仍以转包为主,占 50% 左右;出租次之,占 30% 左右;土地股份合作在浙江、苏州、成都、上海等一些发达地区兴起。流转租金区位差异较大,毗邻城市、经济发达、区位较好的地区土地流转价格高(王俊沣和伍振军,2011)。农户、企业、村集体乃至乡镇政府,都成为土地流转的重要推动力量,加剧了农村土地集中和规模化经营的态势,进一步提高土地利用效率,转变传统细碎化的生产格局。2010 年江苏省累计适度规模经营面积已经达到 201.82 万公顷。

农业产业化和组织化能力增强。农业产业化深入推进,新型农业社会化服务体系加快建设。据统计,到 2012 年底,我国各类产业化经营组织超过 30 万个,带动农户达 1.8 亿户,农户加入产业化经营年户均增收 2 800 多元。由于农业合作社在不改变农户独立经营的情况下,通过联合生产,有效地将分散资金、劳动力、土地和市场组织起来,有利于加强农户和市场的对接,避免生产和中间环节过多谋利,成为国家着力培育的农业组织形式。目前全国农民专业合作社已超过 68.9 万家,实有成员超过 5 300 万户。2012 年各级财政对合作社扶持资金达到 54.8 亿元(高云才,2013)。

农业市场经营主体逐渐产生。中国农民已经发生高度分化,不同地区或不同类型农民的利益诉求可能是完全不同的(贺雪峰和魏华伟,2010)。总体来看,在农村从事农业或农产品生产的人口仍占我国总人口的半数以上,大多数仍以从事农产品生产、收获、初加工、销售等为主。近年通过产销地农产品市场流通体系建设,促进了种植结构的调整,使农产品生产逐渐步入商品化生产轨道,农产品生产与市场脱节的现象正逐步得到克服(商务部,2009)。越来越多的各类专业种植户、养殖户、营销户在农产品生产市场化、商品化、专业化程度不断提高的进程中出现,他们正在从事完全以市场需求为导向的专业化生产,是具有企业家精神的现代农民,成为中国农业先进生产力的代表(张晓山,2010)。

3.3 中国农产品市场发展与农业土地利用变化的时空分析

以我国农产品市场发展与农业土地利用的关系为主线,分析较长时间尺度、不同区域范围的时空演变过程及特征,从宏观上阐述农产品市场化对农业土地利用的可能影响,为后文微观主体的实证检验奠定基础。

3.3.1 分析框架及数据来源

不同种类的农产品其生产与经营属性差别较大,根据数据可得性和研究目的,本书选择稻谷、小麦、玉米作为粮食作物的代表,蔬菜作为经济作物的代表,重点研究不同农产品参与市场的行为分别对农业土地利用结构和效益产生的关联性和影响趋势。

1) 分析框架

农产品市场行为是连接农户决策和土地利用变化的核心环节,尤其农产品的销售和流通行为决定了农产品市场价值实现与否及实现程度高低,并反馈给农户,是其做出土地利用变化的决策依据。选择农产品商品率、农产品出售价格和农产品销售费用作为考察农产品市场行为的主要指标,选择农产品播种比例和农产品单位面积产值分别作为衡量农业土地利用结构和效益变化的指标,建立简单回归模型,从时空变化纵横比较,评价二者的关联作用。

需要指出的是,在考察时间序列时,根据市场行为的蛛网理论,农户生产决策的制定取决于上一期(年)市场上的农产品价格和供求弹性(田永峰,2000)。因此,模型中的解释变量均选择上一年的数据(表 3-1)。解释变量和被解释变量对应相应的农产品。

表 3-1 变量选择及含义

名称	含义
x_1(农产品出售价格)	该种农产品出售市场价格[元/(50 kg)]
x_2(农产品商品率)	该种农产品在下一个生产年度收获之前通过各种渠道出售的数量占当年度产量的比率(%)
x_3(农产品销售费用)	该种农产品销售过程中发生的各种费用(元/亩)
y_1(农产品播种比例)	该种农产品播种面积占农作物总播种面积的比例(%)
y_2(农产品种植效益)	该种农产品单位面积生产总值(元/亩)

简单的线性回归模型可表示为(薛薇,2010):

$$y_t = \beta_0 + \beta_1 x_{(t-1)1} + \beta_2 x_{(t-1)2} + \cdots + \beta_p x_{(t-1)p} + \varepsilon_{t-1} \tag{3-1}$$

式(3-1)中,y_t 表示在 t 时段该种农产品的播种比例或种植效益;$x_{(t-1)1}, \cdots, x_{(t-1)p}$ 表示在 $(t-1)$ 时段该种农产品的某种市场行为;β_0 表示常数项;$\beta_1, \cdots, \beta_p$ 表示解释变量对应的系数;ε_{t-1} 表示其他扰动项。解释变量与被解释变量都是具有实际意义的时间序列。

2) 数据来源

本书以 1991—2009 年为研究时间尺度,数据主要来源于《中国统计年鉴 2010》《中国农产品成本收益资料汇编 2007—2010》《中国农村住户调查年鉴 2010》等统计年鉴。为消除 CPI 等价格指数影响,涉及价格或价值的指标均采用 2000 年可比价。

由于 1992 年国家市场经济体系全面建立,考察始点即从该年度开始;而 2009 年为下文农户实证研究的年度作为考察终点。统计年鉴的蔬菜数据始点从 1998 年开始。在时间序列的粮食指标,均采用稻谷、小麦和玉米三种作物的合成指标,蔬菜指标也为七种蔬菜(西红柿、黄瓜、茄子、菜椒、圆白菜、大白菜、马铃薯)的合成。地区序列则采用不同农产品的主产区进行地域分析,基于 2009 年土地利用变化的数据,对应上年度农产品市场行为的数据。

3.3.2 1991—2009 年中国粮经农产品市场行为对农业土地利用的影响

1) 粮食产品

就市场行为看(表 3-2),从 1991—2009 年,稻谷、小麦、玉米所代表的三种粮食作物平均出售价格增加了 25.70 元/(50 kg)(2000 年可比价),年均递增率为 2.31%;单位面积商品率由 49.20% 上升到 74.27%,增长了 25.07 个百分点;单位销售费用则由 1.18 元/亩降低为 0.84 元/亩,减少了 0.34 元/亩。随着政府干预的减少,粮食销售和流通的市场化程度不断上升。

就土地利用变化看(表 3-2),从 1991—2009 年,稻谷、小麦、玉米所代表的三种粮食作物播种面积占农作物总播种面积的比例由 56.90% 下降到 53.64%;单位面积产值则增加了 318.60 元/亩(2000 年可比价),年均递增率为 3.84%。粮食作物种植结构和种植效益逐步优化。

表 3-2 三种粮食作物市场行为与土地利用变化(1991—2009)

年份	粮食播种面积比例(%)	粮食单位面积产值(元/亩)	粮食出售价格[元/(50 kg)](2000 年可比价)	粮食单位面积商品率(%)	粮食单位面积销售费用(元/亩)(2000 年可比价)
1991	56.90	328.06	50.65	49.20	1.18
1992	56.12	341.55	51.81	53.20	1.35
1993	55.02	392.50	56.88	52.90	1.18
1994	54.17	519.02	76.10	53.80	1.73
1995	54.96	562.36	82.12	51.70	1.54
1996	56.12	514.62	72.98	50.30	1.88
1997	55.59	446.83	63.92	51.10	1.92
1998	55.38	430.63	61.43	54.00	2.75
1999	55.02	371.03	53.25	53.00	2.71
2000	50.97	331.00	48.36	49.10	2.52
2001	49.94	364.10	51.14	50.30	2.50
2002	49.63	353.24	49.29	48.50	2.43
2003	47.62	385.01	55.93	48.30	2.19
2004	49.14	545.15	67.34	53.00	1.58
2005	50.16	495.18	62.99	55.90	1.32
2006	53.25	535.76	66.32	64.50	1.27
2007	53.51	569.37	69.30	67.5	1.15
2008	52.94	605.64	69.36	70.8	0.97
2009	53.64	646.66	76.35	74.27	0.84
变化幅度	−3.26	318.60	25.70	25.07	0.34

资料来源:《中国统计年鉴 2010》《中国农产品成本收益资料汇编 2007—2010》

运用 SPSS 16.0 软件,对上述数据进行分析。得出以下结果:

表 3 - 3　粮食土地利用变化与市场行为的关系

指标	粮食出售价格	粮食商品率	粮食销售费用
粮食播种比例	0.521	0.194	−0.503
粮食种植效益	0.668	0.701	−0.663

从相关分析表格 3 - 3 中可以看出,粮食出售价格和粮食商品率分别与粮食播种比例和粮食种植效益呈正相关关系,粮食销售费用则呈负相关关系。随着粮食价格和商品率的上升及粮食销售费用的减少,农业生产预期更加稳定,粮食的种植比例和种植效益也随之增长。

进一步用逐步筛选方法将所有解释变量引入回归模型,可得到下列方程式(3 - 2)和式(3 - 3):

$$y_1 = 44.372 + 0.139x_1 \tag{3-2}$$
$$(sig. = 0.026)$$
$$y_2 = -235.550 + 4.534x_1 + 7.799x_2 \tag{3-3}$$
$$(sig. = 0.013) \quad (sig. = 0.007)$$

方程(3 - 2)意味着,当粮食出售价格每增加 1 元/(50 kg),会使粮食播种比例平均增加0.139%。商品率和销售费用经检验概率值不显著,未引入方程。

方程(3 - 3)意味着,当粮食出售价格每增加 1 元/(50 kg),会使粮食产值平均增加 4.534元/亩;当粮食商品率每增加 1%,会使粮食产值平均增加 7.799 元/亩。销售费用经检验概率值不显著,未引入方程。

对于粮食这种生活必需品,农户基本上是在满足自身需要之后再安排市场销售的比例。上年市场价格越稳定,商品化程度越高,在相对固定的耕地总量上,当年安排种植粮食的比例和由此获得的种植收益也就越高。使粮食在相对合理的价格上获得应有的收益,是保持粮食生产与供给稳定的关键。

2) 蔬菜产品

就市场行为看(表 3 - 4),从 1998—2009 年,蔬菜作物平均出售价格增加了 12.11 元/(50 kg)(2000 年可比价),年均递增率为 2.47%;单位面积商品率由 93.70% 上升到 97.05%,增长了 3.35 个百分点;单位面积销售费用则由 68.57 元/亩上升为 72.31 元/亩,增加了 3.74 元/亩。蔬菜作物是市场放开最早的农产品之一,"菜篮子"工程也一直是各级政府关注的重点,市场竞争比较充分。

就土地利用变化看(表 3 - 4),从 1998—2009 年,蔬菜作物播种面积占农作物总播种面积的比例由 7.90% 上升到 11.61%;单位面积产值则增加了 1 313.62 元/亩(2000 年可比价),年均递增率为 4.10%。随着农业生产结构的调整,种植结构多样化的趋势越发明显,加上种植效益的利好刺激,蔬菜等经济作物的种植比例不断提高。

表 3 - 4　蔬菜作物市场行为与土地利用变化(1998—2009)

年份	蔬菜播种面积比例(%)	蔬菜单位面积产值(元/亩)	蔬菜出售价格 [元/(50 kg)] (2000 年可比价)	蔬菜单位面积商品率(%)	蔬菜单位面积销售费用(元/亩) (2000 年可比价)
1998	7.90	2 363.66	39.38	93.70	68.57
1999	8.54	2 649.797	42.07	96.30	70.67

年份	蔬菜播种面积比例（%）	蔬菜单位面积产值（元/亩）	蔬菜出售价格 [元/(50 kg)] （2000年可比价）	蔬菜单位面积商品率（%）	蔬菜单位面积销售费用（元/亩） （2000年可比价）
2000	9.75	2 385.21	38.13	94.00	76.81
2001	10.53	2 646.326	40.25	95.20	85.80
2002	11.22	2 465.964	37.90	95.20	77.89
2003	11.78	2 617.626	39.49	96.40	75.44
2004	11.44	3 165.941	44.30	98.50	58.12
2005	11.40	3 132.893	45.91	96.50	60.45
2006	10.94	3 209.334	45.82	95.60	70.11
2007	11.29	3 805.582	53.34	96.30	69.36
2008	11.44	3 401.641	47.66	96.70	60.43
2009	11.61	3 677.277	51.49	97.05	72.31
变化幅度	3.71	1 313.62	12.11	3.35	3.74

资料来源：《中国统计年鉴 2010》《中国农产品成本收益资料汇编 2007—2010》

运用 SPSS 16.0 软件，对上述数据进行分析。得出以下结果：

表 3-5　蔬菜土地利用变化与市场行为的关系

指标	蔬菜出售价格	蔬菜商品率	蔬菜销售费用
蔬菜播种比例	0.320	0.530	0.019
蔬菜种植效益	0.710	0.436	−0.558

从相关分析表格 3-5 中可以看出，蔬菜出售价格和蔬菜商品率分别与蔬菜播种比例和蔬菜种植效益呈正相关关系，蔬菜销售费用与蔬菜播种比例成正相关而与蔬菜种植效益呈负相关关系。随着蔬菜价格和商品率的上升，蔬菜的播种比例和种植效益也随之增加，而销售费用的增长导致播种比例增长而种植效益减少。由于销售费用是农户市场交易成本的一部分，其增长可能预示着蔬菜种类的增加和播种面积的加大，因销售量大而频繁进入市场交易，从而导致种植收益减少。但是，当生产费用增加幅度小于收益增加幅度时，农户仍会继续扩大蔬菜种植面积。

进一步用逐步筛选方法将所有解释变量引入回归模型，可得到下列方程式(3-4)和式(3-5)：

$$y_1 = -25.970 + 0.385x_2 \tag{3-4}$$
$$(sig. = 0.094)$$

$$y_2 = -121.72 + 72.739x_1 \tag{3-5}$$
$$(sig. = 0.014)$$

方程(3-4)意味着，当蔬菜商品率每增加 1%，会使蔬菜播种比例平均增加 0.385%。出售价格和销售费用两个解释变量经检验概率值不显著，未引入方程。

方程(3-5)意味着，当蔬菜出售价格每增加 1 元/(50 kg)，会使蔬菜产值平均增加 72.739 元/亩。商品率和销售费用经检验概率值不显著，未引入方程。

蔬菜是商品化程度较高的农产品，超过家庭自给的规模后，种植目的是为了在市场上出售。

蔬菜作物的经济效益远远高于粮食作物,其净利润是粮食作物的10倍左右,成本利润率是粮食作物的2～3倍。蔬菜在市场上的实际销售状况决定了当年蔬菜作物的种植结构。当年蔬菜产值对上年蔬菜价格的响应更敏感,波动幅度较大。确保蔬菜的流通顺畅及合理的价格区间,是稳定菜农生产意愿的关键。

3.3.3　2008—2009年中国粮经主产区农产品市场行为对农业土地利用的影响

本书着重围绕以沪苏为代表的长三角地区和以皖为代表的传统农耕区实证案例开展研究,中国宏观背景的分析也以此为依据,对粮经作物的种类选择参照涵盖实证研究地区为原则。

1) 粮食产品

根据不同年鉴数据的可对比性和关联性,粮食产品分别选择粳稻和小麦作为研究代表。播种面积是我国农产品主产区确定标准之一,将反映农产品用地结构的指标由相对值"播种比例"改为绝对值"播种面积",以突出种植规模的变化。解释变量采用2008年市场行为数据,被解释变量采用2009年土地利用数据。

(1) 小麦

就市场行为看(表3-6),2008年,15个小麦主产区的平均出售价格为82.76元/(50 kg),单位面积商品率为63.10%,单位面积销售费用为0.84元/亩。其中,东部4个省份的平均价格为81.61元/(50 kg),平均单位面积商品率为75.70%,平均单位面积销售费用为0.53元/亩;中部4个省份的平均价格为78.50元/(50 kg),平均单位面积商品率为65.48%,平均单位面积销售费用为1.19元/亩;西部7个省份的平均价格为93.79元/(50 kg),平均单位面积商品率为53.27%,平均单位面积销售费用为1.84元/亩。东、中、西部的出售价格和销售费用呈现由低到高的趋势,商品率则呈现由高到低的趋势。

就土地利用变化看(表3-6),2009年,15个小麦主产区的播种面积为2 337.01万公顷,占全国小麦播种总面积的96.21%。其中,东部4个省份的播种面积为831.04万公顷,占全国的34.21%;中部4个省份的播种面积为933.94万公顷,占全国的38.45%;西部7个省份的播种面积为572.03万公顷,占全国的23.55%。15个小麦主产区的单位面积产值为642.70元/亩,其中,东部4个省份的平均单位面积产值为707.90元/亩,中部4个省份的平均单位面积产值为604.87元/亩,西部4个省份的平均单位面积产值为604.04元/亩。东、中、西部的播种面积呈现由高到低的趋势,而产值波动较大。

表3-6　15个小麦主产区市场行为与土地利用变化(2008—2009)

地区		2009年播种面积(万公顷)	2009年主产品单位面积产值(元/亩)	2008年出售价格[元/(50 kg)]	2008年单位面积商品率(%)	2008年单位面积销售费用(元/亩)
东部	河北	239.45	817.87	83.47	57.9	0.11
	黑龙江	29.31	488.13	81.81	100	0.11
	江苏	207.76	702.49	77.26	83.2	1.26
	山东	354.52	823.12	83.88	61.7	0.62
中部	山西	72.75	483.66	80.02	32.1	0.98
	安徽	235.53	708.97	76.36	76.7	0.94
	河南	526.33	756	81.67	65.2	0.85
	湖北	99.34	470.83	75.93	87.9	1.97

续表

地区		2009 年播种面积(万公顷)	2009 年主产品单位面积产值(元/亩)	2008 年出售价格[元/(50 kg)]	2008 年单位面积商品率(%)	2008 年单位面积销售费用(元/亩)
西部	内蒙古	52.82	794.31	113.66	71	1.01
	四川	127.75	394.95	84.8	48.4	0
	云南	43.24	351.45	88.51	54.1	3.33
	陕西	114.60	602.66	84.45	45.6	0
	甘肃	96.39	597.06	87.07	32.1	0.57
	宁夏	21.85	664.72	102.7	61.4	1.46
	新疆	115.39	823.14	95.32	60.3	2.85
平均值		—	642.70	82.76	63.10	0.84

资料来源:《中国统计年鉴 2010》《中国农产品成本收益资料汇编 2009—2010》

运用 SPSS 16.0 软件,对上述数据进行分析。得出以下结果:

表 3 - 7　15 个小麦主产区土地利用变化与市场行为的关系

指标	小麦出售价格	小麦商品率	小麦销售费用
小麦播种面积	−0.379	0.059	−0.229
小麦种植效益	0.288	0.116	−0.119

从相关分析表格 3 - 7 中得出,小麦出售价格、商品率及销售费用分别与小麦播种面积呈负相关、正相关和负相关。根据比较优势原理,小麦种植越广泛的地区,种植规模也越大,参与市场竞争的主体就更多,竞争更充分,尤其东、中部较西部地区而言,农产品市场发育更完善,市场流通更便利,优势产品的商品化水平也越高,市场价格和销售费用相对较低。而且,主产区的优势产区相对非优势产区而言,其资源条件和种植方式更成熟,生产成本相对更低,而利润率更高,同样引起了产品价格的高低差异。例如,2008 年我国小麦单位面积的生产成本由高到低依次为:西部 474.23 元/亩>东部 390.98 元/亩>中部 368.34 元/亩。而利润率由高到低依次为:中部 38.39%>东部 29.02%>西部 10.05%。再加上,国家保护价及粮食补贴等宏观调控力度不同、因品质带来的质量差异以及地区消费水平高低等原因,共同导致了上述结果。以江苏为例,其 2009 年播种面积、2008 年价格水平与商品率分别处于主产区第 5 位、第 13 位和第 3 位。小麦出售价格、商品率及销售费用分别与小麦种植效益呈正相关、正相关和负相关。以商品售卖为目的的小麦农业生产,更注重市场价格预期和流通成本降低,从而获得较理想的种植收益。

进一步用逐步筛选方法将所有的解释变量引入回归模型,得到下列方程式(3 - 6)和式(3 - 7):

$$y_1 = 5\ 946.153 - 50.753x_1 \tag{3 - 6}$$
$$(sig. = 0.164)$$

$$y_2 = 241.049 + 4.521x_1 \tag{3 - 7}$$
$$(sig. = 0.297)$$

方程(3 - 6)意味着,当小麦出售价格每减少 1 元/(50 kg),会使小麦面积平均增加 50.753 千公顷。商品率和销售费用两个解释变量经检验概率值不显著,未引入方程。

方程(3-7)意味着,当小麦出售价格每增加1元/(50 kg),会使小麦产值平均增加4.521元/亩。商品率和销售费用两个解释变量经检验概率值不显著,未引入方程。

根据统计学原理,当方程显著水平超过0.1时,该方程解释变量与被解释变量的影响程度显著降低。上述两个方程主要用来解释出售价格与种植面积和种植效益的影响趋势,尚不能严格表述关系程度。但不妨说明,农产品市场价格对于土地规模和土地效益是有作用的。

(2) 粳稻

由于缺少各主产区粳稻播种面积的对应数据,这里用各主产区总稻谷面积来代替。

就市场行为看(表3-8),2008年13个粳稻主产区的平均出售价格为93.39元/(50 kg),单位面积商品率为77.90%,单位面积销售费用为1.90元/亩。其中,东部7个省份的平均价格为94.24元/(50 kg),平均单位面积商品率为78.41%,平均单位面积销售费用为1.80元/亩;中部3个省份的平均价格为92.84元/(50 kg),平均单位面积商品率为86.80%,平均单位面积销售费用为0.33元/亩;西部3个省份的平均价格为97.96元/(50 kg),平均单位面积商品率为69.03%,平均单位面积销售费用为3.60元/亩。东、中、西部的出售价格和销售费用呈现由低到高的趋势,商品率则呈现由高到低的趋势。

就土地利用变化看(表3-8),2009年13个粳稻主产区的稻谷播种面积为1 329.27万公顷,占全国稻谷播种总面积的44.87%。东部7个省份的稻谷播种面积为716.96万公顷,占全国的24.20%;中部3个省份的稻谷播种面积为490.32万公顷,占全国的16.55%;西部3个省份的稻谷播种面积为121.99万公顷,占全国的4.12%。13个粳稻主产区的单位面积产值为988.42元/亩,其中,东部7个省份的平均单位面积产值为1 148.89元/亩,中部3个省份的平均单位面积产值为955.96元/亩,西部3个省份的平均单位面积产值为1 121.21元/亩。东、中、西部的播种面积和产值波动较大。

表3-8 13个粳稻主产区市场行为与土地利用变化(2008—2009)

地区		2009年稻谷播种面积(万公顷)	2009年主产品单位面积产值(元/亩)	2008年出售价格[元/(50 kg)]	2008年单位面积商品率(%)	2008年单位面积销售费用(元/亩)
东部	河北	8.51	1 287.88	95.37	79.90	0.80
	辽宁	65.67	1 283.60	96.67	80.90	4.82
	吉林	66.04	1 091.49	93.85	83.20	1.79
	黑龙江	246.082 4	1 061.94	90.75	96.00	2.52
	浙江	93.874	1 050.28	97.75	57.00	1.49
	江苏	223.324	1 130.90	92.23	64.30	0.77
	山东	13.461	1 136.14	93.03	87.60	0.39
中部	安徽	224.685	909.11	87.37	84.10	0.04
	河南	61.13	1 176.44	102.01	84.30	0.62
	湖北	204.508	782.34	89.13	92.00	0
西部	内蒙古	10.18	941.72	98.95	88.20	6.40
	云南	103.983	1 275.92	101.74	43.90	2.90
	宁夏	7.824	1 146.00	93.19	75.00	1.49
平均值		—	988.42	93.39	77.90	1.90

资料来源:《中国统计年鉴2010》《中国农产品成本收益资料汇编2009—2010》

运用 SPSS 16.0 软件,对上述数据进行分析。得出以下结果:

表 3-9　13 个粳稻主产区土地利用变化与市场行为的关系

指标	粳稻出售价格	粳稻商品率	粳稻销售费用
稻谷播种面积	−0.576	0.061	−0.313
粳稻种植效益	0.555	−0.435	0.155

从相关分析表格 3-9 中得出,粳稻出售价格、商品率及销售费用分别与稻谷播种面积呈负相关、正相关和负相关。产生原因与小麦类似,不再赘述。

粳稻出售价格、商品率及销售费用分别与粳稻种植效益呈正相关、负相关和正相关。商品率和销售费用在一定程度上反映了市场流通的难易状况,在商品流通不畅的地区,其表现为产品实际出售的比例较低而市场价格和销售成本较高,也反映了当地农户参与市场的程度较低,产品家庭消费的比例较大。以云南为例,其单位产值、出售价格、商品率及销售费用分别处于主产区第 3 位、第 2 位、第 13 位和第 3 位。

进一步用逐步筛选方法将所有解释变量引入回归模型,可得到下列方程式(3-8)和式(3-9):

$$y_1 = 11\,973.875 - 115.555x_1 \tag{3-8}$$
$$(sig. = 0.039)$$
$$y_2 = -661.162 + 18.562x_1 \tag{3-9}$$
$$(sig. = 0.049)$$

方程(3-8)意味着,当粳稻出售价格每减少 1 元/(50 kg),会使稻谷面积平均增加 115.555 千公顷。商品率和销售费用两个解释变量经检验概率值不显著,未引入方程。

方程(3-9)意味着,当粳稻出售价格每增加 1 元/(50 kg),会使粳稻产值平均增加 18.562 元/亩。商品率和销售费用两个解释变量经检验概率值不显著,未引入方程。

由于粳稻市场行为对应稻谷播种总面积,而稻谷播种总面积还包括早、中、晚灿稻等类型,因此,这里主要反映粳稻市场行为与土地规模的影响趋势,尚不能严格表述其关系程度。

总体来看,小麦和稻谷为我国主要口粮作物,事关国计民生的稳定与发展。二者土地经营习性及市场行为趋势大体一致,但也有所不同。粳稻相对于小麦而言,其主产区分布得更加集中,种植效益和市场化程度也更高。

2) 蔬菜产品

鉴于蔬菜成本收益数据和种植结构分别是以城市和省域作为统计范围,无法一一对应,以露地圆白菜作为蔬菜作物的代表,仅选择种植效益与市场行为的关系作为研究对象。

就市场行为看(表 3-10),2008 年,23 个露地圆白菜主产区的平均出售价格为 36.05 元/(50 kg),单位面积商品率为 98.20%,单位面积销售费用为 53.54 元/亩。其中,东部 12 个城市的平均价格为 44.09 元/(50 kg),平均单位面积商品率为 98.23%,平均单位面积销售费用为 73.51 元/亩;中部 3 个城市的平均价格为 33.20 元/(50 kg),平均单位面积商品率为 98.87%,平均单位面积销售费用为 26.43 元/亩;西部 8 个城市的平均价格为 30.48 元/(50 kg),平均单位面积商品率为 97.86%,平均单位面积销售费用为 33.46 元/亩。东、中、西部的出售价格和销售费用呈现由高到低的趋势,商品率基本持平。

就土地利用变化看(表 3-10),2009 年,23 个露地圆白菜主产区的单位面积产值为 2 951.96 元/亩,其中,东部 12 个城市的平均单位面积产值为 3 395.27 元/亩,中部 3 个城市的平均单位面积产值为 2 128.69 元/亩,西部 8 个城市的平均单位面积产值为 3 403.93 元/亩。
东、中、西部产值波动较大。

表 3 - 10　23 个露地圆白菜主产区市场行为与土地利用变化(2008—2009)

地区		2009 年主产品单位面积产值(元/亩)	2008 年出售价格[元/(50 kg)]	2008 年单位面积商品率(%)	2008 年单位面积销售费用(元/亩)
东部	天津	3 491.90	32.17	100.00	39.54
	石家庄	5 251.17	29.57	98.70	19.17
	沈阳	1 874.85	27.17	100.00	91.67
	大连	3 208.84	46.18	100.00	40.58
	长春	1 942.20	26.63	99.90	68.00
	上海	2 504.53	36.08	100.00	139.60
	南京	2 641.67	35.96	85.00	43.33
	宁波	1 562.48	28.67	100.00	32.00
	福州	4 929.63	93.94	100.00	198.65
	厦门	4 147.58	62.28	100.00	115.00
	济南	5 301.70	53.67	99.50	19.85
	青岛	3 886.67	56.71	95.70	74.67
中部	郑州	1 638.42	16.29	98.00	17.78
	武汉	2 371.05	30.09	98.60	35.56
	南昌	2 376.60	53.21	100.00	25.95
	呼和浩特	4 195.66	20.38	97.70	47.14
	重庆	3 406.99	43.08	99.40	29.86
	昆明	3 834.82	40.94	100.00	50.78
西部	西安	2 315.17	30.00	95.30	40.00
	兰州	3 090.41	22.43	99.50	45.36
	西宁	4 630.00	40.22	94.60	38.50
	银川	3 054.07	19.39	98.40	13.33
	乌鲁木齐	2 704.33	27.39	98.00	2.70
平均值		2 951.96	36.05	98.20	53.54

资料来源:《中国农产品成本收益资料汇编 2009—2010》

运用 SPSS 16.0 软件,对上述数据进行分析。得出以下结果:

表 3 - 11　23 个露地圆白菜主产区土地利用变化与市场行为的关系

指标	出售价格	商品率	销售费用
种植效益	0.520	0.034	0.171

从相关分析表格 3 - 11 中得出,露地圆白菜出售价格、商品率及销售费用都与种植效益呈
正相关关系。蔬菜这种主要用来满足市场供需的农产品,市场竞争比较充分,价格、销售费用等
对于供求变化的反应敏感,传递迅速,波动起伏较大。价格和商品率对于产值的促进作用是直
观的,而销售费用对产值的正向刺激,也反映了中间流通环节的费用较高,若交易量大可能带来

销售费用同比增长,从而导致产值的增加。

进一步用逐步筛选方法将所有解释变量引入回归模型,可得到下列方程式(3-10):

$$y_1 = 1\,953.285 + 33.739x_1 \tag{3-10}$$

$$(sig. = 0.011)$$

方程(3-10)意味着,当露地圆白菜出售价格每增加 1 元/(50 kg),会使露地圆白菜产值平均增加 33.739 元/亩。商品率和销售费用经检验概率值不显著,未引入方程。

3.3.4　时空变化特征

我国始终重视农业土地利用结构的调整和农产品市场体系的建设,进入 21 世纪以来多个中央"一号文件",就优化农业生产结构、改善农产品市场调控、保持农产品价格合理水平等方面出台了一系列政策和措施,逐步加强市场机制对资源配置的基础性作用。

在时间尺度上,一方面,我国主要农产品的市场化参与程度得到了明显提高(图 3-2)。粮经作物价格与商品率不断上升,销售费用保持平稳。与蔬菜作物相比,粮食作物的价格和商品率增幅更加显著。另一方面,我国主要农产品的种植结构和种植效益得到了一定的改善。粮食作物的播种比例基本上稳定在农作物总播种面积的一半以上,蔬菜作物的播种比例持续增加,同时,二者的种植效益都实现了较快增长。更重要的是,农产品市场化与农业土地利用的关联进一步增强。粮经农产品的价格和商品率对土地利用的结构和效益均产生了较为显著的正向刺激作用。

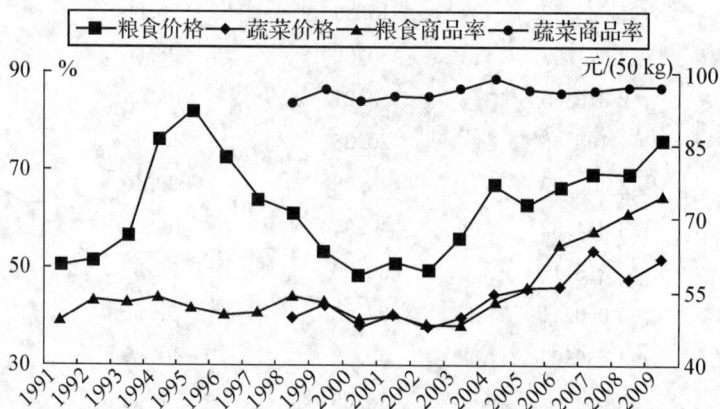

图 3-2　1991 年以来中国粮蔬农产品市场行为变化趋势

在空间尺度上,一方面,东、中、西部的粮蔬农产品市场化发育水平呈现由高到低的趋势。同类作物,与西部地区相比,东、中部优势产区的商品率更高,生产经营的市场导向更加显著;粮食作物的价格和销售费用更低,蔬菜作物的价格和销售费用更高,这不仅是由于市场竞争更加充分的结果,也与地区生产成本和国家宏观调控等因素相关。另一方面,东、中、西部的粮经农产品种植比较优势明显(图 3-3)。每类农产品主产区的优势产区种植规模更大,种植效益也相对较高。更重要的是,区域市场化与区域专业化生产联系更加紧密。农产品价格对种植规模和效益均产生了较为显著的影响。

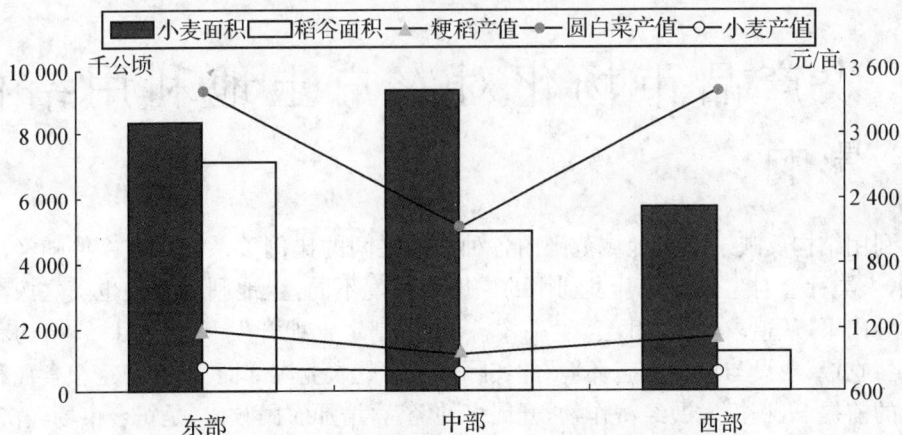

图 3-3 东中西部粮蔬农产品土地利用变化趋势

总体来看,我国农产品市场化进程取得了较快的进展,土地利用格局也发生了相应的变化。尤其市场价格的推动力量已经越来越突出。但仍然存在流通渠道不畅、市场定价不合理、农产品土地效益不高、区域差异显著等问题。如何在保证农业收益稳定提高的前提下,优化种植结构,提高农产品的专业化和商品化水平,值得进一步研究和完善。

3.4 小结

本章系统地回顾了我国农产品市场发展和土地制度变革的历程,二者紧密配合,相辅相成。对改革开放以来我国农产品市场发展和农业土地利用变化的总体格局开展了较为全面的总结概述,包括农产品市场化水平显著提升、农村土地利用格局不断优化、农业现代生产方式大量涌现等特征。运用简单回归模型,分类、分区、分时展开了农产品市场化发展与农业土地利用变化的关联性分析,围绕出售价格、商品率和销售费用 3 个解释变量以及种植结构和效益 2 个被解释变量,阐述粮经农产品市场行为在时间和空间上对其土地利用变化的影响。

本章着重从宏观层面阐述农产品市场发展和农业土地利用之间的关系,不仅为以下章节的微观层面分析概括了区域宏观背景,而且从时间序列和空间分异两个方面简单阐明了农产品市场化要素对土地利用变化的作用过程。

4 农产品市场化对农户土地利用结构的影响

土地利用结构反映了一定地域范围内各种用地之间的比例关系或组成。伴随经济社会条件的变化，人类社会对土地资源开发利用的广度和深度不同，土地利用结构也随之改变。在市场需求的导向下，从追求经济、社会、生态效益出发，制定土地开发利用的目标、结构和布局方案，以满足"吃饭、建设与保护生态环境"的实际需要。就农业内部而言，在稳定粮食面积和提高粮食产量的前提下，积极发展经济作物，开展多种经营，增加农民收入，是符合市场经济需要的。本章围绕市场主体特征、市场环境特征及市场行为特征三个方面进行土地利用结构变化的影响分析。根据调查样本分布及农产品种植代表性，选取水稻、小麦、玉米三类粮食作物，油菜、豆类及蔬菜三类经济作物，进行农产品市场化及土地利用结构变化的比较。

4.1 市场主体对土地利用结构的影响

农户既是土地利用的行为主体，也是参与市场经济的微观主体，是农村市场化进程的最终实施者。在市场经济条件下，农户自身的特质决定了他们对市场的理解、认同及反应，带来作物类型选择和种植结构安排的差异。他们对于土地利用结果的反馈将进入下一轮的生产经营过程。简言之，不同类型的农户由于自身经济实力、劳动配置、文化素质、市场敏感度等的差异，在土地利用方式选择上有很大的不同。

4.1.1 农户收入水平

收入是资金积累的前提，也是影响农户消费和投入的主要因素。收入水平的高低决定了农户投入和消费能力的大小，收入的主要来源也决定了农户从事农业生产精力的多少。此次调查的农户总收入来源包括家庭经营收入、工资性收入、财产性收入及转移性收入四大类。其中：家庭经营收入包括农业经营收入和自营收入；工资性收入包括农业打工和非农打工收入；财产性收入包括房屋和土地出租收入；转移性收入包括国家资助（良种补贴，农机补贴等农业补贴和大病、低保等）及其他（子女、亲属孝敬等）。非农收入主要包括自营收入、工资性收入和财产性收入。

1）总收入

从农户总收入看（图4-1），调查地区2009年农户户均家庭总收入为50 374元，人均总收入为12 046元。从收入结构上看，家庭经营收入、工资性收入、财产性收入、转移性收入分别占家庭总收入比重为37.42%、55.81%、3.64%和3.13%，工资性收入高于其他收入类型。

就地区差异看，江都地区的家庭总收入和人均总收入水平最高，阜南地区最低。在江苏境内，收入水平符合由南向北递减的趋势。就收入结构而言，唯有常熟的家庭经营收入超过工资性收入，该地以种植蔬菜等经济效益高的农作物为主，并且当地民营经济发达，农户个体经营意识比较强。另外，奉贤地区的财产性转移收入比例最高，因其地处大城市郊区，外来务工人员较多，房产租金较多，同时，快速城镇化进程及郊区农业结构调整，土地征收或者流出的频率较高。

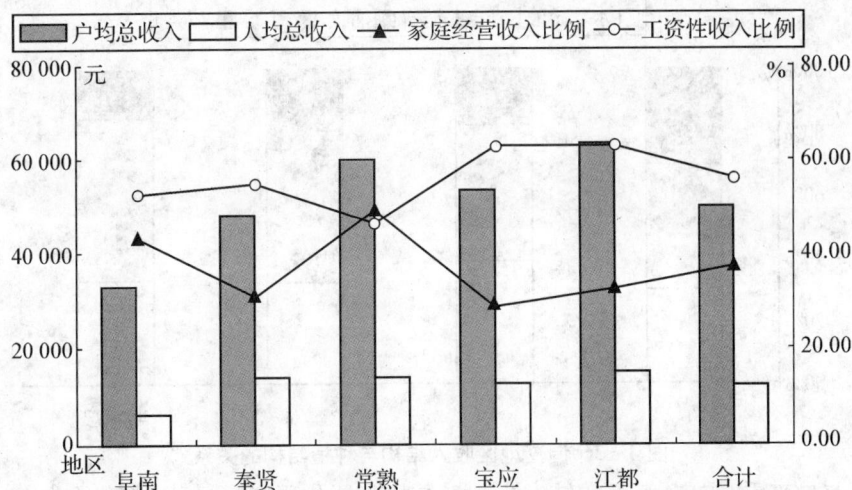

图 4-1 调查地区农户家庭收入水平

2)兼业程度

农业增长方式的转变为农户兼业提供了可能。不同兼业类型的农户因其劳动投向、经营目标、发展阶段、要素投入能力等差异,导致其土地利用方式的选择也有所不同。根据农户非农收入占家庭总收入的比重,将农户分为纯农户、农业兼业户、非农兼业户及非农户四种(向国成和韩绍凤,2005;郝海广等,2010)。具体标准是:非农业收入占家庭总收入的比重低于 10% 的农户为纯农户,介于 10%~50% 的为农业兼业户(一兼农户),50%~90% 的为非农兼业户(二兼农户),90% 以上的为非农户。从表 4-1 看出,调查地区纯农户占 15%,农业兼业户占 10.1%,非农兼业户占 48.5%,非农户占 26.4%。阜南地区纯农户比例最高,常熟地区农业兼业户比例最高,宝应地区非农兼业户比例最高,奉贤地区非农户比例最高。

表 4-1 调查地区农户收入分类情况(户、%)

地区	纯农户		兼业户				非农户	
	户数	比例	一兼	比例	二兼	比例	户数	比例
阜南	64	23.8	25	9.3	127	47.2	53	19.7
奉贤	31	14.0	23	10.4	87	39.4	80	36.2
常熟	28	15.4	28	15.4	97	53.3	29	15.9
宝应	19	9.6	13	6.6	109	55.1	57	28.8
江都	17	9.0	18	9.6	93	49.5	60	31.9
合计	159	15.0	107	10.1	513	48.5	279	26.4

不同兼业类型的农户,有不同的土地利用选择方式。从图 4-2 看出,纯农户的土地利用方式选择上具有多元化的特征,由于他们缺少农业以外的其他收入来源,农产品价格波动加大家庭收入风险,为了规避这种风险,往往采取多元化种植结构。农业兼业户和非农兼业户由于经济意识较强和时间约束,倾向选择经济效益高、耗时少的种植方式,同时,他们资金相对充裕,要素投入条件比纯农户优越,往往通过扩大种植规模来实现增收目的,这对非农兼业户尤为突出。而非农户在土地利用方式选择上,由于时间限制,趋向以满足自身生活需要来安排农业生产,即以稻麦轮作为主,蔬菜等耗时多的经济作物较少涉及。

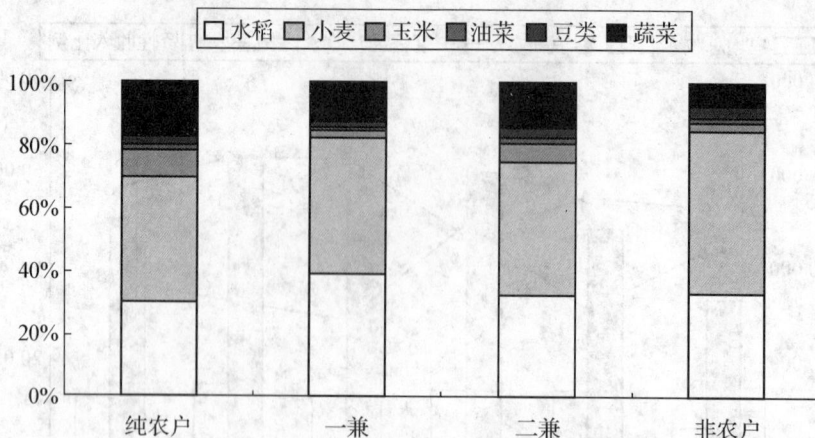

图 4-2 调查地区收入结构与种植结构的关系

就地区差异来看,宝应、江都的纯农户种植结构多元化程度最显著,常熟的非农户种植结构多元化最显著,阜南的农业兼业户种植结构多元化最显著,奉贤的非农兼业户种植结构多元化最显著。常熟地区以蔬菜种植为主,该农产品经济效益较高,但耗时耗力,大多数家庭以此为主业,而有稳定非农收入来源的家庭,选择不全部种植蔬菜,以粮食作物混合种植的形式开展农业生产;在阜南或奉贤地区,农业兼业户或非农兼业户比纯农户有更多的资金支持选择种植较多的油菜、豆类、蔬菜等经济作物。

4.1.2 农户劳动力配置

农户作为独立的经济实体,家庭成员具有明显的分工地位。劳动力在农业与非农业之间的配置状况,往往遵循家庭效益最大化原则。劳动力年龄、性别、素质等以及地区劳动力市场的发育程度,都决定了其进入不同行业的难易程度及收入水平。农村劳动力转移及务农机会成本的上升,直接影响农户对农业的生产安排(田玉军等,2010)。

1) 劳动分配

调查地区户均劳动力 2.96 人,户均劳动力年龄为 45.41 岁,总劳动力人口占总人口的65.73%。就地区差异看,户均劳动力阜南最多,为 3.29 人,奉贤最少,为 2.74 人,基本呈现由北向南递减的趋势。而户均劳动力年龄阜南最年轻,为 41.42 岁,奉贤最大,为 49.08 岁,呈现由北向南递增的趋势(图 4-3)。

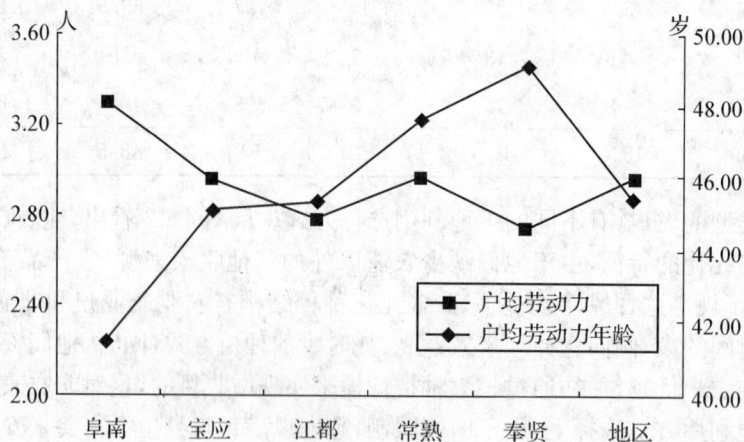

图 4-3 调查地区家庭劳动力分布及年龄比较

就年龄差异看,务农劳动力平均年龄最大(53.99岁),其次是农业打工劳动力(51.98岁)、自营劳动力(41.92岁)及非农劳动力(37.86岁)。就性别差异看,农业活动以女性为主,约占全部农业劳动力的59.3%,非农活动以男性为主,约占60.6%。青壮年、男性劳动力以外出打工为主,老弱、妇女劳动力以务农为主。农业老龄化现象越来越显著,非农就业机会增多,农业生产成本加大等,都造成农业劳动力机会成本上升,日常田间管理一般由老年人和妇女完成,在农忙季节,如播种、收割时期,青壮劳力会返回田间帮忙。

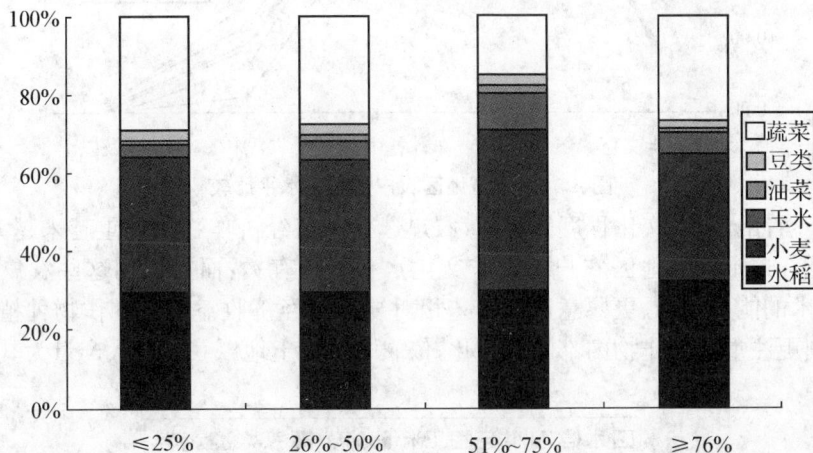

图4-4 调查地区务农劳动力比例与种植结构的关系

按照务农劳动力占家庭劳动力的比重对农户划分为四组:第一组不高于25%,第二组26%~50%,第三组51%~75%,第四组76%及以上。从图4-4看出,随着务农劳动力的增加,农户种植结构复杂程度加大。家庭专职务农人口较多时,除稻麦基本粮食作物外,会考虑种植耗工多、作为家禽畜主要饲料的玉米等作物,并扩大种植规模,以获取更多产量和收益。专职务农劳力较少,不会降低稻麦等机械化程度较高的作物比重。而蔬菜既是食物的必需品,也能带来较明显的经济效益,种植较为普遍。

从地区差异看,阜南以小麦/玉米轮作为主,宝应和江都以水稻/小麦轮作为主,常熟以蔬菜为主,奉贤以水稻/蔬菜为主。常熟地区蔬菜种植与劳力投入关系不明显,取决于地区农业结构调整。奉贤地区的粮经作物比最小,与务农劳力多少关系不大,可能因为该地区兼业劳力非农就业地点近,劳动强度不高,有充足的空余时间调剂到农业种植。阜南地区务农劳力越多,粮食作物比例越高,可能因为该地青壮男劳力外出务工比例最大,且就业地点远,难以兼顾农业,留守老弱劳力更易选择劳动强度不大的粮食作物种植,江都和宝应地区也有同样的趋势。

2) 文化素质

美国经济学家舒尔茨(2010)认为,改善农村人力资本是改造传统农业的重要路径。农户家庭人口的受教育水平,反映其文化素质的高低,它是掌握间接经验的前提,也是提高劳动者技术素质的基础,影响其对市场信息、科技信息等接纳和采用程度。

按农户家庭的平均受教育年限把农户分为五组:文盲半文盲(3年及以下)、小学(4~6年)、初中(7~9年)、高中(10~12年)和大学及以上(13年以上)。调查地区这五类农户的比例分别为:14.37%、41.21%、35.16%、8.60%和0.66%。小学及初中文化水平的农户占了绝大部分。就五个地区而言,农户文化素质呈现由南向北递减的趋势(图4-5)。

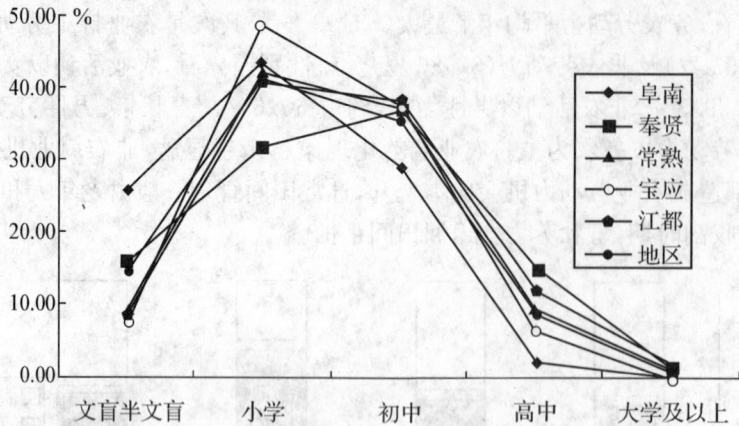

图 4－5　调查地区农户受教育水平比较

由图 4－6 看出，随着文化程度的提高，农户选择种植经济作物的比重越来越大，粮食作物比重随之降低。这不仅与地区农户的整体文化水平差异有关，而且说明这些农户信息来源更广、接受新技术的能力较强、更愿意选择工艺相对复杂但经济收益较高的作物种植。文化程度较低的农户则更注重粮食作物内部的多样化，依农时种满土地以获取最大产量为其提高收益的主要手段。

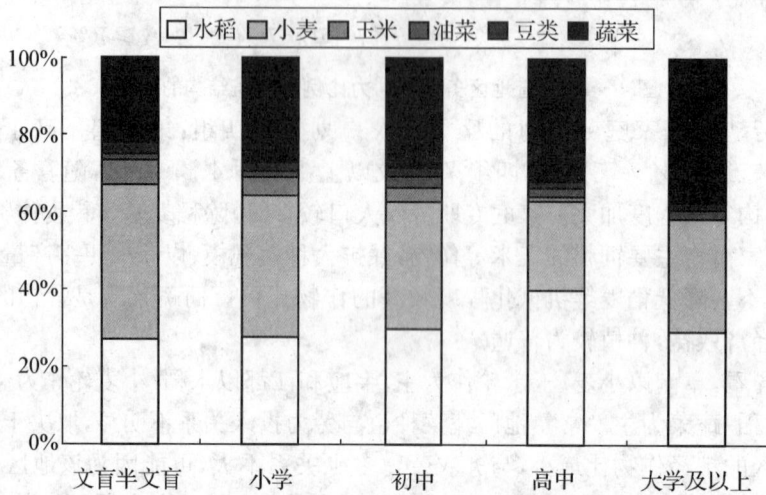

图 4－6　调查地区文化水平与种植结构的关系

就地区差异来看，奉贤和阜南地区的文化程度越高，种植结构越简单，以粮食作物为主，可能因为高学历者以非农就业为主，无暇兼顾农业生产；江都地区则刚好相反，文化程度越高，种植结构越复杂，可能因为较高学历者更注重对农业经济效益的追求。宝应和常熟地区以中等文化程度者种植结构最均衡，可能因为这些农户兼业能力较强，同时兼顾家庭种植作物的多样化选择。

4.1.3　农户市场响应

当农产品进入市场交易时，农业生产的价值才能最终实现。在市场经济体制下，农产品的销售价格、成本收益比等与农户的市场响应程度密切相关。往往市场敏感度大的农户，规避风险的意识比较强，农业生产获得的收益也比较大。

从对农产品市场行情了解程度看，多数农户(58.70%)认为自己不了解市场行情。在了解行情的 437 户农户中，共有 2/3 以上的农户通过上门商贩或自己在市场打听两种传统途径获得市场信息，通过与村民议论或收看广播电视获得信息的农户分别占 13.27% 和 14.42%。根据政府发布信息或中介组织获得信息的农户较少,分别为 3.20%和 0.92%。通过互联网、手机信息等先进方式获得信息的途径无人选择。常熟地区的农户(占常熟总农户的 53.85%)对市场行情最关注,绝大多数(62.24%)是在与商贩交易过程中了解的,可能因其以蔬菜种植为主,不同蔬菜品种上市周期快,频繁参与市场。阜南地区的农户(占阜南总农户的 35.69%)对市场行情关注度最低,主要(33.33%)是通过广播电视获得信息,较少直接参与市场,可能因其以稻麦等粮食作物为主,在国家最低保护价的基础上价格波动不大。奉贤(占奉贤总农户的43.82%)、宝应(占宝应总农户的 33.33%)、江都(占江都总农户的 44.29%)三地的农户都是以自己到市场打听为主要获取信息的方式,可能因其粮经作物轮作,不同农产品随行就市,变化较快。

从对提高农产品销售收入的认识看,农户一般认为提高产量(46.20%)和提高价格(39.30%)两种途径最容易增加农产品销售收入,而对于改善质量(7.90%)和拓宽市场渠道(6.50%)的途径较少关注,他们普遍认为前两种方式对收入的影响更直接、更显著。对于后两种方式,有的认为是国家职责,非个人力量能够改善,有的则认为属于长期行为,非短期能够见效。常熟地区的农户在提高质量(占常熟总农户的 14.30%)和拓宽市场(8.80%)两方面较多关注,可能因蔬菜的市场竞争比较激烈,其品质与销售渠道的差异,对销售收入的影响已经显化。奉贤地区的农户对于提高质量(占奉贤总农户的 10.90%)也比较关注,可能因其较多种植花卉、果木、蔬菜等经济作物,这些作物的品质对售价的影响比较显著;江都地区的农户对于拓宽市场渠道(占江都总农户的 8.0%)比较注意,可能因其规模养殖大户较多,产品数量大且经济价值高,更加注重产品售卖渠道的拓展。宝应和阜南地区多以传统作物种植为主,保证产量和价格的逐年提高是稳定收入来源的主要方式。

从对农业种植结构的安排看,多数农户(56.0%)由自己决定种植结构,由于农村是"熟人社会",邻里互相参照(32.20%)的影响也较显著,根据市场(5.20%)调整的较少,由政府或合作组织引导的比率很低(1.70%)。常熟(占常熟总农户的 13.20%)地区根据市场行情安排家庭种植结构的农户相对较多,可能因其种植农产品与市场联系紧密,部分农户会根据市场变化调整作物安排。宝应(占宝应总农户的 8.10%)地区由政府或合作组合引导的农户相对较多,政府干预在粮食作物主产区的作用不可忽视。

从对新技术的接纳看,多数农户(62.57%)认为自己近年来未使用过新技术。在使用新技术的 396 户农户中,共有 59.34%的农户通过自学或参照周围农户获得新技术,即以主动接纳为主;由乡镇农技站指导(25.51%)或村级政府推广(13.13%)也较普遍,这可看作被动接纳的方式;合作组织指导(1.01%)作用很小,可能因调查地区农户对合作社或协会的认知不足。农业新技术的采纳和应用与技术的难易程度及推广组织有关。粮食作物技术比较简单易学,成本低廉,例如水稻的直播、抛秧等,旱稻的耕种等,省时省力,易学易用,还有品种的改良,可自行购买在田间试种。当然,也有成本高、收效有待验证的技术,例如,水稻机插秧技术和秸秆还田技术,这些在宝应、江都等地均有试行,但由于成本较高,效益不稳定,较难推广。经济作物技术往往要求较高,投入较大,但收效显著。例如,常熟市董浜镇的北港村与东盾村是蔬菜特色村,村里专门组织村民学习喷滴灌技术及大棚种植技术,这些技术既丰富了蔬菜的品种,提高了蔬菜的产量和质量,而且销售效益大大增加,虽然前期投入较大,但有不少村民愿意采纳。

4.2 市场耕作资源环境对土地利用结构的影响

资源禀赋和空间距离等是农产品参与市场的客观条件,土地是农户家庭生产经营最基本的生产资料,如何利用有限的资源,既能满足基本的生活需求,又能兼顾生活品质的提升和生产规模的扩大,是农户生产决策的重要依据。耕作空间是农户开展农业活动的区位条件,其距离远近、交通条件及市场位置等特征将影响农户的土地利用开发方式。

4.2.1 耕地规模

调查地区耕地资源有限,耕地规模呈现由北向南递减的趋势,人地矛盾依然比较突出(表4-2)。2009年调查地区户均经营耕地面积0.277公顷,块均耕地面积为0.095公顷,劳均耕地面积为0.098公顷,人均耕地面积为0.072公顷。其中,人均耕地面积小于0.067公顷的农户约占60.9%。

表4-2　调查地区实际经营耕地面积(公顷)

地区	总面积	户均面积	块均面积	劳均面积	人均面积
阜南	92.837	0.345	0.111	0.122	0.084
奉贤	31.058	0.141	0.075	0.052	0.050
常熟	52.379	0.288	0.076	0.102	0.077
宝应	61.011	0.308	0.130	0.106	0.076
江都	56.239	0.299	0.078	0.107	0.075
总计	293.524	0.277	0.095	0.098	0.072

就块均耕地面积与作物播种面积进行皮尔逊相关分析得到:块均耕地面积与水稻面积和小麦面积呈显著正相关,系数分别为0.807和0.818(在1%的水平上通过检验),表明地块面积越大,越适合种植水稻、小麦等粮食作物;同时,块均耕地面积与蔬菜面积呈负相关,系数为-0.021,表明地块面积越小,越适合种植蔬菜作物,这与农户更愿意在房前屋后边角空地种植蔬菜的行为是一致的。

将人均耕地面积分为五组,划分标准为:≤0.067公顷,0.067~0.133公顷,0.133~0.20公顷,0.20~0.267公顷,≥0.267公顷。这五类农户的比例分别为:60.9%、28.3%、7.6%、2.2%和1.1%。调查地区的人均耕地面积偏小,近2/3左右的农户人均耕地不足0.067公顷。由图4-7看出,随着人均耕地面积的增加,种植结构趋向单一,以粮食作物为主。人均耕地小于0.20公顷以下的农户粮经比例比较小,种植结构多元化比较显著。随着耕地规模的扩大,奉贤地区简化为水稻和蔬菜两种作物的种植,宝应和江都地区简化为稻/麦轮作,阜南地区则相反,耕地面积越大,表现为水稻、小麦、玉米和豆类的均衡混合种植,可能因为该地农户家庭更依赖农业的产出。

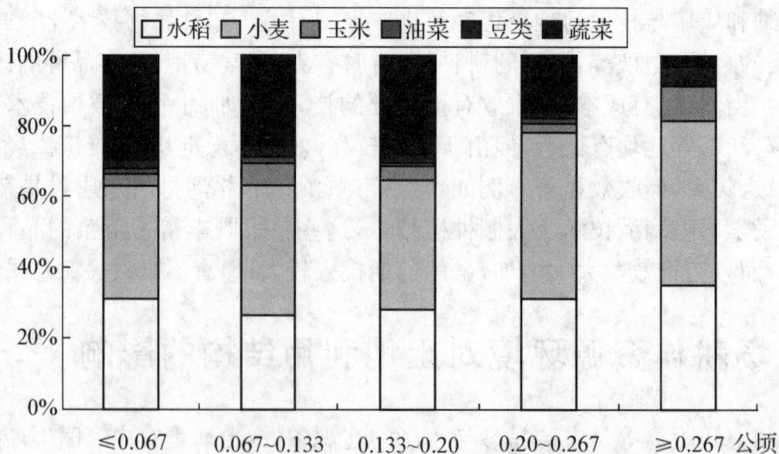

图4-7　调查地区人均耕地面积与种植结构的关系

另外,生长季节相互重叠的不同农作物对一定数量耕地资源会产生竞争(于格和刘爱民,2005)。如油菜和冬小麦都属于旱作物,在长江流域就形成竞争关系(李燕玲和刘爱民,2009)。油菜的种植工艺比小麦复杂,产量不如小麦高,加之近年国家对种粮作物的补贴,调查地区的农户更偏好种植小麦,2009年小麦播种面积比油菜播种面积多近26倍。就蔬菜种植来看,由于蔬菜作物不受时间限制,但劳动投入巨大,一旦上规模种植蔬菜,其他作物种植就受到限制,通过相关分析显示,蔬菜与水稻、小麦、玉米、油菜、豆类五种作物,均呈负相关关系,系数分别为−0.131、−0.195、−0.116、−0.096和−0.133(在1%的水平上通过检验)。

4.2.2 耕作半径

农户从家到地块的交通距离,是农户实际耕作跨越的地理空间。不同作物其自然属性和相应的人工管理需求不同,这种隐性交通成本的凸显,也成为农户进行农业生产区位决策的一个重要因素。耕作半径是耕作地块与居住地块的直线距离,由于农户往往取得多个地块,一般将最远地块的直线距离作为最大耕作半径(简称耕作半径)。通常以耕作半径衡量农户耕作的交通成本。

调查地区农户的平均耕作半径为615.80米,由北向南呈现较明显的递减趋势。阜南地区的耕作半径最大,平均达到931.15米,农户骑摩托车或电动车前往耕地;奉贤地区的耕作半径最小,平均为425.34米,承包地块离家较近。通过皮尔逊相关分析看出,耕作半径对水稻、小麦、玉米的播种比例呈正相关关系,系数分别为0.123、0.308、0.121(在1%的水平上通过检验),耕作半径越大,种植粮食作物的比例就越大;耕作半径对蔬菜的播种比例呈负相关关系,系数为−0.157(在1%的水平上通过检验),耕作半径越小,种植蔬菜的比例就越大。

将耕作半径分为五组,划分标准为:≤200米,201~400米,401~600米,601~800米,≥801米。调查地区这五类农户的比例分别为:21.9%、33.1%、4.1%、22.1%和18.8%。农户耕作半径普遍较小,55%的农户从家到耕地的距离在步行5分钟范围内。由图4−8看出,随着耕作半径的增加,粮食作物的比例越来越高,而在小于200米的半径内,蔬菜作物种植比例最大。耕作半径增大带来的隐性交通成本上升,农户更倾向于选择劳动投入少的作物。分地区也符合这样的种植决策规律。

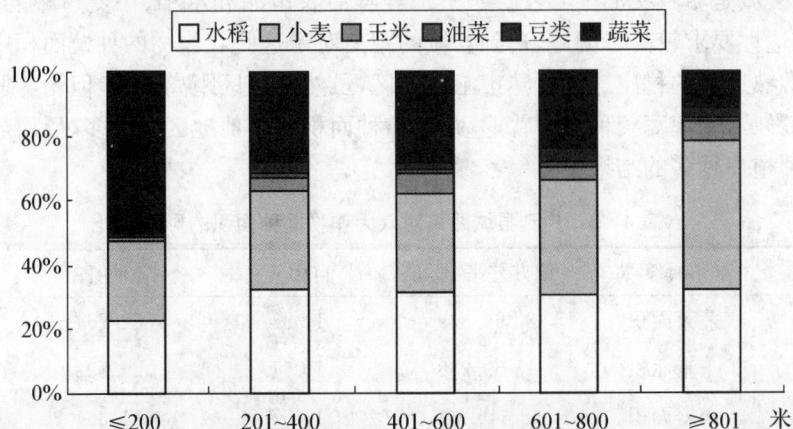

图4−8 调查地区耕作半径与种植结构的关系

在兼业生产的大形势下,兼业活动的分配依据是劳动力的工作量。同一地块,可进行不同农作物生产时,就农户内部而言,为了减少住宅到微地块之间的交通成本,往往选择将劳动密集型作物布局在住宅附近,而将投入劳动力较少的作物布局于较远地块。以单个农户家庭为研究对象,假定耕地均质的前提下,将耕作距离与种植结构的关系做简单示意图(图 4-9,粮食作物与蔬菜作物简化为互补关系)。

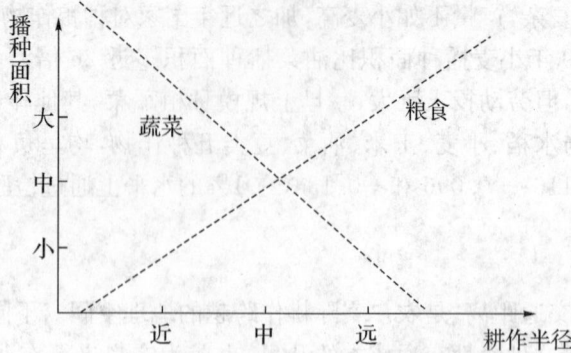

图 4-9　种植结构与耕作半径关系示意图

4.2.3　空间区位

从农户耕作空间对县城及市场的位置考察农户获得市场信息及参与农产品市场的便捷程度。农户是否能够根据市场需求生产农产品,并快速、高效地交易出去,及时获得生产需要的农资物品等,与农户的通行能力及市场可达性密切相关。国际上,对于和毁林有关的土地利用变化研究中,接近性问题已经受到重视(Verburg et al,2004)。

从户到县城距离看,县城(市)是我国农村地区的经济、文化和交通中心,它在城乡发展过程中有承上启下、示范引导的重要作用,村庄到县城的距离反映了农户接受市场化、城市化辐射的可能程度。农户的居住和生产空间都以村庄为集聚区,由于农户的主观感受差别较大,这里取调查问卷中不同村庄到县城距离的众数作为考察农户到县城距离的指标。调查地区农户到县城的平均距离为 22.11 公里。其中,常熟农户到县城的距离最远为 34.86 公里,依次为江都(26.54 公里)、宝应(20.22 公里)、阜南(19.91 公里)和奉贤(12.19 公里)。

通过单因素方差分析得到(表 4-3),户到县城的距离对蔬菜播种面积的影响最显著($F=52.764$),其次是对玉米($F=29.892$)、小麦($F=11.354$)和水稻($F=11.295$)的播种面积产生影响。可能因为县城是城乡交汇中心,蔬菜、玉米等鲜活农产品和水稻、小麦口粮的需求旺盛,时间和空间的可达性要求较高。因此,户到县城的距离对于这些农作物的种植面积影响较大。需要说明的是,常熟地区的村庄靠近常熟市工业园区,虽然与市区距离较远,但受工业化人口集聚和土地扩张的影响,专业蔬菜种植户普遍,蔬菜播种面积比其他地区大得多,反而显示出户到县城越远,蔬菜种植户越多的结果。

表 4-3　户到县城距离对六大作物播种面积的影响

因素变量	被解释变量	偏方差平方和	自由度	F 值	概率值
	蔬菜面积	3 866.839	1 057	52.764	0.000
	玉米面积	15 69.238	1 057	29.892	0.000
	小麦面积	38 346.130	1 057	11.354	0.000
户到城镇距离	水稻面积	36 150.135	1 057	11.295	0.000
	油菜面积	198.609	1 057	7.921	0.000
	豆类面积	460.761	1 057	7.731	

从户到市场位置看,乡村农贸市场是农户销售农产品、购买农资以及自身消费品的主要交易场所和平台,农户与农贸市场的空间位置反映了农户直接参与市场的可达性及当地市场的供需水平。农户选择农贸市场的依据主要是距离最近原则,也有少数农户考虑价格、质量等因素倾向于去更大的农贸市场进行消费和交易。根据户到农贸市场的位置分为三组:村内、村外镇内与镇外。调查地区 73.4% 的农户选择到村外镇内的农贸市场进行日常消费和农产品交易。阜南地区的万沟村和常熟地区的东盾村在村内建有历史悠久的较大的农贸市场,吸引周边村庄的农户到本村交易。

从图 4-10 看出,户到市场的位置与农作物播种面积比例的关系并不密切。一方面,空间位置并不对应实际距离,行政区划外的市场往往距离农户是最近或者最大的,随着交通条件的快速改善,农贸市场的密度加大,运费、可达性等因素的作用有所削弱;另一方面,这里的市场并非指专业、大型的地区级农贸交易市场,而是类似乡村集市,这种农贸市场普及率较高;加上目前多种农产品的销售以上门收购为主,市场位置尤其对于"小农"的种植结构产生的影响并不显著。对于规模户或者专业户的影响有待进一步研究。

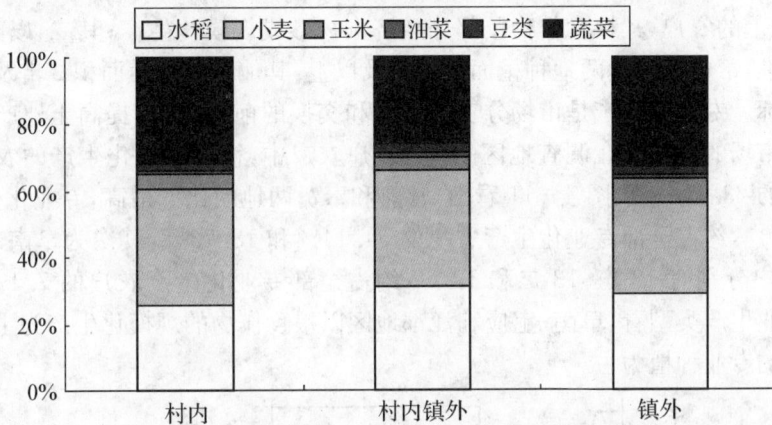

图 4-10　调查地区户到市场位置与种植结构的关系

通过单因素方差分析得到表 4-4,户到市场位置对小麦、玉米及蔬菜的销售率产生影响,对水稻、油菜、豆类的销售率没有影响。可能因为水稻、油菜及豆类的自给率较大,小麦、蔬菜及玉米等农产品的商品率较高,收获后比较频繁进行市场交易。

表 4-4　户到市场位置对六大作物销售率的影响

因素变量	被解释变量	偏方差平方和	自由度	F 值	概率值
户到市场 位置	小麦销售率	2 016 845.018	1 057	12.571	0.000
	玉米销售率	695 783.981	1 057	10.470	0.000
	蔬菜销售率	1 498 264.164	1 057	9.905	0.000
	水稻销售率	963 521.922	1 057	1.471	0.230
	豆类销售率	414 551.574	1 057	1.282	0.278
	油菜销售率	144 259.072	1 057	0.254	0.775

4.3　市场行为对土地利用结构的影响

农产品是农户生产和经营的对象。现阶段,农户的农业生产具有双重性,商品性与自给性并存,农产品也体现了商品性与自给性的统一。只有进入市场销售和流通的农产品才具有商品特征,农户能够凭此获得现金收益。农户市场参与程度以及农产品销售价格、流通渠道、流通成本变化等通过收益机制的传导,最终反馈到农户对土地利用结构的调整上。

4.3.1　生产参与方式

从商品化水平来看,用该种农产品的销售产量与总产量的比值(销售率)来衡量。根据皮尔逊相关分析,水稻、小麦、玉米、油菜、豆类和蔬菜六种农作物其销售率与播种面积比例呈现较显著的正相关关系(在1‰水平上通过检验)。相关性由大到小的顺序分别为:玉米(0.786)、蔬菜(0.784)、小麦(0.706)、油菜(0.661)、水稻(0.497)和豆类(0.308)。水稻和豆类相关性较低的可能原因是这两种作物以农户自食为主,满足自身需求量是首要考虑因素。玉米可能因近年来农户家禽畜饲养量大大减少,从而售卖率提高。蔬菜、小麦、油菜相关性较高的可能原因是农户种植这类作物作为农业收入的主要来源。

从专业化水平来看,以农户生产规模和区域专业分工来判断。确定依据为:其一,拥有耕地面积10亩及以上的农户,其粮食作物及部分经济作物形成规模化生产;其二,以蔬菜这种耗工型农产品为标准,奉贤和常熟两地种植面积1亩及以上,其他三地种植面积2亩及以上,生产目的以销售为目标。专业化生产是市场分工的必然和交换的前提,不仅提高土地产出效率,而且加深农户参与市场的程度。在调查地区的1 058户农户中,符合专业化生产的农户有251户,约占全部农户的23.7%。从图4-11看出,常熟和奉贤两地的比例最高,专业化生产农户分别有161户和47户,约占全部专业化生产农户的64.14%和18.73%,其次为阜南、宝应和江都,专业化生产农户分别有18户、13户和12户,约占全部专业化生产农户的7.17%、5.18%和4.78%。就专业生产类型看,阜南、宝应和江都地区以粮食作物的规模化生产为主;奉贤和常熟地区则以蔬菜的专业种植为主。

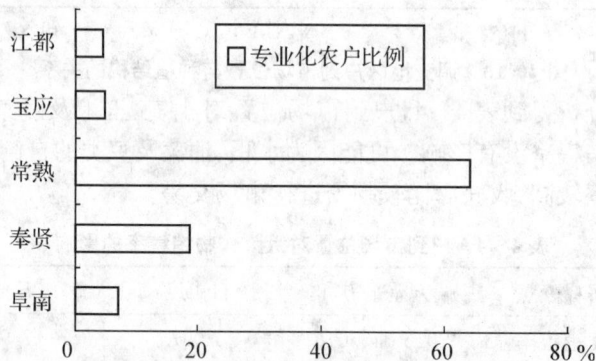

图4-11　调查地区专业化生产农户比例

从组织化水平来看,以农户是否参与各类合作社及农业产业化公司来判断。引领农户开展组织化生产的主体主要有各类农村合作社及农业龙头公司,为农户提供一系列生产销售服务与指导。在调查地区的1 058户农户中,参与各类合作组织或龙头公司的农户有193户,约占全部农户的18.2%。从图4-12看出,宝应和常熟两地的比例最高,组织化生产农户分别有72户和66户,约占全部组织化生产农户的37.31%和34.20%,其次为江都、奉贤和阜南,组织化生产农户分别有42户、11户和2户,约占全部组织化生产农户的21.76%、5.70%和1.04%。就组织生产类型看,宝应地区以龙头公司引领为主,其他地区以参与各类专业合作社为主。宝应县新荡村村民全部参加了泰基稻米公司牵头的"公司+农户"组织形式,江都市渌洋湖村村民全部参加了村集体牵头的土地股份合作社,常熟市东盾村村民多数参与了村集体牵头的蔬菜合作社。

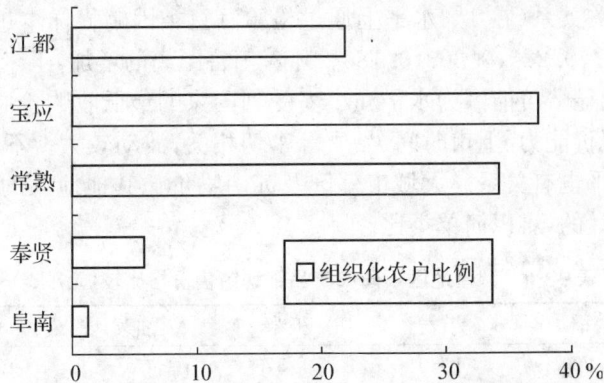

图4-12　调查地区组织化生产农户比例

　　总体判断,调查地区农户参与市场的程度还不够,地区的商品化、专业化和组织化水平有待提高。绝大多数农户仍然以传统方式参与市场与安排生产。不容忽视的是,新兴农业生产方式已经出现,并且有逐步扩大的趋势。

4.3.2　销售行为

　　随着市场体系的逐步完善,调查地区绝大多数农产品"卖难"的问题已经越来越少。然而"小生产"对接"大市场"的矛盾,使农户往往扮演市场交易的被动角色,农户市场上的弱势地位还未改变。

　　从销售行为看,水稻、小麦、玉米、油菜、豆类、蔬菜六类农作物发生销售行为的农户占种植农户的比例分别为65.39%、87.30%、65.71%、13.82%、29.24%和43.58%。粮食作物的售卖行为比经济作物的发生更为显著。可能因为调查地区家庭劳动力非农就业普遍,农户在满足自身口粮的基础上,才考虑油菜、豆类等经济作物的种植,随着经济作物播种面积的减少,同时又以满足自家需要为主,进行出售的比例更低。

　　从销售收入看,根据皮尔逊相关分析,水稻(0.378)、小麦(0.342)和蔬菜(0.189)的销售收入与家庭农业经营收入呈正相关关系(在1‰水平上通过检验),其他作物相关性不明显。可能原因是水稻、小麦和蔬菜在调查地区的种植比较普遍,这些作物的销售产量较高,其商品化的程度对于农户家庭收入的贡献比较明显。从表4-5看出,调查地区蔬菜种植的收入远远高于其他作物,奉贤和常熟地区尤为显著。阜南、江都和宝应三地以传统农作物种植为主,其水稻、小麦的销售收入较高。比较而言,奉贤地区的农作物销售收入多元化特征最显著,该地农产品的商品化水平最高。

表4-5　调查地区农户主要农作物平均销售收入比较(元/户)

地区	水稻	小麦	玉米	油菜	豆类	蔬菜
阜南	800.69	1 478.60	455.62	0.00	15.83	472.10
奉贤	407.49	76.58	32.57	38.70	9.82	1 383.50
常熟	0.00	0.00	9.62	0.00	0.00	17 853.00
宝应	2 524.50	3 218.20	0.00	24.39	58.37	43.94
江都	2 306.60	2 454.90	0.00	0.80	12.18	433.94
合计	1 171.00	1 430.40	124.30	12.79	19.16	3 565.40

注:表中数据取地区农户的均值

　　从销售价格看,根据皮尔逊相关分析,水稻、小麦、玉米、油菜和蔬菜五种农作物的销售价格与销售距离呈现正相关关系(在1‰水平上通过检验)(豆类因销售样本过少而剔除)。相关系数分别为0.170、0.198、0.220、0.363、0.186。随着销售距离的增加,玉米和油菜的价格上升比水稻、小麦和蔬菜更明显。可能因为水稻和小麦受到国家的最低收购价制约,波动不大;玉米、油菜、蔬菜与农户的议价能力、上市时间、品质等密切相关,波动较大。不同农产品的销售价格与所在地区的物价水平也有关系。大城市郊区及苏南物价比其他地区的物价要高(表4-6)。蔬菜是以混合形式统计的,难以简单类比。

表4-6　调查地区不同农产品平均销售价格比较(元/ kg)

地区	水稻	小麦	玉米	油菜	豆类	蔬菜
阜南	1.77	1.69	1.57	—	3.41	1.70
奉贤	2.15	1.69	1.89	2.81	2.90	2.11
常熟			3.50		—	2.48
宝应	1.94	1.71	—	4.20	3.64	1.93
江都	1.89	1.70		2.00	3.78	2.06
合计	1.90	1.70	1.68	2.93	3.59	2.33

注:表中无数据处为该地区未种植或未销售

　　由于农户提供的是初级农产品,同质性特征明显,营销方式仍以农户与农产品批零个体户的交易为主,农户还处于市场价格的绝对接受者地位。"协会、合作社"等合作组织、"公司+农户"、"龙头企业+农户"等组织形式还未在调查地区产生明显影响。

4.3.3　流通行为

　　农产品流通渠道的多样化程度反映了农户拓展市场的能力。有研究发现,农产品的纵向营销渠道越稳定,农户获得收入就越高(席利卿,2010)。还有研究表明,农产品销售、流通的难易程度对农户是否能进入新的农产品市场有重要影响(屈小博和霍学喜,2007)。农户对于农产品销售成本的综合考虑,决定了其销售方式的选择,将带来销售收入的变化,从而影响土地利用结构的变化。

　　就流通渠道看,调查地区农户的农产品流通渠道以上门商贩收购为主,一元化途径占主导地位(表4-7)。水稻、小麦、玉米、油菜、豆类和蔬菜六类农产品采用这种销售方式的农户分别占销售户的91.49％、88.03％、83.70％、94.12％、100％和62.95％。绝大多数农户认为这种方式省时省力,与其自己寻找市场不如直接交易省事。常熟、奉贤等地种植蔬菜的专业农户更愿意到邻近市场交易,因为很多蔬菜难以保存,保鲜要求高,成熟采摘后不能及时出售,将带来不小的损失。他们还认为在市场与消费者直接交易的形式,可以自己掌握价格,通常比商贩要高。

表4-7　调查地区农户不同农产品流通渠道分配比例(％)

渠道	水稻	小麦	玉米	油菜	豆类	蔬菜
上门商贩	91.49	88.03	83.70	94.12	100.00	62.95
自然村内	1.60	0.92	4.35	0	0	3.98
行政村内	2.66	2.39	5.43	5.88	0	15.94
行政村外	2.66	7.92	5.43	0	0	12.75
本乡镇外	0.27	0.18	0	0	0	1.59
本县之外	1.33	0.55	1.09	0	0	2.79
合计	100	100	100	100	100	100

就流通成本看,主要分为运送成本和销售成本两部分。在离开家庭以外的地方交易必然导致运送成本的发生,因农产品运输方式的不同,其损耗也不同。人力车、电动车、摩托车、小面包车等交通工具在农村地区比较普遍,主要考虑其燃油、电力损耗等(人工成本未计入)。而农户若进入正规农贸市场交易,需要缴纳必要的"门槛费",如摊位费、管理费等,则销售成本发生,若在非正规市场上交易则无需缴纳。

从农产品差异看(表4-8)(豆类和油菜因销售成本样本过少不再比较),蔬菜是销售成本最高的农产品,比水稻、小麦、玉米的销售成本平均高出几十倍。可能因为,商品化越高的农产品,主动寻找市场并参与市场的机会越大,其交易成本也随之增加。根据皮尔逊相关分析,蔬菜销售成本与销售收入呈正相关关系,相关系数为0.225(在1‰水平上通过检验)。可能因为农户为追逐更多的经济收益,需要付出相应的销售成本。进入市场的难易程度、成本高低将成为农户安排农业生产的主要依据。

表4-8 调查地区不同农产品平均销售成本比较(元)

地区	水稻	小麦	玉米	蔬菜
阜南	1.81	1.26	1.46	768.75
奉贤	4.44	14.44	61.67	500.29
常熟	—	—	—	91.77
宝应	8.74	7.61	—	150.00
江都	3.65	7.27	—	300.00
合计	4.79	5.23	13.21	230.76

注:表中数据为户均水平,无数据处为该地区未种植或未销售

从地区差异来看,长三角地区比阜南地区产生销售成本的几率明显提高。阜南地区的各类农产品销售以商贩上门收购为主,销售成本也较低;阜南的蔬菜成本偏高,可能是因为鞠郢村蘑菇专业户销售成本高导致的。常熟地区的蔬菜销售成本明显低于其他地区,可能因为该地蔬菜交易发生频繁,通常在本村内即有专门的经纪人负责收购分销,农户无需直接进入交易市场。奉贤地区地处上海国际大都市近郊,农产品销售渠道更多、更便利,农户更愿意自己进入农贸市场直接与消费者交易,销售成本也相应增加。宝应和江都地区与全部样本的平均水平比较接近,农产品市场的参与程度比阜南地区高。

4.4 计量检验

以农产品种植及销售特性为依据,主要开展粮食作物与经济作物种植结构的比较,并考虑种植结构多样化的综合影响。选取研究区域主导性作物——稻麦为粮食作物表征,较为广泛种植的蔬菜为经济作物表征,构建种植结构多样化指标,分别进行 Tobit 模型检验。

4.4.1 变量选择

农产品市场化对农户土地利用结构的作用过程受到来自市场主体(农户)、市场环境(资源禀赋)及市场行为的共同影响。本书围绕这三个方面进行因子选择和影响分析(表4-9):

(1)市场主体特征。包括户主和家庭两方面。户主是农户进行农业生产经营的关键决策

者,家庭是农户从事农业生产经营的基本单元。户主特征选择年龄、文化水平等指标。家庭特征选择人口、非农收入占总收入比重等指标。一般而言,年龄较大的农户其生产和学习能力降低,更倾向以传统和保守的方式安排土地利用结构。

（2）市场环境特征。包括资源和区位两方面。土地资源是基本农业生产资料,区位条件是农户参与市场的空间要素。资源特征选择耕地面积、块均耕地面积、耕作半径等指标,区位特征选择户到县城距离、户到市场位置等指标。通常,完整和耕作半径大的地块更倾向安排机械化程度高的作物种植。

（3）市场行为特征。包括生产参与方式以及销售流通行为两方面。商品化、专业化及组织化等指标衡量生产经营主体参与市场的方式,农产品销售价格、流通渠道和流通成本等指标衡量销售流通行为的实现程度。总的来看,农产品销售率和市场价格的提高往往会刺激农户种植愿望,促进种植规模的扩大。

（4）地区变量。从地区差异来考察不同地域空间对农户种植结构的影响。每个地区都有其特定的种植习惯及市场环境,即使相同因素在不同地区的影响程度也会不同。

表 4 - 9　土地利用结构分析变量及含义

变量名称	符号	含义	变量性质
解释变量（X）			
一、市场主体特征			
1. 户主年龄	age	户主年龄（岁）	连续变量
2. 户主受教育年限	eduyear	户主受教育年数（年）	连续变量
3. 家庭人口	people	家庭人口总量（人）	连续变量
4. 非农收入水平	nonincome	家庭非农收入/家庭总收入	连续变量
二、市场环境特征			
5. 耕地面积	arable	家庭经营耕地面积总量（亩）	连续变量
6. 块均耕地面积	parable	耕地面积/地块数（亩/块）	连续变量
7. 耕作半径	radius	农户住所到耕地距离（米）	连续变量
8. 县城距离	county	农户住所到县城距离（千米）	连续变量
9. 市场位置	market	0＝村内,1＝村外镇内,2＝镇外	定序变量
三、市场行为特征			
10. 农产品商品率	sale	农产品销售产量/农产品总产量	连续变量
11. 农产品销售价格	price	农产品销售市场价格（元/斤）	连续变量
12. 农产品流通渠道	channel	0＝无,1＝上门,2＝外销,3＝混合	定类变量
13. 农产品流通成本	cost	农产品流通费用（元）	连续变量
14. 是否专业化生产	specialization	0＝否,1＝是	虚拟变量
15. 是否组织化生产	organization	0＝否,1＝是	虚拟变量
四、地区变量			
16. 奉贤虚拟变量	X1	奉贤,X1＝1,否则,X1＝0	虚拟变量

变量名称	符号	含义	变量性质
17. 常熟虚拟变量	X2	常熟,X2＝1,否则,X2＝0	虚拟变量
18. 宝应虚拟变量	X3	宝应,X3＝1,否则,X3＝0	虚拟变量
19. 江都虚拟变量	X4	江都,X4＝1,否则,X4＝0	虚拟变量
被解释变量(Y)			
农作物播种面积比重	arca	农作物播种面积/家庭总播种面积	连续变量
种植多样化指数	dindex	家庭种植结构多样化程度	连续变量

就解释变量而言,主要有连续变量、定类变量、定序变量和虚拟变量四种。多数为连续数值变量。农产品流通渠道是定类变量,以"0"表示无销售,"1"表示上门收购,"2"表示外出寻找市场销售,"3"则表示上门和外销同时存在;市场位置是定序变量,即最近农贸集市距离农户的空间位置,以行政范围为界,这是相对位置而不是实际距离,表示本级行政区划内市场的发育程度。另外,还设了 2 个行为虚拟变量(专业化与组织化)和 4 个地区虚拟变量(以阜南为参照系),行为虚拟变量表示当农户符合该类行为要求时,虚拟变量为 1,不符合,则为 0;地区虚拟变量表示当样本为该地区(奉贤区、常熟市、宝应县和江都市)时,虚拟变量为 1,不是,则为 0。

就被解释变量而言,农作物播种面积比重(arca)是连续变量,但是取值受到限制,取值范围在 0 到 1 之间(包括 0 和 1)。将家庭当年未进行农业种植的 86 个样本删除,共引入模型 972 个有效样本。市场行为及被解释变量分别对应不同的农产品。

为考察农户种植结构的多样化程度,参照土地结构多样化指数(王鹏等,2004;张健等,2007),设置衡量种植多样化的指标(dindex),其公式为:

$$D=1-\sum_{i=1}^{n} X_i^2 /(\sum_{i=1}^{n} X_i)^2 \tag{4-1}$$

其中,D 为种植多样化指数,n 为农作物种植分类数量,X_i 为 i 类农作物播种面积。D 值越接近 1,表明种植结构多样化程度越高;越接近 0,表明种植结构多样化程度越低。如前文所述,这里考察六类作物的播种面积关系,农产品销售流通情况对应六类作物(分别按照销售比例进行赋权合成)。各解释变量与被解释变量的平均值和标准差见表 4-10。

表 4-10 土地利用结构分析主要变量的均值和标准差表

变量	均值	标准差
户主年龄	57.73	10.36
户主受教育年限	6.08	3.60
家庭人口	4.21	1.72
非农收入水平	0.63	0.33
耕地面积	4.63	6.15
块均耕地面积	1.58	2.53
耕作半径	694.16	549.31
县城距离	22.10	10.28
市场位置	0.87	0.50
蔬菜商品率	0.22	0.39

变量	均值	标准差
蔬菜销售价格	1.04	0.35
蔬菜流通渠道	0.35	0.65
蔬菜流通成本	59.59	491.17
稻麦商品率	0.39	0.35
稻麦销售价格	0.90	0.10
稻麦流通渠道	0.72	0.69
稻麦流通成本	4.77	31.10
农产品商品率	0.57	0.32
农产品销售价格	0.97	0.37
农产品流通渠道	1.07	0.69
农产品流通成本	65.64	493.88
蔬菜播种面积比重	0.27	0.42
稻麦播种面积比重	0.64	0.40
种植多样化指数	0.35	0.26

注:有效样本 972 个

有研究认为,当变量之间的相关程度提高时系数估计的标准误差会增加,但这种趋势在相关程度小于 0.5 以下问题不太严重(王济川和郭志刚,2001)。按照上述标准,控制这些变量多重共线性问题的发生。

4.4.2　模型说明

本书分别选择播种面积比例和多样化指数作为解释变量。由于 5 个地区中,有完全不种植某种作物,或者完全种植某种作物的农户,则意味着被解释变量观察为 0 或者 1,样本有偏选择问题随之出现。针对被解释变量为正值时是连续变量,但还有很多机会取值为 0 或 1 的情形,选择审查 Tobit 模型(高铁梅,2006)。具体形式如下:

$$y_i^* = x_i\beta + \sigma u_i \tag{4-2}$$

其中,σ 是比例系数;y^* 是潜在变量。一般的 Tobit 模型,可以在任意有限点的左边和右边截取(审查),被观察的数据 y 与潜在变量 y^* 的关系如下:

$$y_i = \begin{cases} \underline{c}_i & if \quad y_i^* \leqslant \underline{c}_i \\ y_i^* & if \quad \underline{c}_i < y_i^* < \bar{c}_i \\ \bar{c}_i & if \quad \bar{c}_i \leqslant y_i^* \end{cases} \tag{4-3}$$

其中,$\underline{c}_i$,$\bar{c}_i$ 代表截取(审查)点,是常数值。这里的左审查点设置为 0,右审查点设置为 1。特别地,对于 Tobit 模型,设 $u \sim N(0,1)$,这时对数似然函数为:

$$\ln L = \sum_{y_i > 0} -\frac{1}{2}\left[\ln(2\pi) + \ln\sigma^2 + \frac{(y_i - x_i\beta)^2}{\sigma^2}\right] + \sum_{y_i = 0} \ln\left[1 - \Phi\left(\frac{x_i\beta}{\sigma}\right)\right] \tag{4-4}$$

第一部分对应没有限制的观测值,与经典回归的表达式是相同的;第二部分对应受限制的观测值。因此,此似然函数是离散分布与连续分布的混合。将似然函数最大化就可以得到参数的极大似然估计。

4.4.3 运行结果及讨论

这里用 STATA11.0 统计分析软件,对土地利用结构影响因素进行 Tobit 模型计算。

1) 经济作物与粮食作物的比较

表 4-11 蔬菜与稻麦 Tobit 模型结果比较

变量	蔬菜			稻麦		
	系数	T 统计量	P 值	系数	T 统计量	P 值
户主年龄	0.004 1**	2.49	0.013	−0.004 5***	−3.07	0.002
户主文化	−0.002 1	−0.46	0.648	−0.001 5	−0.37	0.712
家庭人口	−0.004 6	−0.43	0.670	0.019 6**	2.09	0.037
非农比例	0.037 9	0.67	0.505	−0.128 3**	−2.55	0.011
耕地面积	−0.001 6	−0.26	0.794	−0.004 1	−0.76	0.450
块均面积	−0.157 4***	−7.98	0.000	0.091 0***	5.59	0.000
耕作半径	−0.000 2***	−5.69	0.000	0.000 1***	4.00	0.000
县城距离	0.004 9***	2.57	0.010	−0.001 8	−1.05	0.295
市场位置	−0.039 2	−1.15	0.252	−0.039 3	−1.37	0.171
商品率	0.445 8***	2.85	0.000	0.456 8***	6.51	0.000
销售价格	0.179 2**	2.55	0.011	−0.069 4	−0.40	0.688
流通渠道	−0.006 4	−0.09	0.925	0.012 2	0.37	0.709
流通成本	0.000 04	1.42	0.155	0.001 0	1.21	0.226
是否专业化	0.189 7***	2.82	0.005	−0.312 0***	−6.29	0.000
是否组织化	0.297 8***	6.20	0.000	−0.223 9***	−4.71	0.000
奉贤	0.201 3***	3.55	0.000	0.240 9***	3.98	0.000
常熟	1.100 5***	10.46	0.000	−0.893 4***	−8.32	0.000
宝应	0.107 5**	2.14	0.033	0.117 8***	2.60	0.009
江都	0.110 8**	2.17	0.030	0.166 7***	3.70	0.000
相关检验	N=972, log likelyhood =−439.80, LRchi2(19)=1 150.60, Prob>chi2=0.000 0			N=972, log likelyhood=−470.78, LRchi2(19)=1 048.73, Prob>chi2=0.000 0		

注:*,**,***分别表示在 10%、5% 和 1% 的水平上统计显著

(1) 市场主体影响

户主年龄、家庭人口、非农收入比例等因子对稻麦比对蔬菜的影响更显著。户主越年轻,家庭人口越多、非农收入比例越低的农户稻麦种植比例越大,反之,蔬菜种植比例越大。这表明,户主越年轻,离农机会越大,更倾向于稻麦这种相对省力的口粮作物;户主越年长,务农几率越大,更倾向于蔬菜这种相对费力但效益较高的经济作物。家庭人口越多的农户,非农就业的人口比率越大,加上口粮需求,更倾向于稻麦种植。非农收入比例的影响与预期不一致。按照预

想,非农收入比例越高,对农业依赖越小,蔬菜和稻麦种植比例相应减少。可能原因是,蔬菜经济效益较显著并考虑自食需要,非农收入比例高的家庭也未放弃种植。

（2）市场环境影响

地块面积、耕作半径、县城距离等因子对蔬菜比对稻麦的影响更显著。地块面积越小、耕作半径越小、距离县城越远的农户蔬菜种植比例越大,反之,稻麦种植比例越大。耕地禀赋与作物种植特性是一致的。蔬菜适合投入较多人力的小规模耕种,往往安排在离家近的地块,而稻麦适合连片、规模化、机械化作业。县城距离的影响与预期不一致。按照预想,距离县城越近,市场需求越大,加上蔬菜生鲜特性,蔬菜应比稻麦种植比例高。可能原因是,随着交通条件的改善,农产品运输、物流成本的制约因素在减小。另外,常熟地区的纯蔬菜种植户样本比例大,其村庄到县城的距离较其他地区更远,反而显示出,距县城远且蔬菜种植比例大的结果。

（3）市场行为影响

农产品商品率和销售价格是刺激农户扩大种植规模的显著影响因素。农产品销售比例的提高,预示着农产品商品化程度的提升,农产品总量和销售量的增加,带来农户种植规模的扩大。农户对于农产品市场价格的预期决定了农户对于种植结构和销售量的安排。对于商品导向显著的蔬菜等经济作物,市场供需弹性较大,农户种植行为对市场价格反应敏锐,会及时调整种植规模。而稻麦等粮食作物的市场供需刚性较大,加上农户自食的种植习惯、政府的各种保护措施及宏观粮食安全的考虑,其对市场售价响应还不够敏感。由于农户稻麦或蔬菜的销售方式比较单一,仍以上门收购为主,渠道与成本变化对于农产品的种植影响不显著。

专业化和组织化行为对于蔬菜种植呈显著的正向影响,对于稻麦种植呈显著的负向影响。进行专业化和组织化生产的农户往往选择的是蔬菜种植,而非稻麦种植。就目前而言,调查地区具有真正意义上的专业化和组织化生产的农户还比较少见,专业化和组织化生产对其带动作用尚不理想。可能原因是,根据本书对专业化与组织化的界定,常熟地区纯蔬菜种植户其专业特性以及参与合作组织的比例比其他地区大得多;同样也显示出当前专业化和组织化的生产形式对经济作物的种植刺激作用更明显,而对粮食作物的带动作用有待加强。

（4）地区差异

相对于阜南地区,奉贤、常熟、宝应和江都的蔬菜种植比例都比阜南高;常熟的稻麦种植比例比阜南低,其他三地比阜南高。这与样本地区的种植习惯、作物适宜性及政府干预有关。长三角地区比安徽农区的农户更注重经济作物效益,会在满足自食之余,尽可能安排较多的蔬菜剩余产品进入市场销售。而常熟地区稻麦种植比例较少,可能因为该地长期种植蔬菜,一方面挤占了同样农时稻麦的种植空间,另一方面也表明农户通过市场交易购买稻麦消费的成本低于农户销售蔬菜带来的效益增长,农户则更倾向于选择种植蔬菜而减少稻麦规模。进一步比较主要市场行为要素对地区的影响差异（表4-12、图4-13、图4-14）。

表4-12 不同农产品市场行为地区检验结果

变量	品种	阜南	奉贤	常熟	宝应	江都
商品率	稻麦	0.064	0.757**	—	0.856***	0.878***
		(0.63)	1.98	—	(11.41)	(8.53)
	蔬菜	1.187*	0.722**	0.271***	0.486	0.553
		(1.69)	(2.54)	(5.38)	(0.31)	(0.18)

变量	品种	阜南	奉贤	常熟	宝应	江都
价格	稻麦	1.350***	−0.572	—	0.119	−0.231
		(3.72)	(−1.30)		(0.54)	(−0.60)
	蔬菜	0.927**	0.073	0.007	0.256	0.061
		(2.03)	(0.50)	(0.70)	(0.34)	(0.12)
渠道	稻麦	−0.010	0.062	—	0.058*	0.147***
		(−0.16)	(0.43)		(1.72)	(3.26)
	蔬菜	−0.149	0.014	0.021	0.199	−0.195
		(−0.74)	(0.09)	(1.23)	(0.18)	(−0.13)
成本	稻麦	0.001	0.002	—	0.0001	−0.001
		(0.63)	(0.54)		(0.37)	(−0.74)
	蔬菜	−0.000 1	0.000 05	−0.000 01	−0.001	0.000 2
		(−0.95)	(0.92)	(−0.33)	(−0.18)	(0.46)

注:*,**,***分别表示在10%、5%和1%的水平上统计显著;常熟稻麦样本过小被剔除;括号内数据为变量估计的 T 统计值

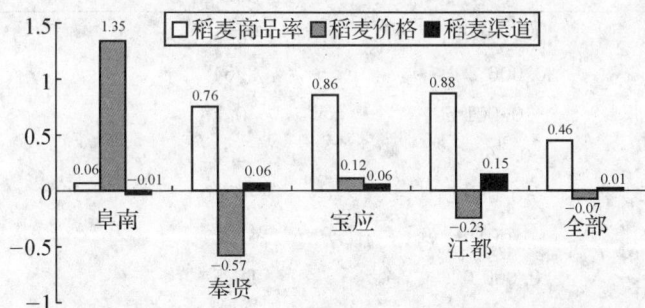

图 4-13 稻麦市场行为要素影响程度地区比较

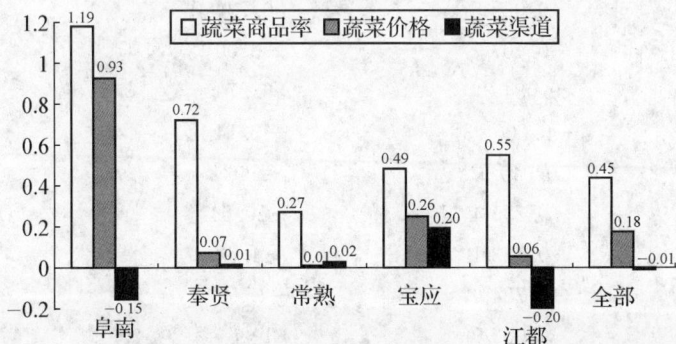

图 4-14 蔬菜市场行为要素影响程度地区比较

就相同要素的地区影响程度比较而言,以稻麦产品看,商品率要素对奉贤、宝应和江都的影响更显著,当商品率增长1个单位,三个地区种植比例分别上升0.76、0.86和0.88个单位,三地农户更注重稻麦主产品销售收入的提高;价格要素对阜南的影响更显著,当价格增长1个单

位,阜南种植比例上升 1.35 个单位,阜南农户对农业收入的依赖程度更大;渠道要素对宝应和江都的影响更显著,当渠道增长 1 个单位,两个地区种植比例分别上升 0.06 和 0.15 个单位,两地对稻麦多种销售渠道的采用提高了稻麦收益而增加稻麦种植比例。

以蔬菜产品看,商品率要素对阜南、奉贤和常熟的影响更显著,当商品率增长 1 个单位,三个地区种植比例分别上升 1.19、0.72 和 0.27 个单位;价格要素对阜南影响更显著,当价格增长 1 个单位,阜南种植比例上升 0.93 个单位。这可能因为阜南种植蘑菇特殊农户样本造成了影响系数偏高,而常熟则以普通蔬菜为主,加之地区专业格局的形成,导致价格和商品率的影响系数并不高。

总体而言,农产品销售价格对于阜南地区的稻麦及蔬菜种植比例呈显著的正效应,农产品商品率对于奉贤和常熟地区的稻麦及蔬菜种植比例呈显著的正效应,农产品商品率和流通渠道对于宝应和江都地区的稻麦种植比例呈显著的正效应。这与不同地区的经济发展阶段、生产生活习惯及家庭收入来源有关。以阜南为代表的传统农区纯农户较多,对农业收入依赖较大,农户土地利用结构对农产品价格预期的响应更敏感;以奉贤、常熟、江都和宝应为代表的长三角地区兼业农户较多,非农收入比重较高,农户土地利用结构对农产品的销售倾向提高、营销渠道拓展的响应更敏感。

2) 对种植结构多样化的影响(表 4-13)

表 4-13　种植结构多样化 Tobit 模型结果

变量	系数	T 统计量	P 值
户主年龄	0.000 8	0.91	0.364
户主文化	0.006 2***	2.64	0.008
家庭人口	−0.001 5	−0.28	0.781
非农比例	−0.066 7**	−2.34	0.020
耕地面积	−0.000 2	−0.10	0.924
块均面积	0.001 8	0.32	0.749
耕作半径	0.000 02	1.55	0.120
县城距离	0.000 7	0.75	0.451
市场位置	0.003 6	0.22	0.829
商品率	0.025 5	0.73	0.464
销售价格	−0.107 7***	−3.00	0.003
流通渠道	0.084 2***	6.27	0.000
流通成本	−0.000 03**	−2.14	0.033
是否专业化	0.049 9*	1.66	0.098
是否组织化	−0.285 4***	−10.64	0.000
奉贤	−0.133 1***	−4.62	0.000
常熟	−0.784 0***	−15.40	0.000
宝应	0.032 0	1.26	0.207
江都	0.070 3***	2.73	0.006
相关检验	N=972, log likelyhood=−96.58 LRchi2(19)=919.68, Prob>chi2=0.000 0		

注:*,**,***分别表示在 10%、5%和 1%的水平上统计显著

（1）市场主体影响

户主文化和非农收入比例对多样化程度的影响较显著。户主文化水平越高，非农收入比例越低，多样化指数越高。当农户素质越高、越依赖农业收入时，更倾向实现种植结构多样化，以加强农业收入的稳定性和抵抗农业风险的能力。

（2）市场环境影响

地块面积和耕作半径对于种植结构多样化呈正向影响。地块面积大和耕作半径的扩展，更适合多种作物的插花种植，在满足自给需求的前提下，农户更多考虑多元化种植结构，以稳定农业收入。县城距离和市场位置对于种植结构多样化也呈正向影响。距离县城越远，本地市场越缺乏，往往意味着距离中心城镇和获得市场信息的难度越大，多样化的种植结构更容易满足农户的自给需求。

（3）市场行为影响

对于种植结构多样化而言，农产品商品率和流通渠道呈正向影响，流通渠道更显著；而销售价格和流通成本呈显著的负向影响。这表明，农产品销售比例越高、流通渠道越多，销售价格和流通成本越低，种植结构多样化程度越高。可能原因是，这四个指标是根据不同作物销售贡献率和流通实际状况合成的，因不同作物具有不同的售卖特性，种植农产品种类越多，多样化结构越明显。

专业化行为对种植结构多样化呈较显著的正向影响。这跟预期不一致。可能原因是，本书定义的专业化行为农户以规模经营为前提，也仅选择蔬菜作为专业农产品表征，仅能体现专业化生产内涵的部分意义。另外，半自给半商品化的行为特性仍居主导，绝大多数农户还不具备完全市场消费和经营的能力，即使在常熟、奉贤这种专业区域分工较明显的地区，农户仍会在自留地中种植口粮作物以满足家庭消费需要。而土地面积较大的农户往往更重视农业生产，茬口布局更密集，在稻麦、蔬菜的轮作中多会种植其他作物。组织化行为对种植结构多样化呈显著的负向影响。合作组织或龙头公司对农户的组织带动往往以某一类具有比较优势的农产品为实施前提。

（4）地区差异

相对于阜南地区，奉贤和常熟两个地区的种植结构多样化程度低于阜南，而宝应和江都两个地区的种植结构多样化程度高于阜南。

总体判断：农产品市场主体、市场环境和市场行为、地区差异等要素已经对不同农产品在农户家庭中的土地利用结构产生了显著的影响。一方面，对于蔬菜和稻麦这两种不同生产经营特性的粮经作物而言，多数要素产生了相对、相反的影响，商品化、专业化及组织化行为对蔬菜和稻麦种植产生了积极的影响，尤其蔬菜经济作物种植对市场价格的响应更敏感。另一方面，对于家庭种植结构而言，商品化、专业化、组织化和规模化生产将加深农业的分工协作以及农户与市场的关联，多样化种植的形成往往与家庭的自给自足生产特性密不可分。另外，由地区分异所带来的空间差异不容忽视，市场价格上升对传统农区的农户种植结构影响更显著，产品销售率提高及营销渠道增加对长三角地区的农户种植结构影响更突出。

4.5　小结

本章围绕市场主体、市场环境及市场行为特征三方面，综合考察农产品市场化对农户土地利用结构的作用过程。通过比较不同农产品和地区差异，分析农户特征、资源区位禀赋、农产品生产、销售及流通行为等要素对土地利用结构的影响程度。主要有以下结论：

第一,调查地区的农产品市场化程度有待提高。

随着农村市场改革的不断深入,政府管制领域逐渐减少,除稻麦实行最低保护价外,大多数农产品由农户自行议价、自主买卖。大多数农户处于半自给半商品化阶段,农户主动参与市场的意识不强,仍在满足自身需要的基础上,考虑农产品销售及交易。

从农产品的专业化生产及商品化程度来看,以沪苏为代表的长三角地区比阜南地区的农产品市场化进程更快一些。然而,即使在蔬菜专业生产的常熟调查村,也基本以生产低端农产品为主,高端设施蔬菜种植很少。绝大多数地区对于农产品的经营方式仍处于传统种植及初级生产阶段。农产品组织化程度普遍较低,在调查过程中,绝大多数农户认为本村没有合作组织(尽管在村的层面存在合作组织),表明他们对合作组织并未认知,更谈不上专业组织对农户参与市场的带动作用。

第二,粮经农产品因生产经营特征差异对土地利用结构产生不同的影响。

除蔬菜在常熟、奉贤两地的专业化程度较高外,稻麦等农产品还未形成专业化分工,部分规模化生产农户已经出现。按照农产品的属性,通过 Tobit 计量模型分析对比经济作物与粮食作物对种植结构影响的异同点,可以看出:

农产品的市场行为,包括生产参与形式、销售流通行为等是刺激农户扩大种植规模的显著影响因素。市场价格与商品率以及专业化、组织化行为对以销售为目的的商品性蔬菜农产品比对以口粮安全为目的的稻麦粮食农产品的种植结构扩大的正向促进作用更加明显。市场价格和商品率每提高 1 个单位,蔬菜种植比例将分别上升 0.18 和 0.45 个单位。

农产品的市场环境,包括与主要消费地的距离、地块面积、耕作半径等是农户安排不同农产品土地空间布局的主要依据。蔬菜等劳动密集型作物往往适宜在家庭附近的小块土地耕种,稻麦等土地密集型作物往往适宜在距家较远的大块土地耕种。地块面积每增长 1 个单位,稻麦种植比例将上升 0.09 单位,蔬菜则下降 0.16 个单位。

户主及家庭特征,包括年龄、人口、收入来源等对稻麦比对蔬菜种植的影响更显著。农户家庭因劳动力、人口素质、收入结构等差异会产生对于口粮作物和商品作物的不同种植需求。农业家庭更倾向于口粮作物和商品作物的兼顾,非农家庭更倾向于口粮作物的满足。

第三,五个地区因市场主导力量差异对土地利用结构产生不同的影响。

根据地区农产品种植与市场化行为的差异,由南向北,可分为自主推动型、外力促进型、内外共推动型及自发传统型四种。

自主推动型:以奉贤地区为代表,这是以市场需求为动力,自主形成的土地利用方式。奉贤地区农产品市场化水平最高。因其地处国际大都市上海的郊区,除稻麦粮食作物外,蔬菜、花卉、水果等高效经济作物种植较为普遍,农户参与市场的积极性较高,专业化分工由农户自主形成,部分专业市场已经出现。农户获取市场信息的便利性较大,开放度较高,农产品的市场交易比较频繁。地区农产品销售比例提高对其种植比例的增长刺激显著。

外力促进型:以常熟地区为代表,这是以政府规划为动力,外源促成的土地利用方式。常熟地区农产品专业化水平最高。根据省市农业结构调整规划,董浜镇和碧溪镇的三个村以蔬菜种植为主。当地农户以蔬菜专业种植为特征,多在村域范围内形成蔬菜收购站点,由本地经纪人主导蔬菜交易。农户市场信息尚不够透明,但"卖难"问题并不显著,价格与心理预期有差距。地区农产品销售比例提高对其种植比例的增长刺激显著。

内外共推动型:以宝应和江都地区为代表,这是以政府和市场双重动力,内外共同作用的土地利用方式。宝应和江都地区农产品组织化水平相对较高。宝应地区新荡村引进了"公司+农户"的有机稻米种植模式,江都地区渌洋湖村则是由村集体统一经营的土地股份合作社代表。

当地农户仍以传统的农业种植为主导,种养大户比较典型。各种组织对农户的带动作用亟须提升。地区农产品营销渠道增加对其种植比例的增长刺激显著。

自发传统型:以阜南地区为代表,仍然沿袭传统耕种经营,自发形成的土地利用方式。阜南地区种植结构多样化的程度相对较高。当地农户非农就业的收入还不稳定,家庭务农劳动力较多,对农业和土地的依赖程度较高。农户参与市场的形式往往是被动的,上门商贩收购是主要的销售模式。地区农产品市场价格上升对其种植比例的增长刺激显著。

第四,家庭种植结构多样化差异是农产品市场化各要素综合作用的结果。

农户对于土地的单一化利用还是多样化利用,不仅取决于当地的自然环境,还与经济、社会、人文状况密不可分。调查地区的多样化指数均值为 0.35。地区由大到小的顺序是:江都 0.50,阜南 0.46,宝应 0.43,奉贤 0.30,常熟 0.01。通过 Tobit 计量模型分析,市场主体和市场行为对种植结构多样化程度的变化起到了比较显著的作用,市场环境影响不明显。户主文化水平越高,家庭非农收入比例越低,农户种植结构多样化的程度越高,这可能是纯农户规避农业生产风险和土地利用效用最大化的行为决策导致的。销售价格、流通渠道和流通成本的合成,同样体现了不同农产品市场特性的综合效应。参与组织化生产,种植结构的多样化程度越低。农户的市场行为促进了地区专业化分工和组织化生产的形成,也加剧了农业土地利用结构的变化。

由于上述结论主要是通过对调查地区当年问卷调查的数据获得的,可能存在选点、数据处理、调查访问等带来的主客观因素偏差。本书设定的专业化和组织化的标准还比较低,对于"普通小农"的影响尚不深刻,具有真正意义上的规模和专业经营农户其市场行为与土地利用结构之间的关系有待进一步深入研究。另外,单一化并不是专业化的全面反映,多样化也非种植结构合理与否的综合判断,哪种方式更有利于农产品市场化程度的提高,引导土地利用结构的优化,改善农户的生活水平,同样值得深入研究。

5 农产品市场化对农户土地利用效益的影响

要获得土地产出的经济效益,离不开各种生产要素的持续投入和农产品价值的市场体现。二者之间的价格波动与供求关系互相影响,互相制约。因农产品和农业生产资料参与市场程度不同导致农户土地利用经济效益变化,进而改变农户土地利用格局的安排,这样的作用趋势在农村地区愈发广泛而深刻。本章着重围绕以农资和劳动为代表的生产要素投入的市场环境及农产品销售流通的市场行为两个方面,兼顾考虑市场主体特征、地区差异的影响,综合考察农产品市场化对农户土地利用经济效益的作用与关联。与第四章一致的影响要素本章不再赘述(如市场主体特征、市场行为特征等)。以种植户为研究对象,对六类主要农产品进行考察,其中水稻种植 575 户,小麦种植 622 户,玉米种植 140 户,油菜种植 123 户,豆类种植 171 户,蔬菜种植576 户。

5.1 农资投入的市场环境对土地利用效益的影响

在农业生产过程中,种子、化肥和农药是最主要的物质投入类型。种子数量取决于作物品种和种子品质,化肥施用量与土壤肥力有关,农药投入取决于农产品病虫害的严重程度,三种农资的投入强度影响农产品的产量及土地产出的经济效益。当购买种子、化肥、农药等的支出小于其所能带来的农产品增产增加的收益时,农户就会不断增加其用量。然而这些化学投入物质的副作用常常要在若干年后才能表现出来,农户不会以未来不确定的收益来换取眼前的现实收益。种子滥用、化肥与农药过量使用是造成农村环境污染的主要原因,不利于土地可持续利用。分析主要农资的投入情况不仅有助于研究如何实现土地利用效益最大化目标,也有助于考量对环境可能产生的影响。

5.1.1 种子投入的市场环境

种子是特殊的农业生产资料。作为农产品种植的初始环节,种子质量的好坏对农产品的产量和质量起着关键性作用,甚而影响到粮食安全与农产品的宏观价格波动。种子市场的健康发展是农产品有效供给、促进农民增收的重要保障。

1) 种子费用

农户在计量种子使用时,单位不同,有的用"袋",有的用"斤",有的用"亩",这里以不同作物种子费用来比较。

就单位面积种子需求量看,不同作物单位面积播种的数量和花费有差别(表 5-1)。这可能与农产品特性、农户偏好、地区物价水平有关系。调查地区六类农产品单位面积种子费用由高到低依次为:蔬菜 1 391.03 元/公顷,玉米 788.30 元/公顷、小麦 782.66 元/公顷,豆类747.89元/公顷、油菜 617.84 元/公顷、水稻 517.64 元/公顷。

表 5-1 调查地区各类农产品单位面积种子费用(元/公顷)

地区	水稻	小麦	玉米	油菜	豆类	蔬菜
阜南	633.94	850.92	742.33	480.00	734.43	1 347.85
奉贤	387.18	427.16	1 059.25	607.61	1 158.00	1 287.31
常熟	870.00	558.00	750.00	0.00	600.00	1 873.05
宝应	503.65	731.58	0.00	630.05	730.85	974.71
江都	562.16	828.50	1 125.00	624.66	743.92	1 187.78
总计	517.64	782.66	788.30	617.84	747.89	1 391.03

注:表中数据为各地区农户平均值

以粮食作物看,奉贤地区单位面积稻麦种子费用最低,而玉米费用偏高。可能原因是当地对稻麦的良种补贴力度较大;而玉米是自由选择种植的结果,与当地物价水平较高有关。

以经济作物看,常熟地区单位面积蔬菜种子费用最高,可能原因是常年专业种植蔬菜,以盈利为主要目的,种子类型多,也比较注重种子的品质,而其他地区蔬菜多以自食为主,倾向选择价格适中、比较单一的种子。阜南地区的高价,可能因为鞠郢村有蘑菇种植专业户导致的。豆类和油菜地区价格差别不大。奉贤地区豆类种价偏高,可能因其当地种植户较少,导致均值的偏差。

就种子总费用来看,一个生产季中调查地区农户平均在水稻、小麦、玉米、油菜、豆类、蔬菜作物上的种子花费分别为 144.46 元、255.35 元、132.19 元、35.40 元、62.90 元和 203.51 元(图 5-1)。其中,小麦和蔬菜种子总费用最高。就地区差异看,阜南和常熟的户均种子费用最高,分别为 744.22 元和 800 元,可能因为阜南地区的种植结构多样化显著,作物种类多,其相应的种子花费就大,而常熟地区的蔬菜种子费用占据主导。奉贤地区的户均种子费用最低,为400.54 元,可能因为地方补贴较高,同时种子市场发育比较完善,导致种子费用相对较低。宝应和江都地区的户均种子费用居中,分别为 518.82 元和 575.25 元,可能因为两地种植方式和种子市场价格比较接近。

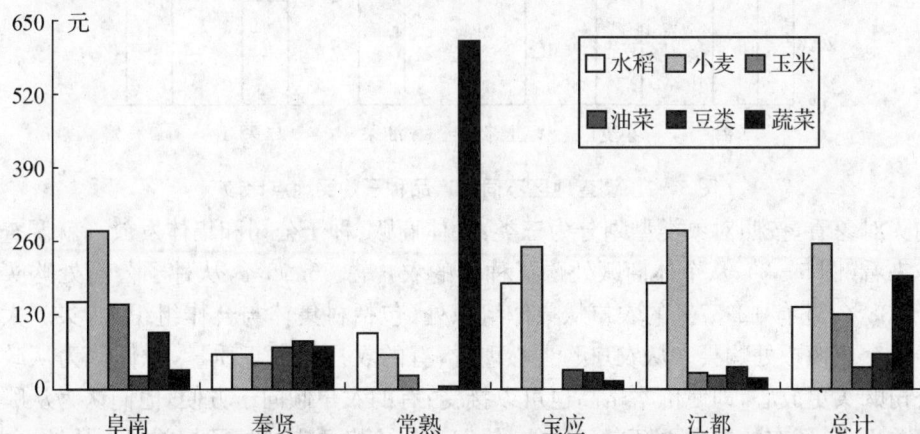

图 5-1 调查地区六类作物户均种子费用

运用皮尔逊相关分析得出,种子费用与作物产量、农产品总收入、农产品销售收入分别呈较显著的正相关关系(表 5-2)。即种子费用越高,作物产量越高,农产品总收入及销售收入越高。可能因作物种植面积扩大导致的,也可能因种子价格带来的品质高低引起农产品产量和收入的变化。以稻、麦、玉米为代表的粮食作物显著性高于以油菜、豆类与蔬菜为代表的经济作物。国家对粮食作物的种子市场监管力度较大,各地区种子的品质和价格较有保障,而对于其他经济作物农户自主选择的余地较大,品质、价格差别较大。

表 5-2　不同农产品种子费用与其产量及收入相关性比较

类别	总产量	总收入	销售收入	样本量
水稻种费	0.954**	0.934**	0.934**	575
小麦种费	0.900**	0.883**	0.861**	622
玉米种费	0.757**	0.748**	0.587**	140
油菜种费	0.779**	0.717**	0.679**	123
豆类种费	0.748**	0.742**	0.017	171
蔬菜种费	0.721**	0.749**	0.634**	576

注:**表示在1%水平上通过检验

2) 种子来源

就购买地点看,按照地点远近划分为三类:村内、村外镇内和镇外。不同农产品种子购买地点相差不大(图5-2)。以就近为原则,选择村内购买的约占1/3,村外镇内购买的约占2/3,仅有极少数农户愿意去镇外购买种子。农户可通过上门商贩或者村内、镇内农资商店即时购买,比较便利,考虑交通成本,他们更倾向于就近购买。

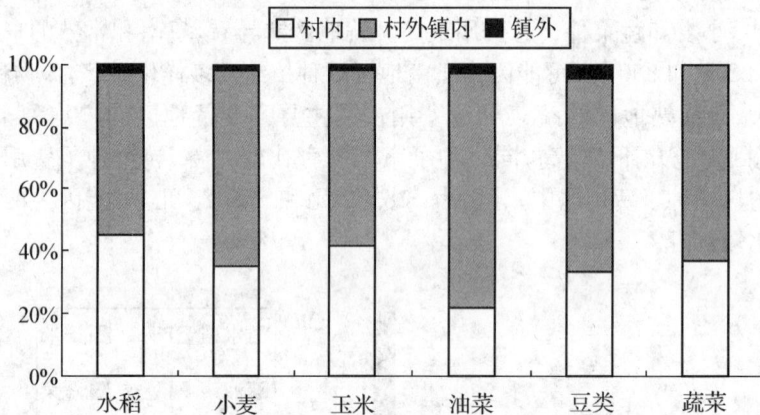

图 5-2　调查地区不同农产品种子购买地点比较

就购买对象看,按照对象类型划分为三类:个体商贩、种子公司和集体发放。就调查地区的全部样本来看(图5-3),从个体商贩处购买种子的农户占56.05%,从种子公司处购买种子的农户占31.38%,还有12.57%的农户从集体组织处(包括村集体与合作组织)购买。大多数农户倾向于从个体商贩处购买。从农户购买心理看,有的农户倾向于质量,他们认为从政府认定的种子公司购买更放心,即使价格略高也可以接受;有的农户倾向于方便,他们认为从哪里购买的种子都差不多;还有的农户更倾向于价位,他们认为价格便宜的种子是首选。从地区差异看,不同地区对于种子购买的对象偏好不同。有被动的也有主动的行为。阜南和常熟地区以个体商贩购买占主导,农户更倾向于自主选择;奉贤地区以集体发放指定为主,可能与当地镇村集体组织化较强有关;宝应和江都地区以种子公司购买为主,可能与当地种子企业化运作比较规范有关。

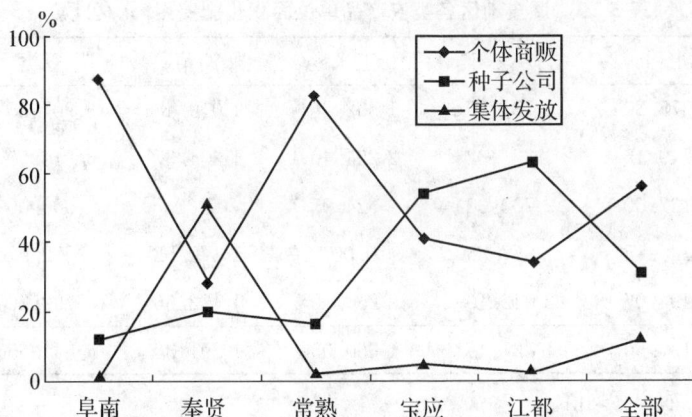

图 5-3 调查地区农户种子购买对象比较

在调查访谈中发现,自 2005 年实施良种补贴以来,稻、麦种子多由村内统一提供,或者由指定的种子公司供给。种子购买价格实行以国家补贴直接扣除的形式,即农户按照补贴后的价格购买,比市场上其他非指定品种的种子价格优惠幅度大得多。正因价格差异悬殊,有强制诱导的倾向,降低了农户对种子品种自主选择的空间。但是,由于农村农田地力普遍下降,种子对于当地的适宜性难以预料,加上自然灾害的不可预知性,农户往往反映良种补贴的种子产量不如其他未补贴的种子。因此,也有不少农户放弃良种补贴,自行购买他们认为优质的品种。这也导致了同一地区、同一农作物种子单位面积费用的差异。如果能直接以现金补贴的方式让农户自主选择可能给农户带来更大的实惠。

5.1.2 化肥投入的市场环境

施用化肥是提高土壤肥力进而增产增收的重要手段之一,化肥投入也是农户农资产品开支的重头戏。调查访谈中发现,农户依赖化肥提高地力和产量的倾向没有降低,在可支付能力的前提下,为了追求产量最大化,仍然沿袭旧有生产习惯,逐年增加用量进行施肥耕作。近年来由于非农就业的增多,农户对于大型家禽畜饲养明显减少,禽畜粪便等家积肥已经很少施用。而污染较小的有机肥往往因价格较高,但效益难以快速体现,也较少施用。这里主要探讨常规化学肥料对农户土地利用效益的影响。

1) 化肥费用

不同作物在不同生产期需要施用化肥的品种、数量差异较大。但是同一地区的农户对于相同生长期的作物具有趋同的施肥行为,即在施肥量、品种选用等方面比较接近。化肥多采用尿素、复合肥、氨肥、氮肥等,因不同品种施用计量单位难以统一,用支出费用,即化肥单位面积投入和总投入进行衡量比较。

就单位面积化肥投入看,不同作物单位面积的施用量差别较大(表 5-3)。这可能与土壤肥力、耕作习性等有关系。调查地区六类农产品单位面积化肥费用由高到低依次为:蔬菜 4 736.40元/公顷,水稻 2 137.50 元/公顷、小麦 1 821.45 元/公顷、玉米 1 660.05 元/公顷、油菜 1 291.30 元/公顷、豆类 841.65 元/公顷。

表 5 - 3　调查地区各类农产品单位面积化肥费用(元/公顷)

地区	水稻	小麦	玉米	油菜	豆类	蔬菜
阜南	1 975.80	1 731.30	1 552.20	1 019.45	907.35	2 481.30
奉贤	1 749.15	1 325.32	2 294.40	1 234.37	810.00	5 239.80
常熟	2 137.50	2 700.00	1 624.95	0.00	900.00	7 600.20
宝应	2 349.45	1 877.85	0.00	1 170.52	782.93	2 721.45
江都	2 494.05	2 042.40	2 250.00	1 472.66	792.26	3 250.65
总计	2 137.50	1 821.45	1 660.05	1 291.30	841.65	4 736.40

注:表中数据为各地区农户平均值

就作物差异看,蔬菜单位面积的化肥费用是其他作物的 2~5 倍,可能因为各类蔬菜成熟期短,茬口较多,复种指数较高,不像其他作物大多一年一熟。水稻、小麦、玉米的单位投入量比油菜、豆类更高一些,可能因为前三类农产品商品率较高,农户比较看中产量,施肥力度也较大;后两种农产品多以家庭自食为主,他们认为只要有产出即可。

就地区差异看,出于对产量的追求,以市场营销为主要目的的农产品通常比以自己消费为主要目的的农产品化肥单位投入量要大得多。常熟和奉贤地区的蔬菜,宝应、江都和阜南地区的稻麦基本符合上述规律。常熟稻麦偏高,因仅 2 户种植,导致均值偏大。

就化肥总投入看,调查地区农户平均在水稻、小麦、玉米、油菜、豆类、蔬菜作物上的化肥总投入分别为 606.70 元、600.87 元、283.25 元、75.23 元、73.42 元和 766.37 元(图 5 - 4)。蔬菜与稻麦化肥费用最高。就地区差异看,常熟地区的户均化肥费用最高,为 2 923.35 元,可能因为当地的蔬菜化肥费用占据主导。奉贤地区的户均化肥费用最低,为 1 038.59 元,可能因为当地化肥市场比较稳定,价格波动不大,总种植规模也不大,从而使化肥费用相对较低。阜南、宝应和江都地区的户均化肥费用居中,分别为 1 610.56 元、1 721.87 元和 1 771.09 元,可能因为三地的种植结构多样,同时农户户均种植规模较大导致的。

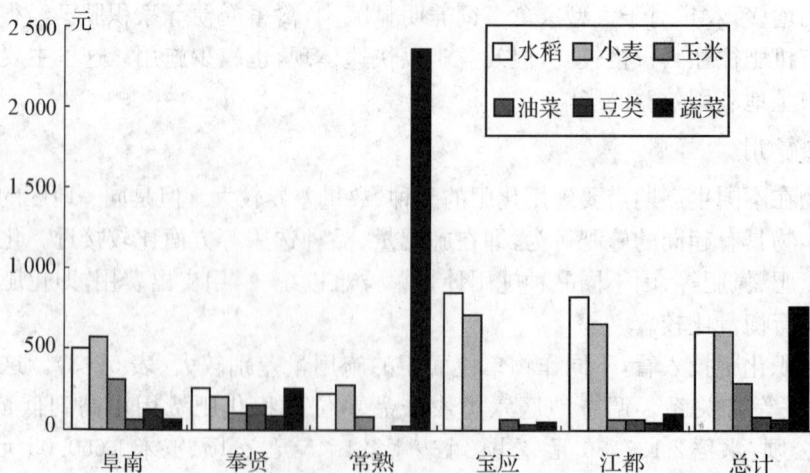

图 5 - 4　调查地区六类作物户均化肥费用

运用皮尔逊相关分析得出,化肥投入与作物产量、农产品总收入、农产品销售收入分别呈较显著的正相关关系(表 5 - 4)。即化肥投入越高,作物产量越高,农产品总收入及销售收入越高。可能因作物种植规模引起的变化,也可能因单位化肥投入总量带来的变化。稻、麦、油菜的显著性高于玉米、豆类和蔬菜,这可能与作物的施肥特性及肥料对农产品的增产程度不同有关。

表5-4 不同农产品化肥投入与其产量及收入相关性比较

类别	总产量	总收入	销售收入	样本量
水稻肥费	0.949**	0.926**	0.919**	575
小麦肥费	0.934**	0.936**	0.924**	622
玉米肥费	0.775**	0.759**	0.594**	140
油菜肥费	0.835**	0.790**	0.768**	123
豆类肥费	0.730**	0.728**	−0.040	171
蔬菜肥费	0.679**	0.772**	0.768**	576

注:**表示在1%水平上通过检验

通过相关分析进一步观察单位面积化肥投入对农作物单位面积产量的影响,可以看出,蔬菜、玉米、小麦三类农产品的单位面积化肥投入与土地的单位面积产出呈显著的正相关关系,相关系数分别为0.266、0.294和0.158(在1%水平上通过检验)。而对水稻、油菜、豆类的作用不显著。这同样验证了化肥投入对于商品率高的农产品影响更显著的可能性,即越注重销售的农产品其化肥投入越高。

2)化肥来源

就购买地点看,按照地点远近划分为三类:村内、村外镇内和镇外。不同农产品化肥购买地点相差不大(图5-5)。化肥市场上相同化学成分的化肥价格无明显差别,农户往往成袋(50 kg)大量购买,考虑运输成本,以就近为原则,选择村内和村外镇内购买的各占一半左右。极少数农户会选择镇外购买。

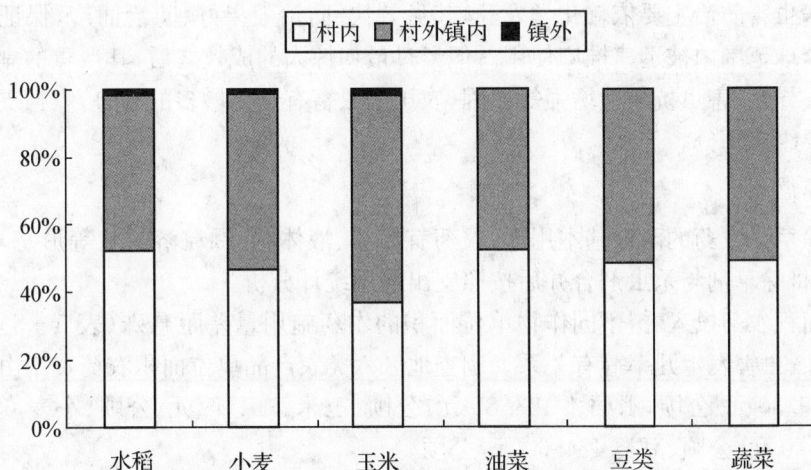

图5-5 调查地区不同农产品化肥购买地点比较

就购买对象看(图5-6),按照对象类型划分为三类:个体商贩、农资公司和集体提供。就调查地区的全部样本来看,从个体商贩处购买化肥的农户占70.70%,从农资公司处购买化肥的农户占24.29%,还有5.01%的农户由集体组织(包括村集体与合作组织)提供处购买。绝大多数农户倾向于从个体商贩处购买。从地区差异看,阜南和常熟地区以个体商贩购买占主导,90%左右的农户更倾向于从零售商贩处购买;奉贤地区集体提供购买的比例在五个地区中最高,可能与当地镇村集体组织化较强有关;宝应和江都地区农户从农资公司购买也占较大比例,可能与当地商业规范化程度较高有关。

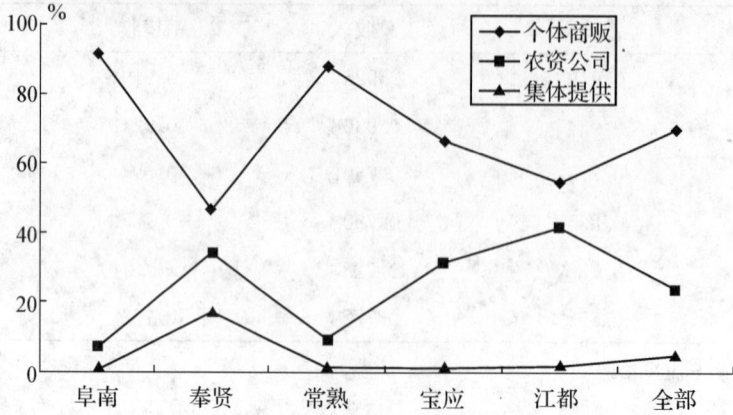

图 5 - 6　调查地区农户化肥购买对象比较

在调查访谈中发现,同一地区农户的施肥行为趋同,这可能因为村庄本身就是"熟人社会",农户的很多农业决策是根据自身经验,或者参照周围农户做出的,他们往往认为施肥越多,产量越高。然而,也有不少农户已经认识到土地板结化越来越严重的现象与长期过度施肥是有关系的,这是地力下降的一个重要标志,也是无奈之举。化肥成本的过快增长,既不利于农业生产投入产出的合理配比,也会对环境产生持续的不良影响。因此,在奉贤、常熟地区开始出现由政府主导的带有强制性质的鼓励农户施用绿肥、有机肥的做法,由于参与的农户较少,且尚未持续施用,土壤改良的效果还未呈现。

5.1.3　农药投入的市场环境

农作物病虫害防治主要依赖化学农药,其见效快、防治效果好、防治面广,保证了作物的丰收、增产,在全球范围内被迅速推广使用。但经过最初惊人的成效之后,其严重的副作用也逐步显现。因天气异常、害虫抗药性增强等原因,农田病虫害有逐年增多的趋势,农药支出也成为农业生产的重要组成部分。

1) 农药费用

杀虫和除草是农药的两种基本用途,农药有粉状、液体状、颗粒溶剂状等形态,难以按照用量统计,这里将除草剂与杀虫剂合并后按照支出费用统计分析。

就单位面积农药投入看,不同作物单位面积的农药施用量差距悬殊(表 5 - 5)。这可能与作物的耐药性、虫害发生几率等有关系。调查地区六类农产品单位面积农药费用由高到低依次为:蔬菜 2 139.30 元/公顷,水稻 1 488.85 元/公顷、玉米 717.05 元/公顷、小麦 652.50 元/公顷、油菜 461.70 元/公顷、豆类 424.60 元/公顷。

表 5-5　调查地区各类农产品单位面积农药费用(元/公顷)

地区	水稻	小麦	玉米	油菜	豆类	蔬菜
阜南	1 277.39	580.61	701.10	333.61	426.67	1 658.85
奉贤	1 514.10	704.06	766.24	403.19	601.50	3 088.20
常熟	2 512.50	750.00	843.75	0	750.00	2 395.05
宝应	1 521.60	710.89	0	475.02	402.62	1 415.35
江都	1 603.35	693.41	1 125.00	480.89	415.13	1 684.35
总计	1 488.85	652.50	717.05	461.70	424.60	2 139.30

注:表中数据为各地区农户平均值

　　就作物差异看,蔬菜和水稻单位面积的农药费用比其他作物明显增加。水稻使用杀虫剂的次数最多,平均每季 6~8 次,有的农户多达 10 数次,每季除草 2 次左右;小麦、玉米、大豆和油菜,平均每季杀虫和除草分别需 1~2 次左右。蔬菜则因种植品种的不同,差别较大,例如青菜、白菜等属于多虫害蔬菜,而胡萝卜、冬瓜、芹菜等属于少虫害蔬菜,农户多为混合种植,以一年农药总量衡量。

　　就地区差异看,常熟和奉贤地区的蔬菜单位面积农药费用最高,江都和宝应的稻、麦、玉米单位面积农药费用比阜南地区偏高。可能与地区种植结构、病虫害发生几率、农药价格有关。常熟除蔬菜外,其他作物偏高,可能因其他作物种植户少导致均值偏大。

　　就农药总投入看,调查地区农户平均在水稻、小麦、玉米、油菜、豆类、蔬菜作物上的农药总投入分别为 394.16 元、215.03 元、125.31 元、24.70 元、33.29 元和 260.47 元(图 5-7)。水稻与蔬菜农药费用最高。就地区差异看,常熟地区的户均农药费用最高,为 1 111.43 元,可能因为当地的蔬菜农药费用贡献最大。奉贤地区的户均农药费用最低,为 588.14 元,可能与当地种植总体规模不大有关。阜南、宝应和江都地区的户均农药费用居中,分别为 738.73 元、879.17元和 865.58 元,可能是三地的各种作物种植较多,同时农户户均种植规模较大导致的。

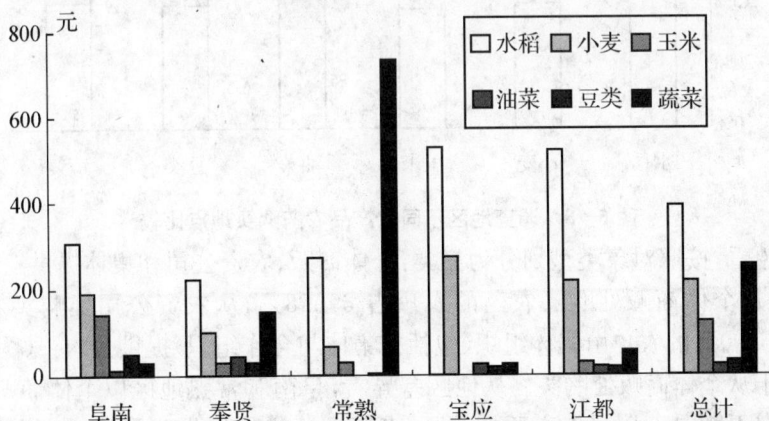

图 5-7　调查地区六类作物户均农药费用

　　运用皮尔逊相关分析得出,农药投入与作物产量、农产品总收入、农产品销售收入分别呈较显著的正相关关系(表 5-6)。即农药投入越高,作物产量越高,农产品总收入及销售收入越高。农药的施用仍是农作物免遭虫害、草害,保证产量的途径之一。不同品种之间有所差异。稻、麦、油菜的显著性高于蔬菜、玉米和豆类,这可能与作物的施药特性与病虫害程度有关。

表 5-6　不同农产品农药投入与其产量及收入相关性比较

类别	总产量	总收入	销售收入	样本量
水稻药费	0.904**	0.874**	0.859**	575
小麦药费	0.863**	0.881**	0.874**	622
玉米药费	0.433**	0.432**	0.415**	140
油菜药费	0.721**	0.681**	0.662**	123
豆类药费	0.526**	0.529**	0.105	171
蔬菜药费	0.555**	0.673**	0.669**	576

注:**表示在1%水平上通过检验

通过相关分析进一步观察单位面积农药投入对农作物单位面积产量的影响,蔬菜、水稻、豆类、油菜单位面积农药投入与土地产出呈正相关关系,而小麦和玉米呈负相关关系。农药的大量施用对于部分作物的增产有一定作用,但并不是增产的根本保证。

2) 农药来源

就购买地点看,按照地点远近划分为三类:村内、村外镇内和镇外。不同农产品农药购买地点相差不大(图 5-8)。现在的农药市场中,品种和价格差别较大,农户多有从众心理,仿照周边邻居的使用情况。多以就近为原则,选择村内和村外镇内购买的各占一半左右。极少数农户会选择镇外购买。

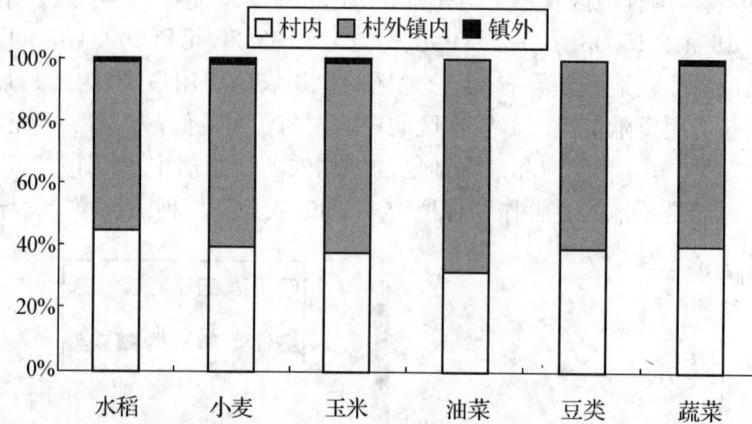

图 5-8　调查地区不同农产品农药购买地点比较

就购买对象看,按照对象类型划分为三类:个体商贩、农资公司和集体提供。就调查地区的全部样本来看,从个体商贩处购买农药的农户占 69.28%,从农资公司处购买农药的农户占 23.82%,还有 6.90%的农户由集体组织(包括村集体与合作组织)提供处购买(图 5-9)。绝大多数农户倾向于从个体商贩处购买。从地区差异看,阜南和常熟地区以个体商贩购买占主导,90%左右的农户更倾向于从零售商贩处购买;奉贤地区集体提供购买的比例在五个地区中最高,可能与当地镇村集体组织化较强有关;宝应和江都地区农户从农资公司购买也占较大比例,可能与当地商业规范化程度较高有关。

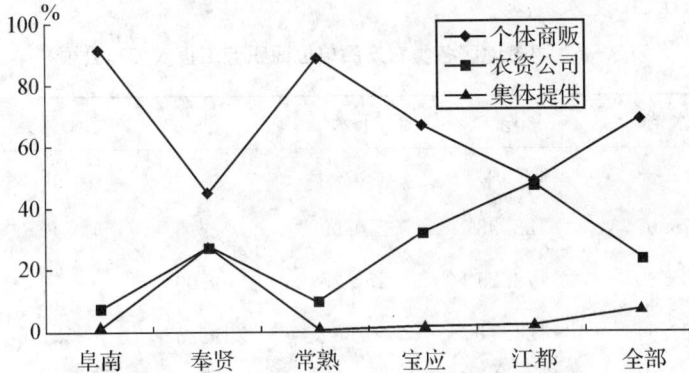

图5-9　调查地区农户农药购买对象比较

在调查访谈中发现,农户对农药施用的毒性和残留性有一定认识,但是为了确保农产品产量不惜增加剂量。他们往往在自家消费的田块中较少使用农药,而对于销售产品为主的田块中用量明显增多,以蔬菜最为明显。农药的施用过程中,存在以下问题:第一,用药不科学。农民不懂施药技术,也无农技人员下乡指导,田头药瓶成堆,药袋飞扬。施药时间和防护措施均不到位,不少农户会发生药物中毒现象。第二,农药市场不规范。农药经营户遍地开花,品牌多,农民比较盲目,很难有效选择,用药在很大程度上受经营户的推荐和引导。第三,缺乏统一调控。虫害、病菌等具有较强的传染性和扩散性,繁殖和变种速度快。农户根据田间状况,各自撒药,缺乏统一调度和安排。因此,需要反复防治,增加生产成本。第四,农药毒害性强。农民用药更多取决于是否高效地防治病虫害,很少考虑农药是否高毒、高残留。这样的施药方式不但对施药者直接产生危害,而且存在农产品安全隐患。

近年来随着气候异常增多、土壤地力下降以及病虫害抗药性增大,以种子、化肥、农药为代表的农户农资消费性支出有上升趋势,不仅降低了农户生产的利润空间,而且对环境产生不可估量的影响,对人类食品安全产生威胁。规范农资市场,提高农资产品的科技含量,将各种农资投入控制在合理有效的范围内显得非常重要。

5.2　劳动投入的市场环境对土地利用效益的影响

农户进行农业生产除了必要的物资投入外,离不开长期、持续的田间管理,即劳动投入。而劳动投入又分为活劳动和物化劳动两种类型。机械作业的广泛使用对于大田作物节约劳动的效果十分明显,而非农就业则促使农户选择劳动投入少的农产品进行生产规划。这里对人的劳工投入和机械化的农机投入两个方面分别进行讨论。

5.2.1　劳工投入的市场环境

劳工投入主要包括农户自家劳动力投入和雇佣劳动力投入两种形式。劳动强度的差异可能与农作物特性、家庭劳动分工、收入结构等有关系。调查地区雇佣情况比较少发生,基本以自家劳动力调剂为主。在计量农户劳动投入时以"工"为计量单位,即一个劳动力在田间工作8个小时,为一个工。这里按照不同作物的单位面积和总出工量来衡量。

1) 单位面积劳工投入

表 5-7　调查地区各类农产品单位面积劳工投入（工/公顷）

地区	水稻	小麦	玉米	油菜	豆类	蔬菜
阜南	157.33	131.04	145.00	185.97	146.54	2 146.80
奉贤	179.07	123.98	210.99	186.31	240.00	1 879.95
常熟	255.00	176.25	271.25	0.00	450.00	1 030.22
宝应	162.54	124.11	0.00	195.57	181.68	2 418.45
江都	172.27	117.56	375.00	193.16	163.63	2 039.40
总计	168.70	125.55	159.21	193.01	164.37	1 793.85

注：表中数据为各地区农户平均值

从表 5-7 看出，不同作物单位面积的劳工数量有所差别。这可能与农产品生产特性、家庭劳动力分工有关系。调查地区六类农产品单位面积劳工投入由高到低依次为：蔬菜 1 793.85 工/公顷，油菜 193.01 工/公顷、水稻 168.70 工/公顷、豆类 164.37 工/公顷、玉米 159.21 工/公顷、小麦 125.55 工/公顷。

从不同作物看，这六种作物除蔬菜外，绝大多数耗工不多，每公顷平均投入 150 个工左右，其中又以小麦劳工投入最少。水稻、小麦的土地翻耕及收割基本上实现机械化操作。水稻与小麦相比，较多的耗工环节集中在喷洒农药和灌溉阶段，多数地区已经开展抛秧、直播等新的种植技术，比传统育秧后移栽的播种方式节省很多劳力。玉米、油菜和大豆的播种、施肥、除草、撒药到收割都为人工操作，但由于工序并不复杂，耗工量也不算大。蔬菜属于典型的劳动密集型作物，但因品种和种植目的不同，农户的耗工量也差异较大。一般而言，用于自食的小面积蔬菜疏于管理，仅限播种和收获；而用于销售的蔬菜不仅轮作、套作频率高，而且治虫、施肥、收割的次数也多，劳工投入大量增加。

从地区差异看，地区优势作物与其他地区的同类作物相比，该地区的劳工量较少。一方面，可能因其种植技术成熟、社会化服务比较配套，整个生产过程比较顺畅；另一方面，作物劳工投入与种植规模呈反比。即一旦达到相应的种植规模，劳工投入的边际效应显现，规模越大，单位面积的投入工量反而越小。常熟地区的蔬菜种植就是最明显的代表，其单位面积用工量比其他地区小得多，而其他同类作物单位面积用工量又比其他地区大得多。

2) 劳工总投入

从图 5-10 看出，调查地区农户平均在水稻、小麦、玉米、油菜、豆类、蔬菜作物上的劳工总投入分别为 42 个工、42 个工、24 个工、10 个工、11 个工和 106 个工。其中，蔬菜劳工总投入最高，其次为稻麦，其他作物劳工总投入较少。就地区差异看，常熟和奉贤蔬菜劳工总投入比其他地区高得多，其他地区同类作物的劳工总投入跟种植规模成正比。

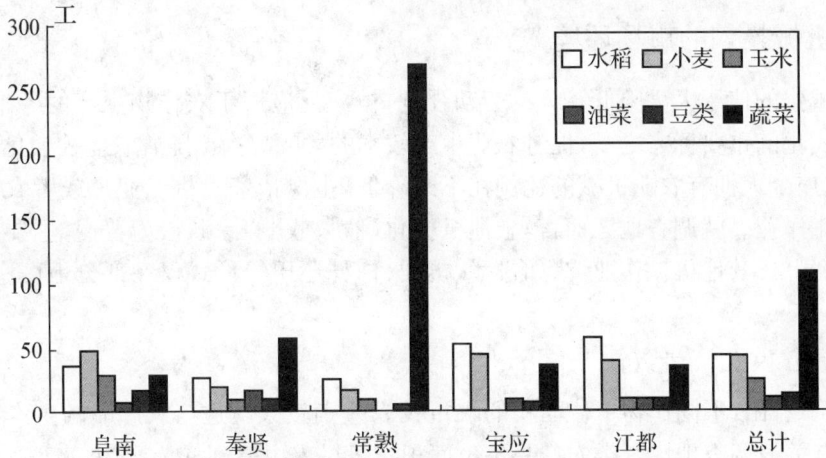

图 5-10　调查地区六类作物劳工投入比较

运用皮尔逊相关分析得出，农产品的劳工总投入与农产品种植面积、农产品销售比例呈较显著的正相关关系（表 5-8）。即劳工总投入越高，种植面积越大，农产品的销售比例越高。劳工投入增加的原因，一方面是种植面积的扩大，另一方面，以销售为生产目的的农产品，其追求产量和品质的增加，耗费人工越多。同时，农产品的劳工总投入与农户家庭非农收入比例呈负相关关系。稻麦、蔬菜作物显著性较高。家庭非农收入越高，农户参与农业劳动的时间越少，投入农产品的劳动生产时间也越少。

表 5-8　不同农产品劳工投入与面积、销售比例及非农收入相关性比较

类别	种植面积	销售比例	非农收入比例	样本量
水稻劳工	0.811**	0.342**	−0.091*	575
小麦劳工	0.774**	0.097*	−0.089*	622
玉米劳工	0.701**	0.275**	0.081	140
油菜劳工	0.794**	0.448**	0.055	123
豆类劳工	0.856**	−0.134	−0.038	171
蔬菜劳工	0.810**	0.713**	−0.135**	576

注：**、* 分别表示在 1% 和 5% 水平上通过检验

3）劳动工资费用

根据地区农业打工工资差异及总体物价水平，考虑非农就业难易程度，假定不同田间管理阶段和不同农作物种类劳工日工价一致的前提下，简化设定阜南 35 元/工日、江都和宝应 40 元/工日，常熟和奉贤 45 元/工日，将劳动工时转化为人工工资成本。

就单位面积劳动工资费用看，调查地区六类农产品单位面积劳工投入由高到低依次为：蔬菜 73 828.50 元/公顷，油菜 7 788.75 元/公顷、水稻 6 819.00 元/公顷、豆类 6 301.65 元/公顷、玉米 5 949.45 元/公顷、小麦 4 797.15 元/公顷。这可能与劳工投入数量与劳动力市场价格有关。就地区差异来看，同样符合地区优势作物单位劳动工资相对较低的规律。

就劳动工资总费用看，调查地区农户平均在水稻、小麦、玉米、油菜、豆类、蔬菜作物上的劳动工资分别为 1 685.60 元、1591.40 元、854.93 元、395.08 元、417.19 元和 4 677.10 元。其中，蔬菜劳动工资最高，其次为稻麦，其他作物劳动工资较少。就地区差异看，常熟和奉贤蔬菜劳动工资比其他地区高得多，其他地区同类作物的劳动工资跟种植规模呈正比。

5.2.2　机械投入的市场环境

农业机械化的使用大大降低了人的劳动强度,被广泛应用于农作物生产的各个环节,也是实现农业现代化的重要标志之一,促进农业生产效率的大幅提高。随着农业社会化服务体系的逐步健全,农户个人拥有农业机械的比例在不断降低,主要依赖农机专业户或者农机专业服务队进行机械化作业。就调查地区而言,土地机械化翻耕、收割、灌溉最为普遍,主要应用在水稻和小麦的生产上。其他机械作业,诸如机播、机插、秸秆还田等形式仅在部分地区实行,还未全面推广。

1) 单位面积农机投入

从表5-9看出,不同作物单位面积的农机投入差别较大。这与农产品的生产特性及农机化适用范围有关。调查地区六类农产品单位面积农机投入由高到低依次为:水稻2 400.90元/公顷,小麦1 460.12元/公顷、玉米755.08元/公顷、蔬菜559.75元/公顷、豆类304.34元/公顷、油菜74.48元/公顷。

表5-9　调查地区各类农产品单位面积农机投入(元/公顷)

地区	水稻	小麦	玉米	油菜	豆类	蔬菜
阜南	2 082.90	1 251.69	755.69	100.00	602.69	37.50
奉贤	3 321.45	2 031.75	792.11	90.00	240.00	259.91
常熟	2 331.00	1 464.00	637.50	0.00	0.00	1 695.45
宝应	2 116.35	1 577.40	0.00	75.21	40.61	22.73
江都	1 969.80	1 520.40	450.00	65.82	81.12	34.82
总计	2 400.90	1 460.12	755.08	74.48	304.34	559.75

注:表中数据为各地区农户平均值

就农机投入组成看,农机投入一般呈现机械收割费>机械翻耕费>机械灌溉费的趋势,并呈现由南向北平均价格逐渐减少的态势,即奉贤、常熟每项作业的单位面积(按公顷计)费用均高出宝应、江都和阜南地区150~300元。农机市场的作业费用除因地区人工、农机成本带来的差异外,还受作业时机械操作难度的影响。表现为:越是规模成片、土地平整、农作物长势良好、距离水源近,各项收费就越低;相反的,越是面积小、土地坡度大、农作物发生倒伏、距离水源较远等,各项收费就越高。

就作物类型看,不同作物因其需要及相应的农机化普及程度差别明显。水稻主要有翻耕、灌溉、收割三项投入;小麦主要有翻耕和收割两项投入;玉米、油菜和豆类主要有翻耕和收割两项投入;蔬菜主要有翻耕和灌溉两项投入。除稻麦的机械化作业普及外,其他作物的农机使用与种植面积呈正比,也就是说当耕作面积小于边际面积时,农户可能不采用机械化作业的方式,以人工为主。例如,当玉米、油菜、豆类等种植面积小于0.133公顷时,农户不再进行机械翻耕与收割。蔬菜也不例外,当种植面积较小时,农户则以人工翻耕和灌溉为主。

就地区差异看,不同地区以销售为主要目的的农产品机械化投入比其他农产品更高。在一定生产规模的前提下,为了确保最终上市产品的数量和质量,省时省力、高效的机械投入是必要的。常熟和奉贤地区的蔬菜机械化投入远高于其他地区,尤其常熟地区,有的农户使用喷滴灌等灌溉技术,投入成本更多。宝应、江都、阜南的稻麦机械投入也比其他作物高得多。

通过皮尔逊相关分析检验得出,不同作物单位面积农机投入与种植面积关系不一致。稻麦这种不考虑地块大小,机械化作业普及的作物,其单位面积农机投入与种植面积呈反比,相关系数分别为−0.166、−0.081(在1%水平上通过检验)。可能原因是,规模效应的显现使得机械投入呈递减趋势。而对于豆类和蔬菜这种机械化作业要达到一定规模才便于使用的作物,其单位面积农机投入与种植面积呈正比,相关系数分别为0.454、0.818(在1%水平上通过检验)。可能原因是,当这些作物达到一定规模时,农户才考虑机械作业。

2) 农机总投入

从图5−11看出,调查地区农户平均在水稻、小麦、玉米、油菜、豆类、蔬菜作物上的农机总投入分别为597.72元、465.95元、145.39元、4.32元、40.35元、176.89元。其中,稻麦农机投入最高,其次为蔬菜和玉米,其他作物农机投入较少。就地区差异看,常熟和奉贤蔬菜农机投入比其他地区高得多,其他地区同类作物的农机投入跟种植规模呈正比。

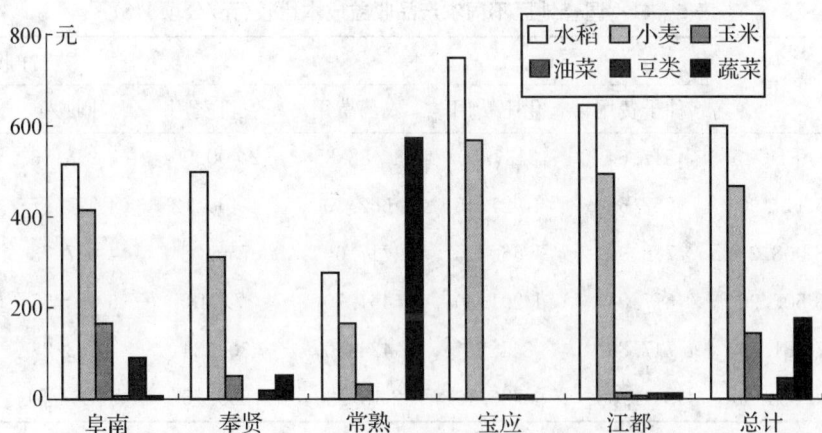

图5−11 调查地区六类作物农机投入比较

运用皮尔逊相关分析得出,农产品的农机总投入与农产品种植面积、农产品销售比例呈较显著的正相关关系(表5−10)。即农机投入越高,种植面积越大,农产品的销售比例越高。农机投入增加的原因,一方面是种植面积的扩大,另一方面,因销售为生产目的的农产品,其追求产量和品质的增加,更注重农机投入。同时,农产品的农机投入与农户家庭非农收入比例呈负相关关系。其中水稻、蔬菜作物显著性较高。这表明,家庭非农收入越高,农户参与农业劳动的时间越少,对于农机投入也越少。

表5−10 不同农产品农机投入与面积、销售比例及非农收入相关性比较

类别	种植面积	销售比例	非农收入比例	样本量
水稻农机投入	0.975**	0.335**	−0.110**	575
小麦农机投入	0.975**	0.150**	−0.077	622
玉米农机投入	0.846**	0.157	−0.009	140
油菜农机投入	0.072	0.071	−0.095	123
豆类农机投入	0.826**	0.212**	−0.076	171
蔬菜农机投入	0.933**	0.687**	−0.176**	576

注:** 表示在1%水平上通过检验

5.3　农产品土地投入产出核算

不同农产品的投入产出状况不同,收益率也不同,以下主要核算不同农产品的总产值及种子、农药、化肥、农机的现金支出。劳动力因以工时为衡量更准确,暂不计入。

从表 5-11 看出,调查地区种植水稻、小麦、玉米、油菜、豆类、蔬菜的单位面积纯收入分别为 7 273.56 元/公顷、4 395.17 元/公顷、4 087.73 元/公顷、6 060.57 元/公顷、4 963.28 元/公顷、50 267.51 元/公顷。净收益率(纯收入/产值)由高到低为:蔬菜 85.06%、油菜 71.25%、豆类 68.16%、水稻 52.64%、玉米 51.04% 和小麦 48.24%。基本遵循高投入高产出的规律。经济作物的利润率普遍比粮食作物高,一方面,经济作物的经济效益更显著;另一方面,经济作物的劳动成本往往比粮食作物更高,而劳动成本在这里没有计入。

表 5-11　调查地区不同农产品收益成本比较(元/公顷、%)

类别	产值	成本				净收益	
		种子费用	化肥费用	农药费用	农机费用	纯收入	净收益率
水稻	13 818.45	517.64	2137.50	1 488.85	2 400.90	7 273.56	52.64
小麦	9 111.90	782.66	1 821.45	652.50	1 460.12	4 395.17	48.24
玉米	8 008.20	788.30	1 660.05	717.05	755.08	4 087.73	51.04
油菜	8 505.90	617.84	1 291.30	461.70	74.48	6 060.57	71.25
豆类	7 281.75	747.89	841.65	424.60	304.34	4 963.28	68.16
蔬菜	59 094.00	1 391.03	4 736.40	2 139.30	559.75	50 267.51	85.06

注:净收益率=纯收入/产值＊100%,纯收入=产值-成本

就不同农产品成本构成看(图 5-12),化肥投入在各个农产品总成本中都占有最显著比例,其次是农药、种子和农机。就农机投入看,粮食作物的农机投入明显高于经济作物,粮食作物的农业机械化程度远大于经济作物。就种子投入来看,由于稻麦的良种补贴力度较大,稻麦的种子投入明显低于其他作物。就农药投入看,水稻和蔬菜的病虫害较严重,其投入比其他作物高。

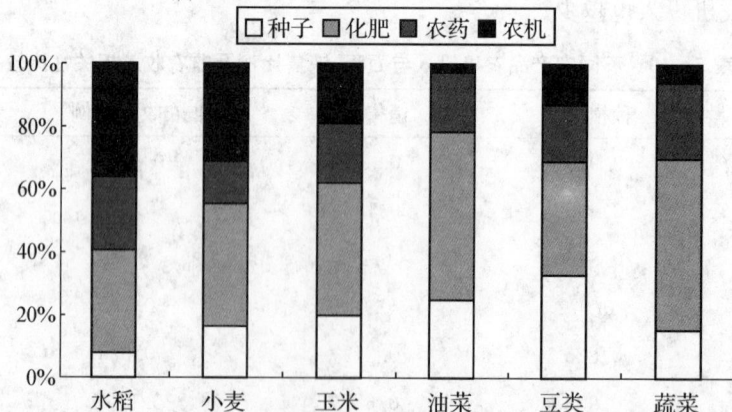

图 5-12　调查地区六类农产品成本构成比较

5.4 计量检验

根据农产品生产、销售过程中参与农资市场及劳动市场的特性,进行农产品市场化对土地产出效益的影响研究。考虑样本分布及代表性,这里选取水稻、小麦和蔬菜三类主要农产品为代表(玉米、油菜和豆类的样本量较少,且销售行为不明显),分别进行扩展 C-D 生产函数模型检验。

5.4.1 变量选择

农产品市场化对农户土地利用效益的作用过程受到来自市场主体(农户)、市场环境(生产要素)及市场行为的共同影响。投入和产出指标按照单位土地面积计算(不再引入土地投入指标)。本书围绕这三个方面进行因子选择和影响分析(表 5 - 12):

(1)要素市场特征。主要包括农资和劳动投入两个方面。种子、农药和化肥是三大基本农资要素,人工劳动和农机使用是两大基本劳动要素,这些指标分别用工时和费用表示。自给型农产品以满足家庭生活必需为目的,较少考虑成本收益率;商品型农产品以市场盈利为目的,当其农资投入上涨幅度低于种植收益增长幅度时,农户愿意继续追加投资。这与物价上升、地力下降、经营目标等有关。随着自家留种、施用农家肥等生产方式逐渐弱化,研究区域农户大都直接从市场上获取基本生产资料。

(2)市场行为特征。主要包括生产参与方式和流通销售行为两个方面。商品化、专业化及组织化等指标衡量生产经营主体参与市场的程度,农产品市场价格和农产品流通成本等指标衡量销售流通行为的实现程度。农产品商品率往往与农户收入呈正相关关系(巩前文等,2008)。农产品价格波动所带来的市场风险已经成为影响农户经营性收入的首要风险(徐欣等,2010)。

(3)市场主体特征。农户是土地利用效益的决策主体,户主教育年限及家庭收入结构用来衡量户主的知识水平和家庭农业收入依赖对土地产出的可能影响。

(4)地区变量。从地区差异来考察不同地域空间对农户土地利用效益的影响。

表 5 - 12 土地利用效益分析变量及含义

变量名称	符号	含义	变量性质
解释变量(X)			
一、生产要素投入			
1. 种子投入	seti	单位面积种子费用(元/亩)	连续变量
2. 化肥投入	ferti	单位面积化肥费用(元/亩)	连续变量
3. 农药投入	pesti	单位面积农药费用(元/亩)	连续变量
4. 劳工投入	labti	单位面积劳工数(工/亩)	连续变量
5. 农机投入	macti	单位面积农机费用(元/亩)	连续变量
二、市场行为特征			
6. 农产品商品率	sale	农产品销售产量/农产品总产量	连续变量
7. 农产品市场价格	price	农产品市场价格(元/斤)	连续变量
8. 农产品流通成本	cost	农产品流通费用(元)	连续变量
9. 是否专业化生产	speci	0=否,1=是	虚拟变量

变量名称	符号	含义	变量性质
10. 是否组织化生产	organ	0=否,1=是	虚拟变量
三、市场主体特征			
11. 户主教育年限	eduyear	户主受教育年限(年)	连续变量
12. 非农收入比例	nonincome	家庭非农收入/家庭总收入	连续变量
四、地区变量			
13. 奉贤虚拟变量	X1	奉贤,X1=1,否则,X1=0	虚拟变量
14. 常熟虚拟变量	X2	常熟,X2=1,否则,X2=0	虚拟变量
15. 宝应虚拟变量	X3	宝应,X3=1,否则,X3=0	虚拟变量
16. 江都虚拟变量	X4	江都,X4=1,否则,X4=0	虚拟变量
被解释变量(Y)			
农产品单位面积产值	output	农产品总产值/农产品播种面积(元/亩)	连续变量

就解释变量而言,多数是连续变量,并设了 2 个行为虚拟变量(专业化与组织化)和 4 个地区虚拟变量(以阜南为参照系),行为虚拟变量表示当农户符合该类行为要求时,虚拟变量为 1,不符合,则为 0;地区虚拟变量表示当样本为该地区(奉贤区、常熟市、宝应县和江都市)时,虚拟变量为 1,不是,则为 0。

就被解释变量而言,针对不同农产品分别进行扩展生产函数的计量,农产品投入和销售流通情况对应各类作物。每种农产品以实际种植户的样本量引入模型。其中水稻 575 个,小麦 622 个,蔬菜 576 个。

各解释变量与被解释变量的平均值和标准差见表 5-13。进一步对解释变量之间的相关性进行检验,得出方差膨胀因子(VIF)值介于 1.017~3.137 之间。通常,当 VIF 值≥10 时,表明变量间多重共线性比较严重,可能影响方程估计(薛薇,2010)。按照上述标准,本书选取解释变量多重共线性较弱,不影响方程估计结果。

表 5-13　土地利用效益分析主要变量的均值和标准差

变量	均值	标准差
水稻亩均种费	34.51	14.74
水稻亩均肥费	142.50	51.58
水稻亩均药费	99.26	40.87
水稻亩均劳工	11.25	6.19
水稻亩均农机	160.06	46.35
水稻商品率	0.39	0.32
水稻市场价格	0.95	0.10
水稻流通成本	3.13	31.89
小麦亩均种费	52.18	19.70
小麦亩均肥费	121.43	48.05

续表

变量	均值	标准差
小麦亩均药费	43.50	31.37
小麦亩均劳工	8.37	4.62
小麦亩均农机	97.34	23.45
小麦商品率	0.71	0.34
小麦市场价格	0.85	0.07
小麦流通成本	4.57	17.74
蔬菜亩均种费	92.74	65.64
蔬菜亩均肥费	315.76	275.15
蔬菜亩均药费	142.62	123.89
蔬菜亩均劳工	119.59	132.46
蔬菜亩均农机	37.32	59.92
蔬菜商品率	0.38	0.44
蔬菜市场价格	1.07	0.45
蔬菜流通成本	100.56	635.04
水稻亩均产值	921.23	224.00
小麦亩均产值	607.46	159.03
蔬菜亩均产值	3 939.60	3 621.22

5.4.2　模型说明

新古典增长模型认为，经济增长主要由劳动和资本两个要素内生决定，技术进步外生地发挥作用（吴玉鸣，2010）。根据研究问题的侧重点不同，林毅夫认为，可通过把某些虚拟变量引进到生产函数而获得一致的估计（Lin，1992）。不少学者在研究农户土地产出效益时，除了考虑农资、劳动、土地等各种内在要素外，还考虑政策（Fan and Pardey，1997）、气候（黎红梅等，2010）、农户特征（Moock，1981）等外在要素，并选用扩展后的多变量道格拉斯生产函数进行实证分析。参照前人研究，本书对计量检验模型的构建将基于柯布—道格拉斯生产函数（C-D 函数）的基本形式展开。

$$y = (seti)^{\alpha_1} \cdot (ferti)^{\alpha_2} \cdot (pesti)^{\alpha_3} \cdot (labti)^{\alpha_4} \cdot (macti)^{\alpha_5} \cdot$$
$$e^{\beta_0 + \beta_1(sale) + \beta_2(price) + \beta_3(\cos t) + \beta_4(speci) + \beta_5(organ) + \beta_6(eduyear) + \beta_7(nonincome) + \beta_8(region) + \mu} \tag{5-1}$$

式（5-1）中，y 表示单位面积的农产品产值，资本投入用单位面积的种子费用（$seti$）、化肥费用（$ferti$）和农药费用（$pesti$）来反映，劳动投入用单位面积的劳工数（$labti$）和农机费用（$macti$）来反映，市场行为用农产品销售率（$sale$）、市场价格（$price$）和销售费用（$\cos t$）、专业化（$speci$）与组织化（$organ$）来反映，农户特征则用户主年龄（$eduyear$）和家庭非农收入比例（$nonincome$）来反映，并考虑地区变量（$region$）。式（5-1）两边取对数，得到用于本书研究的实证模型：

$$\ln y = \alpha_0 + \alpha_1 \ln(seti) + \alpha_2 \ln(ferti) + \alpha_3 \ln(pesti) + \alpha_4 \ln(labti) + \alpha_5 \ln(macti)$$
$$+ \beta_0 + \beta_1(sale) + \beta_2(price) + \beta_3(\cos t) + \beta_4(speci) + \beta_5(organ) \tag{5-2}$$

$$+\beta_6(eduyear)+\beta_7(nonincome)+\beta_8(region)+\varepsilon$$

5.4.3 运行结果及讨论

用 Stata 11.0 的 OLS 最小二乘法对各类农产品生产函数进行回归,结果如表 5-14 所示。

表 5-14 水稻、小麦与蔬菜扩展生产函数模型结果

变量	水稻		小麦		蔬菜	
	系数	T 值	系数	T 值	系数	T 值
种子投入	−0.067 3***	−3.02	0.031 1	1.18	0.107 2***	2.89
化肥投入	−0.015 8	−0.58	0.064 7**	2.21	0.116 7***	3.11
农药投入	−0.035 0*	−1.74	−0.042 2***	−2.73	0.094 7***	2.71
劳工投入	0.042 8**	2.44	−0.012 6	−0.59	0.337 1***	12.43
农机投入	0.144 4**	2.6	−0.071 9	−1.23	0.009 9*	1.7
商品率	0.108 3***	3.12	0.140 4***	3.39	0.640 4***	4.52
市场价格	0.967 2***	9.18	1.251 1***	8.42	0.273 1***	4.49
流通成本	−0.000 1	−0.25	0.000 1	0.19	0.000 1***	3.32
是否专业化	−0.012 9	−0.46	−0.022 0	−0.56	−0.496 6***	−4.66
是否组织化	0.018 7	0.44	−0.011 9	−0.3	0.182 9**	2.6
户主文化	0.004 2	1.57	0.000 7	0.25	0.005 2	0.69
非农比例	0.016 1	0.57	−0.005 8	−0.18	−0.260 7***	−3.13
奉贤	0.231 7***	5.18	−0.045 0	−0.78	−0.204 3*	−1.94
常熟	0.200 4	1.27	0.007 1	0.04	−0.092 3	−0.59
宝应	0.302 2***	10.42	0.274 0***	7.36	0.088 4	0.88
江都	0.282 3***	9.77	0.172 7***	5.12	0.196 4**	2.03
相关检验	N=575 F=28.78 Prob>F=0.000 0		N=622 F=19.29 Prob>F=0.000 0		N=576 F=27.04 Prob>F=0.000 0	

注:*,**,*** 分别表示在 10%、5% 和 1% 的水平上统计显著

(1) 要素投入影响

种子投入对水稻产值呈显著的负效应,对小麦和蔬菜产值呈正效应。即种子费用越高,水稻产值越低,小麦和蔬菜产值越高。种子费用与种子品质呈正相关,对蔬菜产值的提升比小麦更显著。在用量和产量相对固定的前提下,根据良种补贴政策,除国家标准外,奉贤、江都等经济发达地区的地方补贴比阜南等地的补贴力度更大,稻种价格更低,但售卖价格比其他地区略高,因而显示出种子费用与水稻产值呈反比的关系。

化肥投入对麦、菜产值都呈现显著的正向影响。即化肥费用越高,麦、菜产值越高。现阶段化肥的大量投入对农作物产出仍具有明显的促进作用。需要指出的是,化肥施用对水稻的促进作用已经降低,并与地区土壤质量、化肥价格等有关系。

农药投入对稻、麦产值呈较显著的负效应,对蔬菜产值呈显著的正效应。这表明,农药费用越高,稻麦产值越低而蔬菜产值越高。农药费用与作物属性、地区环境及农户种植习惯都有关

系。不同地区的作物品种、田间管理技术有所差异,长三角地区农户兼业化显著,更倾向于多施用农药治理虫草害,而阜南等地纯农户多,更倾向于增加人工来减少虫草害;加之稻麦等粮食作物因国家实行最低保护价政策,地区售价相差不大,而蔬菜等经济作物随行就市,长三角地区物价比传统农区更高,因而显示出这样的结果。

劳工投入对稻、菜产值呈现显著的正向影响,对小麦产值呈现负向影响。即劳工数量越多,稻、菜产值越高,小麦产值越低。相对小麦而言,水稻和蔬菜因播种、治虫、灌溉等环节耗费人工劳动较多,田间管理越精细对稻、菜的产量增加越有利,而小麦这种省工型作物,劳工增加往往预示着干旱、虫害等不利情况增多,反而带来减产。

农机投入对稻、菜产值呈现显著的正效应,对小麦产值呈现负效应。即农机费用越多,稻、菜产值越高,小麦产值越低。水稻属于大田作物,机械化程度较高,而蔬菜种植达到一定规模后,农户使用机械翻耕、灌溉几率更大,农机费用的增多预示着种植规模的增加,农产品产量和产值也相应增加。对小麦影响与预期不一致。可能原因是,小麦农机费用的增长预示着灌溉、收割难度加大,从而引起小麦产量与品质的降低。

(2)市场行为影响

农产品商品率和市场价格对稻、麦、菜产值均呈现显著的正向影响。即销售比例、市场价格越高,稻、麦、菜的产值越高。农户以满足自身需求为前提,再考虑农产品的销售配额。在以稻米为主食的地区,小麦和蔬菜的销售导向更为明显。市场价格提高会大大刺激农户种植愿望,提升农产品产值和农户利润空间。销售率提高,意味着销售量和种植面积的增加,对产值提升也较为明显。另外,销售成本对蔬菜的影响比对稻麦更显著,可能原因是,稻、麦销售渠道仍以上门收购为主,仅有少数农户为了获得较高的出售价格而自行寻找市场,产生运费等成本;蔬菜则因产品上市快、市场需求变化大,不少农户会主动寻找售卖途径,产生摊位费、中介费、运费等成本。成本上升往往意味着交易量增大,当销售成本增速仍低于销售产值增速时,农户还会致力于该作物种植。

专业化和组织化行为对蔬菜产出的影响比对稻麦更显著。组织化行为对蔬菜产出呈显著的正效应。具有组织化生产行为的农户蔬菜产出较高。可能原因是,调查地区的蔬菜生产有专业合作社引领,其品质及管理水平较高,蔬菜种植收益有所上升。而专业化行为并未带来蔬菜产值的上升,这跟预期不一致。可能原因是,调查地区的蔬菜专业化生产水平较低,规模效益和集聚效益尚未显现。以常熟为例,调查村庄因生产结构调整而普遍种植蔬菜,但蔬菜品种多为大众品种,经济效益没有显著提升。

(3)市场主体影响

户主文化水平对稻、麦、菜产值都呈现正向影响。即户主文化水平越高,稻、麦、菜产值越高。人力资本提升预示着户主参与市场和农业经营能力的提高,对农产品产值的增加具有积极作用。非农收入比例对稻麦呈现正效应,对蔬菜呈现显著的负效应。即家庭非农收入比例越高,稻麦产值越高,蔬菜产值越低。非农收入增加预示着家庭人口非农就业的增多,更倾向于稻、麦这种适合机械化作业的农产品种植,而减少蔬菜这种劳动密集型作物的种植。

(4)地区差异

相对于阜南地区,奉贤、宝应和江都地区的水稻单位产值都显著高于阜南;宝应和江都地区小麦单位产值显著高于阜南;江都地区的蔬菜单位产值显著高于阜南,而奉贤地区的低于阜南。可能与地区农产品特种样本及比较优势有关。就区域农户的市场行为差异分析,与安徽传统农区相比,长三角地区农户擅长精耕细作,农产品参与市场的程度较高,稻、麦、菜产值也相对更高。奉贤蔬菜产值较低的可能原因是,该地以果、木等经济作物种植为主,蔬菜多数以自食为目的。进一步比较化肥投入及主要市场行为要素对地区的影响差异(表5-15、图5-13、图5-14)。

表5-15　不同农产品投入与市场要素地区检验结果

变量	品种	阜南	奉贤	常熟	宝应	江都
化肥	水稻	−0.013	0.034	—	−0.043	−0.104***
		(−0.16)	(0.94)		(−1.36)	(−2.96)
	小麦	0.170***	−0.004	—	−0.038*	−0.061*
		(2.99)	(−0.03)	—	(−1.68)	(−1.75)
	蔬菜	0.346**	0.343***	0.181***	0.170*	0.240***
		(2.57)	(3.82)	(2.71)	(1.84)	(2.86)
商品率	水稻	0.254**	−0.026	—	0.042	0.051
		(2.21)	(−0.40)		(1.07)	(1.57)
	小麦	0.282***	−0.316*	—	0.092	0.042
		(3.68)	(−1.72)		(1.63)	(0.85)
	蔬菜	0.665	−0.299	1.534***	1.090	0.113
		(0.81)	(−1.58)	(4.57)	(1.43)	(0.26)
价格	水稻	1.849***	0.820***	—	1.102***	1.123***
		(2.94)	(6.08)		(11.23)	(8.03)
	小麦	0.801**	−0.168	—	1.371***	1.398***
		(2.08)	(−0.25)		(11.58)	(9.1)
	蔬菜	0.978	0.779***	0.198***	−0.816	2.040***
		(0.77)	(4.11)	(3.28)	(−0.93)	(2.79)
价格	水稻	−0.009**	0.003	—	−0.000 1	0.000 3
		(−2.16)	(0.92)		(−0.61)	(0.73)
	小麦	−0.001	0.002	—	−0.000 03	−0.002**
		(−0.15)	(1.47)		(−0.08)	(−2.45)
	蔬菜	0.000 3	0.000 1*	−0.000 05	−0.002	−0.001
		(1.18)	(1.91)	(−0.38)	(−0.80)	(−0.91)

注:*,**,***分别表示在10%、5%和1%的水平上统计显著;常熟地区稻麦种植样本量过小,模型结果不显示;括号内为T统计值

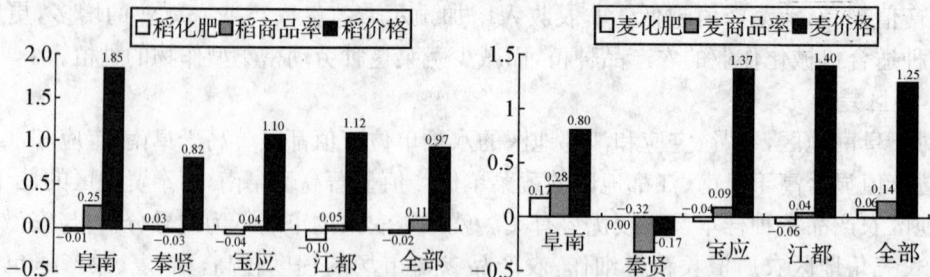

图5-13　稻麦投入及市场行为要素影响程度地区比较

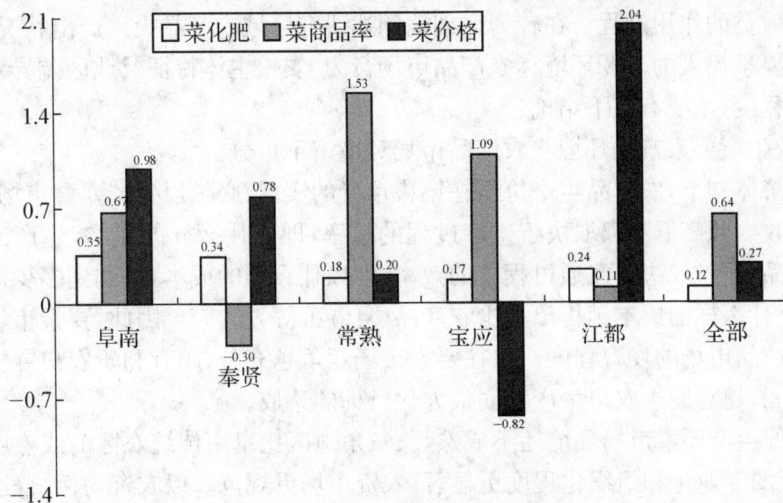

图 5 - 14　蔬菜投入及市场行为要素影响程度地区比较

就相同要素的地区影响程度比较而言,以粮食作物看,商品率要素对阜南的稻麦影响更显著;价格要素对阜南、奉贤、宝应和江都的稻麦影响都显著;化肥投入对阜南、宝应和江都的小麦影响更显著。以蔬菜产品看,商品率要素对常熟的影响更显著;价格要素对奉贤、常熟和江都的影响更显著;化肥投入对五个地区的影响都显著。

总体而言,阜南地区的化肥投入对麦、菜产值的正效应显著,商品率及市场价格对稻麦产值的正效应显著;奉贤和常熟地区的化肥投入和市场价格对蔬菜产值正效应显著;宝应和江都地区的化肥投入对稻麦产值呈现负效应,市场价格对稻麦产值正效应显著。这与作物属性、区域优势及自然经济状况有关。无论传统农区还是长三角地区,区域优势农产品种植效益对市场价格的响应更敏感,经济作物比粮食作物对化肥投入的增长更敏感。尤要指出,化肥投入对粮食作物产值的提高呈现下降趋势。

总体判断:生产要素投入的市场环境、各类市场行为及市场主体特征、地区差异等已经对不同农产品在农户家庭中的土地利用效益产生了较为显著的影响。一方面,无论稻麦表征的粮食作物还是蔬菜表征的经济作物,因其各自的生产特性,对以种子、农药、化肥等农资为代表的增产性投入和以机械化程度为代表的省工性投入响应程度不同,农资投入比劳动投入的影响更显著。化肥投入每增长 1%,小麦和蔬菜单位产值分别增长 0.06% 和 0.12%。另一方面,农产品的销售流通行为及商品化行为对粮经作物种植效益的提升都产生了显著的正向刺激作用,商品型农产品比半自给型的农产品对其响应更敏感。农产品商品率和市场价格每增长 1%,水稻单位产值分别增长 0.28% 和 1.02%;小麦单位产值分别增长 0.20% 和 1.47%;蔬菜单位产值分别增长 1.69% 和 0.26%。因调查地区普通农户专业化与组织化的水平不高,涉及范围不广,对蔬菜比对稻麦种植效益的影响更显著,尚未起到理想的带动作用。另外,市场主体特征和地区差异不容忽视。文化素质越高的农户,其农产品产值也高;非农收入比例大的农户,更倾向提升机械化程度高的农产品产值;无论传统农区或长三角地区,农资投入及产品市场行为要素对区域优势农产品种植效益的影响更显著。

5.5　小结

本章主要考察农资投入和劳动投入的市场环境以及农产品的生产、销售、流通市场行为对农户土地利用效益的作用过程。在较为详细地阐述研究区域农产品投入产出状况的基础上,进一步分析生产要素投入的市场环境和农产品市场行为、农户主体特征及地区差异对农户土地利用效益的影响程度,主要有以下结论:

第一,农业生产要素市场环境与农产品市场环境密不可分。

在市场经济体制下,农产品生产价值在销售市场的实现,必须以生产要素市场供给为前提。农户生产经营收入的高低不仅取决于生产过程的效率,即以什么样的成本,生产出多少适合市场需求的农产品,而且取决于流通过程中的效率,即以什么样的成本,采购到多少适合生产需要的农资,以及以什么样的成本销售出多少农产品(夏春玉等,2009)。因此,要素市场的发育程度直接影响着农产品市场的发育程度。往往要素市场竞争越充分,越有利于农户寻找合理的农产品成本收益区间,越有助于农户生产利润最大化目标的达成。

调查地区的生产要素市场环境还不成熟,长三角地区比阜南传统农区的成熟度略高。表现为:长三角地区的专业化和组织化程度更显著,农资市场更规范。以农资为例,普遍存在经营主体众多,价格和质量良莠不齐,技术服务体系几尽空白等问题。种子、化肥、农药等是决定农产品产量和质量的关键环节,如何让农户通过更正规、便捷的渠道获得性价比高的农资产品显得十分必要。以农机服务为例,调查当地的农机作业往往是由临近的山东省、河南省等跨区作业,增加延误农时而降低收获产量的可能性,而阜南地区很多农户仍家家户户保留拖拉机、旋耕机等,在一定程度上造成农机资源的重复和浪费。

第二,粮经农产品因投入产出特征差异对土地利用效益产生不同的影响。

根据调查地区六类主要农产品的市场化特征、成本收益比等特征,可以划分为以下自给型农产品、半自给型农产品和商品型农产品三类。

自给型农产品:以油菜和豆类为代表,具有低销售率、低投入和低产出的特点。这些本应具有较高市场价值的经济作物,在调查地区不具备比较优势,未形成专业化分工,种植规模偏小,主要满足农户自家消费需求,而未广泛地面向市场。正因其自给型的生产目的,农户往往疏于管理,投入和产出呈现"望天收"的自然状态。

半自给型农产品:以水稻和玉米为代表,具有中等销售率、高投入和高产出的特点。水稻是调查地区农户的基本口粮(阜南除外),玉米也是主要的饲料作物,这两种作物因地域适宜性,正常年景下产量比其他地区相对要高。这种农产品在基于满足自家消费需求之外,剩余产品主要面向市场。正因其半自给半商品型的生产目的,再加上比较耗费劳工、生产投入较大,除口粮保证外,用于销售的部分往往成为农户种植变动较大的调剂部分。当劳动力充足、农业收入依赖增大时,农户会增加种植面积,较多关注田间管理,以增加产出效益;当劳动力不足、非农收入依赖增大时,农户往往缩减种植面积,减少田间管理。

商品型农产品:以小麦和蔬菜为代表,具有高销售率、高投入和高产出的特点。就小麦看,除适当调剂口粮外,主要以销售为生产目的。又因其省工性的特点,在家庭非农收入比例越来越高的农户中,该种农产品是增加农业收入的首要选择。以蔬菜看,它除了是家中必备的食品外,由于其利润空间较大,但耗费劳动的特性,只要有市场需求和必要的劳力与土地,更倾向于增加蔬菜的产出效益。当其仅为满足自家需要时,农户往往显著减少农业投入和田间管理;当其以销售为主要目的时,为了追求产量和利润,往往加大农业投入和田间管理,同时带来的结果是,明显减少其他作物的种植,种植结构呈现一元化特点。

第三,五个地区因行政干预重点差异对土地利用效益产生不同的影响。

我国市场经济体制在运行伊始,就带有显著的行政干预色彩。政府的宏观调控在市场化的进程中发挥着重要的推动作用。实现有限而良治的政府是农产品市场化进程中不可或缺的内

容。根据各地行政干预的重点不同,可划分为四种类型:

财政补贴型:以奉贤地区为代表,市场秩序整体稳定。地区经济实力比较雄厚,市、镇、村三级财政对农资的补贴力度较大,农产品市场价格较高,同类作物比其他地区的成本收益率高。因非农就业机会较多,农业劳动力成本较高,务农人员以老年和妇女为主力,倾向于省工型和经济价值高的农产品。化肥投入和市场价格对地区蔬菜产值的正效应显著。

技术推广型:以常熟地区为代表,专业化市场已见雏形。以村集体为单位的行政力量通过组建专业合作社的形式致力于优势农产品生产技术的提高和改进,以确保产量和质量的稳步提升,从而增强农产品的市场竞争力。不少蔬菜村在推广蔬菜大棚、喷滴灌等技术,形成高投入高产出的种植格局。化肥投入和市场价格对地区蔬菜产值的正效应显著。

组织强化型:以宝应和江都地区为代表,市场组织化和规范化较强。当地的农资公司运作比较规范,为农户的农资购买提供便利。同时,不少村集体尝试“公司＋农户”、“合作社＋农户”的新型生产组织形式,通过对地区优势作物的组织化经营,以期推动农产品市场的发育完善,提高农户种植效益。市场价格对地区稻麦产值的正效应显著。

公共服务型:以阜南地区为代表,农村市场化水平较低,当地以县乡两级政府为主体,注重地区基础设施的建设,包括兴办集市、土地平整等工程,致力于农村生产生活条件的改善。农产品和农资市场价格波动较大,同类作物比其他地区的成本收益率较低。专业化、组织化生产模式尚未获得足够重视。商品率及市场价格对地区稻麦产值的正效应显著。

第四,农户投入产出决策对土地可持续利用产生综合影响。

就调查地区分析,当前农户为提高土地产出更重视种子、化肥、农药等农资的增产性投入。计量检验结果表明,这三种农资的持续投入在现阶段还能促进土地产出的增长,这也是农户热衷于增产性投入的根本原因。但是,农资的持续增长,也同样发出了种质资源不过关、土壤地力下降、病虫害增多等环境不良信号,并可能带来各种污染物残留等危害食品健康的问题。尤其农技推广体系几乎处于真空,农户在购买种子、施用化肥及农药的过程中,缺乏专门技术人员的指导,基本上属于“自学、自干”的状态,不仅不利于农产品产量和品质的提高,而且可能对土地的可持续利用产生不利影响。一般而言,依赖农业收入的家庭更重视增产性资本和劳动的投入,依赖非农收入的家庭更重视省工性资本的投入,并减少劳动投入,为追求家庭收入的最大化,农户往往在这两种投入之间进行博弈,以求得最佳效果。

模型检验证明,农户的科学素养和参与市场能力有助于提高农产品的产出。农户是土地可持续利用的决策者和实践者,必须具有长远的眼光,文化水平较高的农户能够对投入产品的质量鉴定、数量与规模配比等方面进行衡量,并能较快地运用先进的生产方式、获得丰富的市场信息,等等,既有助于整个农村市场化的发展,也有助于土地可持续利用的实现。对于农户人力资本的投资和改善十分重要。

由于上述结论主要是通过对调查地区当年问卷访谈的方式获得的,农户对于问题的理解与回答,调查员对于数据的处理与录入等有可能带来研究结果的偏差。调查地区的专业化和组织化水平普遍较低,对于“普通小农”的影响尚不深刻,具有真正意义上的规模和专业经营农户其市场行为与土地利用效益之间的关系有待进一步深入研究。另外,本章在考察农产品利润率的环节,没有引入劳工投入或者劳动工资的内容,一则因计量单位不统一,二则尚未进行农户劳动力市场的深入观察,尤其对农户劳动投入由工时到工资的货币转化有待进一步研究。农资投入对于土地可持续利用的影响也值得深入研究。

6 农产品市场化对农户土地流转行为的影响

在市场经济体制下,为获得家庭效用最大化,农户将有计划地安排农业和非农业的收入比例及劳动投入。当以非农业为主要来源时,农户将考虑减少农业种植规模及相应投入;当以农业为主要来源时,农户将考虑扩大农业种植规模、经营品种、销售比例及相应投入。一方面,土地规模的扩大,农产品产量将随之增加,农户参与市场的机会可能更大;另一方面,以农产品销售为目的的农业生产行为,有扩大生产规模的需求,以减少单位面积的生产经营成本,获得更好的社会化服务(王文军,2010)。本章基于农产品市场化与农业规模经济关联的角度,着重围绕土地流转特征以及农产品销售流通的市场行为两个方面,兼顾考虑市场主体特征、地区差异的影响,研究农产品市场化与土地流转行为之间的关系。土地流转市场是农产品生产要素市场环境的重要组成部分,而土地流转行为又是农户土地利用变化的重要表现形式。与前文一致的影响要素本章不再赘述(如市场主体特征、市场行为特征等)。以流转户为研究对象,重点以耕地类别进行计量检验。其中,调查地区发生土地流转的农户有 410 户,发生耕地流转的农户有 385 户。

6.1 农产品市场化对土地流转规模的影响

在调查的 1 058 户农户中,2009 年发生土地流转的共有 410 户(表 6-1)。流入的有 111 户,流出的有 305 户,既发生流入又发生流出的有 6 户,分别占总户数的 10.49%、28.83% 和 0.57%。当年共涉及土地流转面积 152.07 公顷,其中,流入土地面积 63.90 公顷,流出土地面积 88.17 公顷,分别占流转总面积的 42.02% 和 57.98%。就地区差异看,各地区流转面积占总流转面积的比例由高到低为:宝应 46.25%>江都 19.37%>奉贤 13.82>阜南 12.83%>常熟 7.73%。宝应、江都地区以村集体为主导的土地流转规模比其他地区自发流转的规模大。

表 6-1 调查地区土地流转情况(公顷、户)

地区	流转面积	流转户	流入面积	流入户	流出面积	流出户
阜南	19.51	70	15.01	48	4.50	22
奉贤	21.02	104	1.40	2	19.62	102
常熟	11.75	62	4.02	23	7.74	39
宝应	70.33	123	36.97	23	33.35	100
江都	29.46	57	6.50	15	22.96	42
合计	152.07	416	63.90	111	88.17	305

6.1.1 土地流转类型

从土地流转类型看,主要有水田、旱地、林地和鱼塘四类(图 6-1)。这四种地类的流转面积分别为 84.14 公顷,22.20 公顷、2.23 公顷、43.05 公顷,水田流转超过总面积的一半。分地类看,水田流转以宝应地区最多,有 43.10 公顷,约占水田流转总面积的 51.22%;旱地流转以阜南地区最多,有 10.87 公顷,约占旱地流转总面积的 48.96%;林地流转以江都地区最多,有 1.67 公顷,约占林地流转总面积的 74.89%;鱼塘流转以宝应地区最多,有 26.33 公顷,约占鱼塘流转总面积的 61.16%。这与地区自然条件、资源禀赋及农户生产习惯有关。

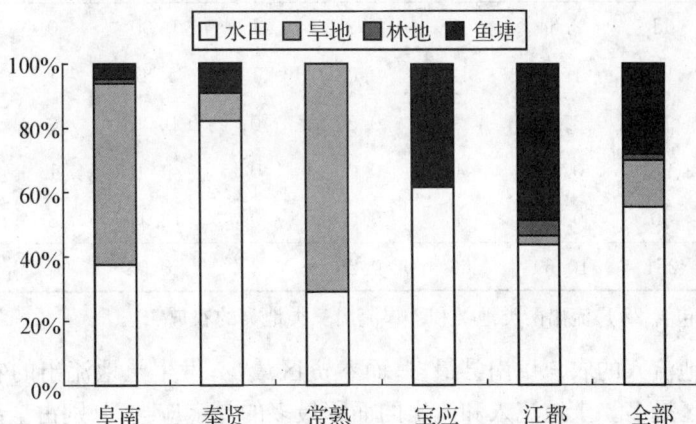

图 6-1　调查地区流转地类面积比较

在流入土地中(表 6-2),流入一类地类的有 104 户,流入两类地类的有 7 户。水田、旱地、林地、鱼塘的面积分别占总流入面积的 39.03%、18.01%、3.11% 和 39.85%。就地区差异看,阜南县和常熟市以旱地为主,分别占当地流入土地总面积的 54.84% 和 76.76%,奉贤区和江都市以水田为主,分别占当地流入土地总面积的 100% 和 38.56%,宝应县则以鱼塘居多,占当地流入土地总面积的 60.40%。

表 6-2　调查地区流入土地面积及户数分布(公顷、户)

地区	水田		旱地		林地		鱼塘		地区小计	
	面积	户	面积	户	面积	户	面积	户	面积	户
阜南	5.73	24	8.23	27	0.05	1	1.00	2	15.01	54
奉贤	1.40	2	0	0	0	0	0	0	1.40	2
常熟	0.93	7	3.08	16	0	0	0	0	4.02	23
宝应	14.37	18	0	0	0.27	1	22.33	4	36.97	23
江都	2.51	7	0.19	4	1.67	2	2.13	3	6.50	16
全部	24.94	58	11.51	47	1.99	4	25.47	9	63.90	118

注:总流入 118 户中,包含 7 户流入两类地类的农户

在流出土地中(表 6-3),流出一类地类的有 282 户,流出两类地类的有 22 户,流出三类地类的有 1 户。水田、旱地、林地、鱼塘的面积分别占总流出面积的 67.14%、12.13%、0.28% 和 20.45%。阜南县和常熟市以旱地为主,分别占地区流出土地总面积的 58.74% 和 67.48%;奉贤区和宝应县以水田为主,分别占地区流出土地总面积的 81.38% 和 86.15%,江都市则以鱼塘居多,占地区流入土地总面积的 52.99%。

表 6 - 3　调查地区流出土地面积及户数分布(公顷、户)

地区	水田		旱地		林地		鱼塘		地区小计	
	面积	户	面积	户	面积	户	面积	户	面积	户
阜南	1.64	11	2.64	17	0.21	1	0.00	0	4.50	29
奉贤	15.96	93	1.75	12	0.03	1	1.87	1	19.62	107
常熟	2.52	11	5.22	29	0.00	0	0.00	0	7.74	40
宝应	28.73	96	0.62	4	0.00	0	4.00	1	33.35	101
江都	10.34	40	0.45	4	0.00	0	12.17	8	22.96	52
全部	59.20	251	10.69	66	0.25	2	18.03	10	88.17	329

注:总流入 329 户中,包含 22 户流出两类地类和 1 户流出三类地类的农户

　　总体来看,土地流入的农户阜南县最多,而奉贤区最少;发生土地流出的农户正好相反,阜南县最少,而奉贤区最多。土地流入和流出的面积最多的是宝应县,分别占全部面积的57.86%和37.83%;土地流入面积最少的是奉贤区,约占全部流入面积的2.19%,土地流出最少的是阜南县,约占全部流出面积的5.10%。可能原因是,奉贤地区农户非农就业机会多,家庭成员对土地的依赖减少,更愿意流出土地;而宝应、阜南地区农户对农业收入的依赖更大,更倾向流入土地扩展生产规模。

6.1.2　农产品市场化与土地流转规模的关系

　　运用皮尔逊相关分析(表 6 - 4),分别考察流入、流出土地与家庭非农收入比例、种植多样化指数与农产品销售率之间的关系。

表 6 - 4　土地流转与收入、农产品之间的关系

指标	非农收入比例	种植多样化指数	农产品销售率
流入土地面积	−0.137**	0.076*	0.060
流出土地面积	0.089**	−0.128**	−0.066*

注:**,*分别表示在1%和5%水平上通过检验

　　就流入土地面积看,与非农收入比例呈较显著的负相关关系。非农收入比例低,预示着家庭收入来源以农业为主,农户更关注农业生产,为提高农业生产效益,扩大生产规模的可能性就更大。与种植多样化指数和农产品销售率呈正相关关系。家庭更注重农业多元化结构和农产品销售时,农户将更倾向于扩大农业种植规模。

　　就流出土地面积看,与非农收入比例呈较显著的正相关关系。非农收入比例高,预示着家庭收入来源以非农为主,离农离土的意识更强,更希望土地面积缩小。与种植多样化指数和农产品销售率呈较显著的负相关关系。家庭离农倾向严重时,农业种植往往倾向一元化,并以满足自身需要为前提,也更倾向于减少土地经营。

6.2　农产品市场化对土地流转方式的影响

　　就土地流转方式看,主要有出租和委托代耕两种形式。多数以出租形式进行土地流转,在家属亲戚之间多进行委托代耕的方式。其中,鱼塘流转涉及农户少,但户均流转面积较大,相对

而言,旱地流转涉及农户多,但户均流转面积较小。农户更倾向通过有偿流转土地的方式,改善生产面貌。

6.2.1　流入土地流转方式

从流入土地看(表6-5),出租土地面积占全部流入面积的87.64%,委托代耕占12.36%。在出租地类中,水田、旱地、林地和鱼塘分别占出租总面积的37.58%、13.50%、3.45%、45.47%。在委托代耕地类中,水田、旱地、林地和鱼塘分别占代耕总面积的49.30%、50.02%、0.68%和0。可能原因是,水田和鱼塘的利用多以销售性农产品为主,经济价值较高,流入方更多通过出租的形式,提供给流出方相应经济补偿的形式获得,尤以鱼塘明显。而水田和旱地的利用以种植口粮农产品为主时,流入方则更多通过委托代耕,不支出现金补偿的形式获得。

表6-5　调查地区流入土地流转方式规模比较(公顷)

地区	水田		旱地		林地		鱼塘		地区总计	
	出租	代耕	出租	代耕	出租	代耕	出租	代耕	出租	代耕
阜南	3.13	2.59	5.45	2.79	0	0.05	1.00	0	9.58	5.43
奉贤	1.40	0	0	0	0	0	0	0	1.40	0
常熟	0.70	0.23	1.99	1.10	0	0	0	0	2.69	1.33
宝应	13.31	1.07	0	0	0.27	0	22.33	0	35.91	1.07
江都	2.51	0	0.13	0.07	1.67	0	2.13	0	6.43	0.07
全部	21.05	3.89	7.56	3.95	1.93	0.05	25.47	0	56.01	7.90

就地区差异看,阜南和常熟地区委托代耕的比例比其他地区大,主要集中在旱地,旱地的质量相对不高,农户更愿意无偿耕种。宝应和江都地区的各地类以出租形式占绝对优势,并涉及流转地类较多,当地土地流转以村集体主导,形式更加规范;奉贤地区则呈现水田出租的单一化形式,当地农户流入土地的积极性不高。

6.2.2　流出土地流转方式

从流出土地看(表6-6),流转方式更多样。除出租和委托代耕外,有土地入股和国家征收、赠予等形式。国家征收土地类型,属于土地所有权转让的范畴,不属于严格意义上的土地流转,这里暂计入,以作对比分析。其中,出租土地面积占全部流出面积的78.46%,委托代耕占6.70%、土地入股占11.11%、征收占3.73%。

表6-6　调查地区流出土地流转方式规模比较(公顷)

地类	方式	阜南	奉贤	常熟	宝应	江都	全部
水田	出租	1.05	15.21	0.31	28.38	1.05	46.00
	委托代耕	0.59	0.20	0.42	0.35	0.52	2.08
	入股	0	0	0	0	8.77	8.77
	征收	0	0.55	1.79	0	0	2.34

续表

地类	方式	阜南	奉贤	常熟	宝应	江都	全部
旱地	出租	1.23	1.02	3.05	0.62	0	5.92
	委托代耕	1.17	0.22	2.17	0	0	3.56
	入股	0	0	0	0	0.45	0.45
	征收	0.25	0.51	0	0	0	0.76
林地	出租	0.21	0	0	0	0	0.21
	征收	0	0.03	0	0	0	0.03
鱼塘	出租	0	1.87	0	0	12.03	13.90
	赠予	0	0	0	4.00	0	4.00
	入股	0	0	0	0	0.13	0.13
地区总计	出租	2.49	18.10	3.35	29.00	13.09	66.03
	委托代耕	1.76	0.42	2.59	0.35	0.52	5.64
	入股	0	0	0	0	9.35	9.35
	征收	0.25	1.10	1.79	0	0	3.14

在出租地类中,水田、旱地、林地和鱼塘分别占出租总面积的69.67%、8.96%、0.32%和21.05%;在委托代耕地类中,水田和旱地分别占代耕总面积的36.92%和63.08%;在入股地类中,水田、旱地和鱼塘分别占入股总面积的93.73%、4.85%和1.43%;在征收地类中,水田、旱地和林地分别占征收总面积的74.70%、24.24%和1.06%。以水田和旱地为代表的耕地地类涉及流出方式最多,耕地是流出的主要土地类型。经济价值高的土地更倾向以有偿方式流出。

就地区差异看,土地征收主要出现在常熟和奉贤地区,这些地区随着工业化、城市化的进程,农村土地转为建设用地的可能性较大;土地入股主要出现在江都地区,是因为渌洋湖村组建了土地股份合作社。各个地区仍以出租为主要流转形式,阜南和常熟地区的委托代耕面积较大,主要集中在旱地上,农户因年老、缺少劳动力等原因,愿意将经济效益较低的土地无偿转让。

6.2.3 农产品市场化与土地流转方式的关系

从图6-2看出,根据流入、流出土地的不同流转方式规模,结合地区发展差异,可以将调查地区分为三类:

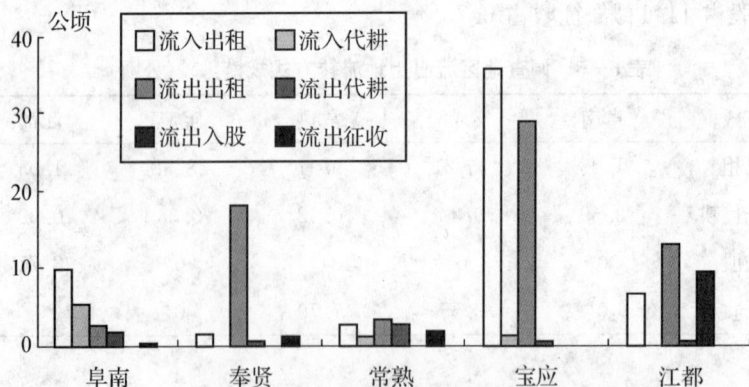

图6-2 调查地区不同流转方式面积比较

流入流出型地区:以宝应和江都地区为代表,土地流入流出市场需求大,农业生产规模和方式发生快速变革。该地区土地流转频率高,流转规模大,流入流出频繁,涉及多种土地流转方式,包括土地入股等新型合作组织正在兴起,代耕等经济效益低的流转方式比例较低。农产品的种植结构多样化指数较高,宝应和江都分别为 0.39 和 0.46;其相应的户均农产品销售比例也较高,宝应和江都分别为 0.64 和 0.46。这些地区的种养专业户也较多,种养规模较大,农产品市场化参与程度较高。

流入型地区:以阜南地区为代表,土地流入市场需求大,农业生产规模扩大趋势明显。该地区为传统农区,非农就业机会成本较高,家庭劳动力对土地的依赖程度较高,土地的生存保障功能较强。大家庭之间内部的土地代耕转移发生频繁,土地流转的规范化和市场化进程较慢,多为口头协议,无偿耕种。其农产品种植结构的多样化指数较高为 0.44,户均农产品销售比例为 0.50,该地区农户的农产品市场参与意识有待提高。

流出型地区:以奉贤和常熟地区为代表,土地流出市场需求大,农业专业化生产趋势明显,农产品市场化程度较高。这些地区或临近大城市或在工业园区附近,受城市化和工业化的影响显著,非农就业机会成本较低,家庭劳动力离农倾向较高,流出土地征收的频率最高。因农产品的专业市场需求大,土地初步形成专业化分工,以城郊农业或者经济效益高的作物种植为主,农产品种植结构的多样化指数较低,奉贤和常熟分别为 0.26 和 0.01。常熟地区户均农产品销售比例最高,为 0.83,奉贤地区较低为 0.27,可能原因是户均土地面积小,计入的六种常规作物销售比例不高,另外,其地区种植的花卉、瓜果等高收益农产品未计入。

6.3 农产品市场化对土地流转费用的影响

土地流转费用既能体现土地的资本价值,又能为流入、流出双方提供经济担保,增加农户收入,是推动土地流转的主要动因之一。

6.3.1 土地流转费用

从土地流转的单位面积租金看(表 6-7),2009 年调查地区产生土地流转租金的流转户约占总流转户的 84.15%,绝大多数农户实现了有偿流转。其中,产生土地流入租金的流入户约占总流入户的 65.77%,流入租金户均为 4 378.80 元/公顷;产生土地流出租金的流出户约占总流出户的 90.49%,流出租金户均为 10 908.15 元/公顷。单位面积土地流出租金是流入租金的 2.5 倍左右,产生流出租金的农户比例也比产生流入租金的农户高得多。流出农户更注重土地经济价值的实现,流入农户则更希望以低廉的成本获得土地。

表 6-7 调查地区土地流转单位面积租金比较[元/(公顷·年)]

地区	流入		流出	
	租金	户	租金	户
阜南	3 697.80	23	5 509.95	15
奉贤	9 000.00	2	13 965.75	98
常熟	4 017.90	14	11 127.75	27
宝应	4 537.50	20	9 475.95	96
江都	4 971.45	14	8 730.00	40

地区	流入		流出	
	租金	户	租金	户
全部	4 378.80	73	10 908.15	276

注:流转户中包括既流入又流出的4户

就地区差异看,奉贤地区的土地流入租金最高,每年为9 000元/公顷,当地流入户都以有偿形式支付租金;常熟和阜南地区的土地流入租金偏低,分别为4 017.90元/公顷和3 697.80元/公顷,分别有60.87%和47.92%的流入户获得租金;宝应和江都地区居中,分别为4 537.50元/公顷和4 971.45元/公顷,分别有86.96%和93.33%的流入户获得租金。流出租金则以奉贤和常熟为最高,分别为13 965.75元/公顷和11 127.75元/公顷,分别有96.08%和69.23%的流出户获得租金;阜南最低为5 509.95元/公顷,有68.18%的农户获得租金;宝应和江都地区居中,分别为9 475.95元/公顷和8 730.00元/公顷,分别有96.00%和95.24%的流出户获得租金。

形成地区差异的可能原因,一方面,这是地区经济水平差异在土地流转市场上的反映,是劳动力成本、土地成本、农产品成本等的综合结果;另一方面,这是流转方式差异在土地流转价格上的反映。阜南和常熟地区委托代耕流转方式的比例高,导致平均流转租金偏低;而奉贤、江都等地的征收、入股等流转方式较多,导致平均流转租金偏高。另外,常熟征收流出方式比例较高,导致平均流出租金偏高。

从土地流转的总费用看,2009年调查地区土地流入户均总费用为3 582.30元/年,流出户均总费用为2 803.40元/年(图6-3)。就流入费用看,奉贤和宝应地区最高,流出费用则以奉贤和江都地区最高。土地流转费用是农户财产性收入的重要来源之一。这不仅与土地流转规模、流转方式等密切相关,也是地区劳动力市场和经济水平差异的反映。

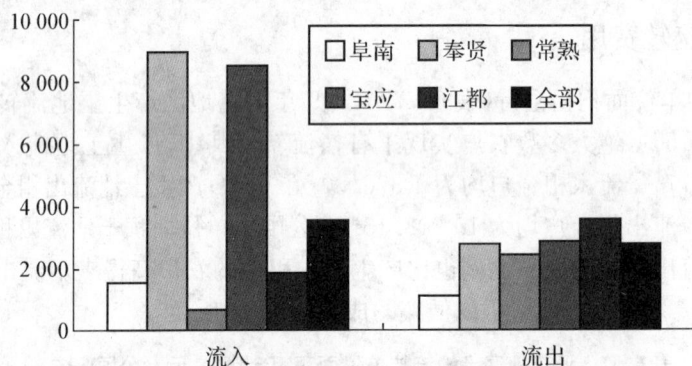

图6-3　调查地区土地流转总费用比较

就地类差异看,在流入土地中,鱼塘和水田租金水平较高,分别为每年5 966.70元/公顷和4 368.75元/公顷;在流出土地中,水田和旱地租金水平较高,分别为每年10 956.15元/公顷和10 602.15元/公顷(表6-8)。经济价值高的土地,其租金价格也高,另外,在流出土地中,水田和旱地涉及征收的方式,这种土地所有权改变所引起的土地补偿费用明显比经营权改变引起的土地流转费用要高。

表6-8 调查地区不同地类流转租金比较[元/(公顷·年)]

地区	流入		流出	
	租金	户	租金	户
水田	4 368.75	40	10 956.15	240
旱地	3 842.25	26	10 602.15	47
林地	2 149.95	3	7 500.00	2
鱼塘	5 966.70	9	8 833.35	9

6.3.2 农产品市场化与土地流转租金的关系

土地流转租金是土地流转效益的直接体现。运用皮尔逊相关分析检验(表6-9),土地租金与家庭非农收入比例、种植多样化指数、农产品销售率及农产品销售价格之间的关系,进一步分析土地流转市场与农产品市场之间的关系。

表6-9 土地租金与收入、农产品销售之间的关系

类别	流入土地租金	流出土地租金
非农收入比例	−0.122**	0.239**
种植多样化指数	0.056	−0.317**
农产品销售率	0.129**	−0.271**
农产品销售价格	0.038	−0.210**

注:**表示在1%水平上通过检验

就流入土地租金看,与非农收入比例呈较显著的负相关关系。非农收入比例低,意味着家庭流入土地、扩大农业生产的可能性较大,在土地流入上付出的费用就越高。与种植多样化指数呈正相关关系。家庭种植结构越复杂,流入土地的需求就越大,相应成本也越高。与农产品销售率和农产品销售价格成正相关关系。农产品销售比例越大,市场价格越高,对农户的农业生产积极性激励越大,则更倾向于流入土地。

就流出土地租金看,与非农收入比例呈较显著的正相关关系。非农收入比例高,意味着家庭流出土地、减少农业生产的可能性较大,在土地流出上获得的收益就越高。与种植多样化指数呈较显著的负相关关系。家庭种植结构越简单,流出土地的可能性就越大,相应收益也越高。与农产品销售率和农产品销售价格成较显著的负相关关系。农产品销售比例越小,市场价格越低,农户的离农倾向越显著,加剧了土地的流出及相应费用的产生。

6.3.3 土地流转支付方式

调查地区土地流转的支付方式以现金为主,农户更倾向于这种看得见的实惠;当农户承包土地全部失去而仍住在农村时,有一些采取"农产品+现金"的支付方式,采用农产品的传统支付方式主要发生在家庭或熟人内部。

从流入土地看,农产品、现金和"农产品+现金"三种支付方式分别占全部支付农户的20.25%、74.68%和5.06%,现金支付方式是首选。以农产品作为支付方式主要发生在阜南和宝应地区,当地以口头协议和支付口粮的形式较多,土地流入市场有待进一步规范。就各种地

类看(图6-4),经济效益高的土地更倾向于现金支付方式。

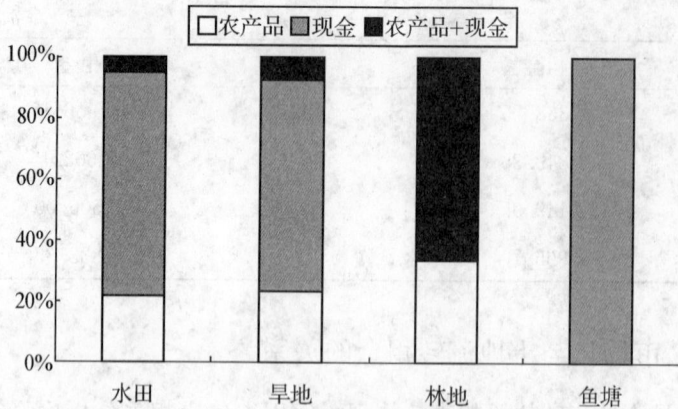

图6-4　调查地区不同地类土地流入支付方式比较

从流出土地看,农产品、现金和"农产品＋现金"三种支付方式分别占全部支付农户的6.62%、80.13%和13.25%,现金支付方式居主导。以"农产品＋现金"作为支付方式主要发生在江都地区,当地组建的土地股份合作社以这种形式作为保障农民口粮和土地效益的基本方式。就各种地类看(图6-5),流出农户更倾向于以现金的方式来获得土地流转的效益。

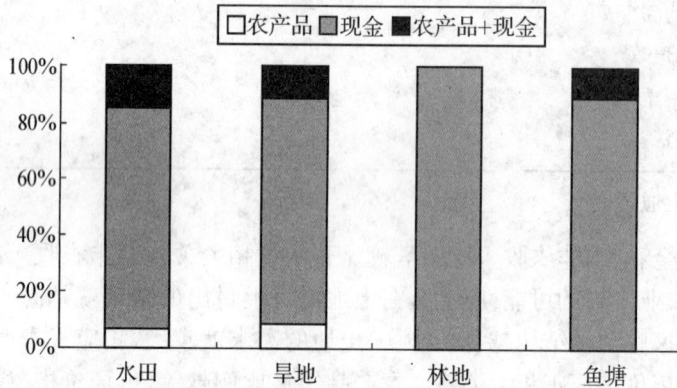

图6-5　调查地区不同地类土地流出支付方式比较

在调查访谈中发现,农户对土地流转效益还有更高的期待。他们普遍认为目前土地流转费用较低,在农村社会保障尚未健全的前提下,绝大多数农户难以做出彻底放弃土地的决定。而长三角地区"离土不离农"、"进厂不进城"的劳动转移方式对于农户的土地流转也产生一定的限制作用。在农产品市场化进程中,当农业生产的市场效应还未真正实现价值决定价格,并大幅提高农业生产效益时,较难激发农户投入农业生产、扩大土地规模的积极性。

6.4　1996年以来农户土地用途变更概况

农户土地用途变更是长期而渐进的过程。此次调查中设置专项表格,记录农户1996年以来的土地利用变化状况(表6-10)。土地用途变更类型主要有:一是农转非,即农用地转变为非农建设用地;二是农用地二级地类之间的转换,即耕地转变为养殖水面、林地、园地等;三是同一地类种植作物的改变,即水田转变为菜地、水稻改种旱稻,或者花生改种油菜等。

表6-10　1996年以来调查农户土地用途变更情况(户、%)

地区	村庄	无变化户	变化户			
			自主	比例	被动	比例
阜南县	万沟村	76	10	71.43	4	28.57
	范庄村	81	4	100.00	0	0.00
	鞠郢村	90	3	75.00	1	25.00
	地区	247	17	77.27	5	22.73
奉贤区	沈陆村	66	9	52.94	8	47.06
	元通村	29	14	73.68	5	26.32
	梅园村	55	11	31.43	24	68.57
	地区	150	34	47.89	37	52.11
常熟市	白莲村	37	1	4.76	20	95.24
	北港村	55	1	12.50	7	87.50
	东盾村	53	4	50.00	4	50.00
	地区	145	6	16.22	31	83.78
宝应县	新荡村	44	7	26.92	19	73.08
	北河村	54	1	7.69	12	92.31
	四联村	52	3	33.33	6	66.67
	地区	150	11	22.92	37	77.08
江都市	新杭村	56	4	50.00	4	50.00
	蒲塘村	55	5	71.43	2	28.57
	渌洋湖村	20	1	5.56	17	94.44
	红岭村	23	1	100.00	0	0.00
	地区	154	11	32.35	23	67.65
合计		846	79	37.26	133	62.74

　　在调查的1 058户农户中,14年来发生土地用途变化的有212户,占调查总户数的20%。变化发生的频率基本呈现由南向北递减的态势,地区土地变更的户数比例依次为:奉贤区32.13%>宝应县24.24%>常熟市20.33%>江都市18.09%>阜南县8.18%。土地利用变化较大的地区往往是大城市郊区、工业化进程较快以及农业结构调整剧烈的地区。

　　就土地变更的原因来看,因国家、集体推动的变化占据主导地位,约占62.74%,农户根据自身需要变更种植结构或土地用途的行为约占37.26%。以奉贤、常熟、宝应和江都为代表的长三角地区,发生变化的农户多数是从种植粮食改种蔬菜、果木等经济作物,或者国家征用为建设用地。随着城市人口和工业人口的增加,对蔬菜、果木等农副产品的需求不断增长,乡镇政府倡导当地发展特色高效农产品;同时,由于城市格局扩展和工业园区扩大,占地发展的需要;加之农户自身逐利和模仿行为,经济效益驱动也带来了土地用途的变更。而传统的阜南地区,农转非发生的仅3例,绝大多数是由于耕地地力的变化,农户自主做出对于种植作物的改变。

6.5 计量检验

根据流转地类的分布及代表性,这里选取水田和旱地为主体的耕地流转作为研究对象,并且不考虑耕地征收的样本,进行 Heckman 两步法计量检验。

6.5.1 变量选择

根据土地流转市场与农产品市场之间的关联性,这里综合考虑市场主体、市场环境及市场行为特征等相关因素,进行农产品市场化对农户土地流转行为的影响研究。基于以上考虑,建立影响土地流转的变量框架(表 6 - 11)。

(1)市场主体特征。包括户主和家庭两个方面。户主是农户进行农业生产经营的关键决策者,家庭是农户从事农业生产经营的基本单元。户主特征选择年龄、文化水平等指标,家庭特征选择务农劳力、非农收入占总收入比例等指标。

(2)市场环境特征。包括主客观条件两个方面。客观条件选取耕地面积、块均耕地面积等指标。主观条件选取土地流转租金指标。土地资源是农户进行农业生产的基本生产资料,土地流转市场也是与农产品密切相关的生产要素市场,从土地原始规模、细碎化程度、土地流转市场发育程度等方面来考察资源禀赋对农户土地流转行为的影响。

(3)市场行为特征。包括生产参与方式和销售流通行为两个方面。商品化、专业化及组织化等指标衡量生产经营主体参与市场的方式,农产品销售价格、流通渠道和流通成本等指标衡量销售流通行为的实现程度。

(4)地区变量。从地区差异来考察不同地域空间对农户土地流转行为的影响。

表 6 - 11　土地流转分析变量及含义

变量名称	符号	含义	变量性质
解释变量(X)			
一、市场主体特征			
1. 户主年龄	age	户主年龄(岁)	连续变量
2. 户主受教育年限	eduyear	户主受教育年数(年)	连续变量
3. 务农劳动力	flabor	家庭务农劳动人口(人)	连续变量
4. 非农收入水平	nonincome	家庭非农收入/家庭总收入	连续变量
二、市场环境特征			
5. 耕地面积	arable	家庭经营耕地面积总量(亩)	连续变量
6. 块均耕地面积	parable	耕地面积/地块数(亩/块)	连续变量
7. 土地流转租金	rent	单位面积土地流转费用(元/亩)	连续变量
三、市场行为特征			
8. 农产品商品率	sale	农产品销售产量/农产品总产量	连续变量
9. 农产品销售价格	price	农产品销售价格(元/斤)	连续变量
10. 农产品流通成本	cost	农产品销售费用(元)	连续变量

变量名称	符号	含义	变量性质
11. 是否专业化生产	specialization	0＝否,1＝是	虚拟变量
12. 是否组织化生产	organization	0＝否,1＝是	虚拟变量
四、地区变量			
13. 奉贤虚拟变量	X1	奉贤,X1＝1,否则,X1＝0	虚拟变量
14. 常熟虚拟变量	X2	常熟,X2＝1,否则,X2＝0	虚拟变量
15. 宝应虚拟变量	X3	宝应,X3＝1,否则,X3＝0	虚拟变量
16. 江都虚拟变量	X4	江都,X4＝1,否则,X4＝0	虚拟变量
被解释变量(Y)			
是否流转耕地	Y	发生流转＝1,没有流转＝0	虚拟变量
耕地净流入规模	S1	净流入耕地面积(亩)	连续变量
耕地净流出规模	S2	净流出耕地面积(亩)	连续变量

就解释变量而言,多数是连续变量,并设了 2 个行为虚拟变量(专业化与组织化)和 4 个地区虚拟变量(以阜南为参照系),行为虚拟变量表示当农户符合该类行为要求时,虚拟变量为 1,不符合,则为 0;地区虚拟变量表示当样本为该地区(奉贤区、常熟市、宝应县和江都市)时,虚拟变量为 1,不是,则为 0。土地流转租金分别对应土地流入租金和土地流出租金两个变量。这里的农产品销售情况详见第四章计算过程(主要采用水稻、小麦、玉米、油菜、豆类和蔬菜六类家庭主要作物赋权后的合成指标)。

就被解释变量而言,首先将 1 058 户全体农户样本引入,判断农户是否发生土地流转,发生流转的农户进入第二个阶段判断其净流入或者净流出面积的影响因素。这里选择净流入或者净流出就是为了区分既发生土地流入又发生土地流出家庭的情形。第二个阶段引入模型的样本有 383 户。其中,净流入样本 98 个,净流出样本 285 个。

各解释变量与被解释变量的平均值和标准差见表 6 - 12。

表 6 - 12　土地流转分析主要变量的均值和标准差表

变量	全部样本		流入样本		流出样本	
	均值	标准差	均值	标准差	均值	标准差
户主年龄	57.48	10.52	53.35	9.88	57.86	10.81
户主受教育年限	6.20	3.60	6.28	3.45	6.25	3.55
务农劳动力	1.04	0.90	1.62	0.81	0.68	0.85
非农收入比例	0.65	0.33	0.50	0.32	0.81	0.26
耕地面积	4.25	6.03	9.29	14.53	2.08	2.30
块均耕地面积	1.45	2.46	2.48	7.20	1.01	1.14
流入土地租金	—	—	177.86	191.64	—	—
流出土地租金					612.03	322.19
农产品商品率	0.53	0.35	0.73	0.24	0.37	0.39

变量	全部样本		流入样本		流出样本	
	均值	标准差	均值	标准差	均值	标准差
农产品销售价格	0.97	0.36	0.92	0.32	0.99	0.30
农产品流通成本	60.31	473.70	98.41	571.63	29.16	125.41
净流入耕地面积	—	—	5.52	14.16	—	—
净流出耕地面积	—	—	—	—	3.49	2.13
观测样本	1 058		98		285	

6.5.2　模型说明

　　农户土地流转行为可以分为两个相互独立而又相互联系的阶段:是否流转与流转多少。是否流转是农户土地流转的第一阶段,反映了农户土地流转的广度;流转多少是农户土地流转的第二步,说明了农户土地流转的深度。为了避免土地流转可能存在的选择性偏误问题,这里采用了 Heckman(1979)两阶段模型进行分析,具体如下:

　　首先,以"是否流转耕地"作为第一阶段估计的被解释变量,使用全部参数对所有样本进行 Probit 估计,以确定农户进行土地流转的决定因素。具体如下:

$$prob(Y=1)=\phi(\beta'X)=\int\frac{1}{\sqrt{2\pi}}e^{\frac{-\beta'X}{2}}dt \tag{6-1}$$

　　式(6-1)中,$Y=1$ 表示农户发生了土地流转行为;若未发生土地流转,即 $Y=0$,则对应的函数为式(6-2):

$$prob(Y=0)=1-prob(Y=1)=1-\phi(\beta'X)=1-\int\frac{1}{\sqrt{2\pi}}e^{\frac{-\beta'X}{2}}dt \tag{6-2}$$

　　其次,考虑到在 OLS 估计中可能存在选择性偏误,所以需要从 Probit 估计式中得到转换比率(Inverse Mills Ratio)λ,作为工具变量以修正第二阶段的选择性偏误。其转换公式为式(6-3):

$$\lambda=\frac{\phi(z_i\gamma/\sigma_0)}{\varphi(z_i\gamma/\sigma_0)} \tag{6-3}$$

　　其中,$\phi(z_i\gamma/\sigma_0)$ 为标准正态分布的密度函数,$\varphi(z_i\gamma/\sigma_0)$ 为相应的累积分布函数。

　　最后,利用 OLS 方法对方程进行估计,把 λ 作为方程估计的一个变量引入模型,以纠正选择性偏误。模型表达方式如下:

$$Y_i=\beta_0+\beta_iZ_i+\alpha\lambda+\mu$$

　　其中,Y_i 为土地流转面积,根据土地供给方与需求方的不同,将其分为净流出面积和净流入面积;Z_i 为包括农户特征、资源区位、市场行为等在内的解释变量,β_0 为常数项,μ 为随机扰动项。值得说明的是,β_i 为解释变量 Z_i 的回归系数;α 为转换比率 λ 的待估系数,如果该系数是显著的,则证明选择性偏误是存在的;反之,则表明选择性偏误不存在。在选择性偏误存在的情况下,就可以认为 OLS 估计是有效的(魏众,2004)。

6.5.3　运行结果及讨论

　　这里用 STATA 11.0 统计分析软件,对土地流转行为影响因素进行 Heckman 模型计算。在解释变量的选择上,第二阶段的解释变量 Z 应该是第一阶段选择模型解释变量 X 的子集,原因是,尽管 λ 是一个 X 的非线性函数,但它常常可以用一个线性函数很好地近似,若 $Z=X$,则 λ 可能与 Z_i 高度相关,这种多重共线性会导致 β_i 很高的标准误差(伍德里奇,2003)。因而,第二阶段 OLS 回归的解释变量是第一阶段选择模型的子集。

流入与流出土地的影响因素估计结果如表 6-13。经过多次模拟检验后,与流入和流出选择概率方程相比,在流入和流出面积决定方程中减少"耕地面积"变量。净流入面积的 λ(逆米尔斯比率)在 10% 水平上显著,净流出面积的 λ(逆米尔斯比率)在 1% 水平上显著,表明土地流入和流出存在选择性偏误问题,使用 Heckman 两阶段模型是合适的。

表 6-13 土地流转 Heckman 两阶段模型结果

变量	土地流入		土地流出	
	是否流入	净流入面积	是否流出	净流出面积
户主年龄	-0.0167*	-0.051 5	0.009 9	0.018 2
	(-1.77)	(-1.41)	(1.00)	(1.49)
户主文化	-0.025 3	-0.187 7**	-0.006 8	-0.012 0
	(-0.95)	(-1.98)	(-0.25)	(-0.34)
务农劳力	0.141 2	-0.016 3	-0.367 3**	-0.350 0**
	(1.35)	(-0.04)	(-2.55)	(-2.48)
非农收入比例	-0.586 2**	-2.534 7***	0.497 9*	1.128 5**
	(-2.27)	(-2.60)	(1.70)	(2.36)
耕地面积	0.041 0	—	-0.341 6***	—
	(1.50)	—	(-4.25)	—
块均耕地面积	-0.148 4	1.819 8***	-0.060 5	0.238 5**
	(-1.31)	(42.47)	(-0.42)	(1.98)
流转租金	0.119 8	-0.002 9	0.013 5***	-0.000 8
	(0.02)	(-1.21)	(8.46)	(-1.20)
商品率	0.226 1	2.864 6	0.098 2	-0.443 8
	(0.56)	(1.62)	(0.21)	(-1.05)
销售价格	-0.016 1	0.821 7	0.190 6	-0.551 2
	(-0.07)	(0.81)	(0.77)	(-1.09)
流通成本	0.000 2	-0.001 0*	0.000 05	0.001 7
	(0.65)	(-1.77)	(0.29)	(1.47)
是否专业化	0.615 1	5.062 8***	-0.142 0	0.338 4
	(1.57)	(6.07)	(-0.31)	(0.72)
是否组织化	-0.001 0	0.480 3	-0.346 9	0.808 1**
	(0.00)	(0.50)	(-1.08)	(2.55)
奉贤	-6.101 1	6.598 3***	-0.944 8***	-0.572 2
	(0.00)	(2.57)	(-2.82)	(-1.02)

变量	土地流入		土地流出	
	是否流入	净流入面积	是否流出	净流出面积
常熟	−0.789 0*	−5.600 2***	0.338 4	−0.612 5
	(−1.68)	(−4.46)	(0.85)	(−0.98)
宝应	−0.734 3**	−1.403 3	−0.269 4	0.535 4
	(−2.37)	(−1.42)	(−0.72)	(0.99)
江都	−1.188 9***	0.142 8	−0.377 7	0.144 8
	(−2.76)	(0.13)	(−1.28)	(0.25)
λ	—	−0.793 2*	—	−0.809 9***
相关检验	N=105 8,Uncensored obs = 98, Censored obs =960 Waldchi2(15)=235 8.49		N=105 8,Uncensored obs =285, Censored obs =773 Waldchi2(15)=88.85	

注: *,**,*** 分别表示在 10%、5% 和 1% 的水平上统计显著;括号内数据为变量估计的 T 统计值

(1)市场主体影响

户主年龄及家庭收入等因子对土地流入和流出的影响相反。其中,家庭收入结构对土地流转的影响更显著。年龄越大、非农收入比例越高的农户土地流出概率及流出面积越大;反之,土地流入概率及流入面积越大。农户年龄的增长伴随着农业生产能力下降,更倾向于缩小农业生产规模。非农收入比例越高的农户,对农业依赖程度越小,同样倾向于减少种植规模。

务农劳力对土地流出呈现显著的负向影响。家庭务农劳动力越多,流出土地的可能性越小。家庭务农人口多的农户,对农业依赖程度高,更不愿意流出土地。

户主文化对土地流转呈负向影响,对流入面积更显著。户主受教育水平越高,流转土地可能性越小。可能因为文化水平较高的户主多在非农领域就业,对农业生产变化关心较少。

(2)市场环境影响

耕地面积对土地流入和流出的作用反向,对流出行为的作用更显著。耕地面积越大的农户,流入土地的概率越大;反之,流出土地的概率越大。耕地面积越大的农户,对农业生产依赖性也越大,流出耕地的可能性较小。

块均耕地面积对土地流转的概率与面积呈相反的影响,对流转面积影响更显著。块均耕地面积越大的农户,流转概率越小,流转面积越大。农户地块越完整,生产劳动越轻松的农户,不再倾向于改变现有种植规模,而土地越细碎的农户更愿意流转土地调整经营状况。一旦发生流转,原始块均面积越大的流转农户,流转地块面积也越大。

土地流转租金土地流转的概率与面积呈相反的影响,对流出土地的概率影响更显著。无论流入或流出租金上升时,都预示着土地供需市场旺盛,在推拉共同作用下,土地流转更容易发生,但同时也制约了发生流转的规模。

(3)市场行为影响

农产品商品率和销售价格尚未对农户土地流转产生显著影响,但对流转农户的流入和流出面积产生相反的作用。商品率提高和销售价格上升,农户流入面积更大;反之,则流出面积更大。这都预示着当农户家庭更注重来自农业的收益增长时,更愿意扩大种植规模。

流通成本对流入面积呈显著的负向影响。农产品流通成本越高的流入户,流入面积越小。农产品交易成本的上升,是制约流入农户扩大生产规模的因素之一。

专业化与组织化行为对土地流转面积呈现显著的影响。进行专业化和组织化生产的流转农户流转土地面积更大。其中,专业化行为对流入面积影响更显著,组织化行为对流出面积影响更显著。专业化与组织化生产对农户的规模经营发出了良性刺激信号。

(4)地区差异

就土地流入看,奉贤、常熟、宝应和江都四地的流入农户占地区农户的比例比阜南地区小,常熟、宝应和江都地区更显著。在流入农户中,奉贤和江都比阜南地区的户均流入面积大,可能因为奉贤样本过少,导致户均面积偏大。常熟和宝应比阜南地区的户均流入面积小。

就土地流出看,常熟地区的流出户占地区农户的比例比阜南地区大,奉贤、宝应和江都地区比阜南地区小。在流出农户中,奉贤和常熟地区比阜南地区的户均流出面积小;宝应和江都地区比阜南地区的户均流出面积大。

总体判断:农产品市场主体、市场环境和市场行为、地区差异等要素已经对农户土地流转行为产生了一定的影响。由于流出与流入行为的相对性,诸多要素对流出和流入行为的影响也是相反相对的。然而,农产品市场与土地流转市场的发育程度还未对土地流转产生普遍而显著的影响。正是由于农产品市场价格机制、流通机制及土地市场机制不健全,制约了土地流转的速度和规模。但是,商品化、专业化及组织化等新型生产方式的出现也推动了土地规模经营的形成。同时,农户自身特征及家庭拥有土地的初始状况是土地流转行为发生的重要前提。农户年龄和家庭收入结构的变化以及分配土地的原始状态,都成为刺激农户开展土地流转的原动力。依赖农业生产的农户更愿意进行规模化、专业化和组织化经营,而离农倾向严重的农户也更希望土地有价值的流出,解除后顾之忧。另外,地区差异不容忽视。不同地区因经济发展水平及农业经营方式的阶段性差异对土地产生不同的供需要求。

6.6　小结

本章主要围绕土地流转规模、土地流转方式和土地流转费用三个方面,综合考察农产品市场化对农户土地流转行为的作用过程。在比较不同流转地类和地区的基础上,进一步分析以农户主体特征、资源禀赋、土地租金等市场环境,农产品销售流通及生产形式等市场行为要素对农户土地流转行为的影响程度,主要有以下结论:

第一,调查地区农村土地流转市场尚不完善。

农村土地市场的发育对于农业发展具有重要意义,是农业增长的重要刺激因素。农村土地流转是中国农村土地家庭联产承包责任制在实施过程中逐步发展起来的优化农村土地资源再配置的有效途径。城市化、工业化及其他非农产业发展,促进农村劳动力转移,加之农业比较效益长期低下等诸多因素,为农村土地流转提供了可能。农村土地流转市场的形成,为愿意从事农业生产并扩大生产规模的农户创造了条件,也为愿意"离土离农"并逐步缩小生产规模的农户搭建了平台。活跃的农村土地流转市场有利于农村资源合理配置。

不同地区的土地流转市场发育程度不同,不仅体现在流入或流出的规模上,更体现在流转形式和流转租金上。相对阜南传统农区而言,长三角地区土地流转的组织化、专业化程度和流转效益更高。尽管调查地区农村劳动力非农收入占家庭总收入的比例已经达到65%左右,即家庭的主要收入来源于非农业,但由于就业、社保、市场等要素不健全,高度社会化又使小农承受着巨大的货币支出压力,土地仍然是多数农民不可替代的生产生活保障,制约了农户土地的

流转,农村土地流转市场有待进一步完善。主要表现在以下几个方面:

首先,土地流转租金水平不高,难以保障农民土地收益。调查地区土地流入租金仅约为4 378.80元/公顷,流出租金略高为10 908.15元/公顷(可能因含征收费用),而且各个地区和地类差别不大,级差地租和绝对地租尚未真正体现。由于农户对于土地收益预期的心理落差较大,既阻碍了土地流转的积极性,也阻碍了农户农业生产投资的积极性。

其次,土地流转方式单一,多为传统方式。出租和委托代耕仍是各种地类、各个地区流转的主要形式。土地股份合作社仅在江都的渌洋湖村发生。传统的流转方式不利于土地流转效益的提升,供需双方仍以传统作物和方式耕种。在取消农业税费之后,加上农业补贴等原因,也抑制了农户流转土地的积极性。个别农户宁愿粗放利用,也不愿意转让承包经营权。

再次,土地流转不够规范,缺乏长期法律约束。现有土地流转多以农户间口头协议达成,较少有正式的书面合同。即使有合同的地区,由于农户知情权不足,仅限村委会等集体组织知晓。"一年一签"的流转期限,也让流入流出双方不愿意加大对土地长期有效的投资,从而导致短期、急功近利土地利用方式的发生。

第二,农产品市场化过程尚未成为农户土地流转行为的主导性力量。

有学者提出,现时期中国小农理性目标是追求即期货币支出压力最小化和货币收入即期化,多数农户仍然在取得非农业收入的同时,并不放弃务农收入,对土地市场的供需将产生相应的压力(王银梅,2010)。在这种现实条件下,农产品价值的实现情况和家庭农业经营目的成为是否发生土地流转的前提。

通过 Heckman 计量模型分析,农产品市场主体特征、市场主客观环境及市场行为对土地的流入和流出行为产生了一定的影响。地区土地流转租金和农产品市场价格、流通费用的高低等市场行为尚未成为家庭土地流转的主要推动力量,而商品化、专业化及组织化等新型生产方式的出现预示着与土地和农产品市场的联系越发紧密。家庭非农收入来源的稳定与否、家庭劳动力的就业状况、土地资源的初始状态等都将直接作用家庭农业经营规模的判断。具体而言,流转概率及流转面积两个阶段的相同解释变量在研究不同被解释变量时,其方向和程度也会发生改变。进一步比较发现,多数因素对土地流转深度的影响比土地流转广度的影响更显著,即对发生规模的影响比对发生概率的影响更显著。

由于土地流入和土地流出是土地流转的两个方向,同一因素对其产生的推拉作用往往是相对的。现阶段,逐步完善土地流转市场和农产品市场,发展现代农业,推进规模经营,不仅能够提升农村市场化水平,而且有助于稳定农户的土地预期及农产品价格,促进农户收入增长,优化农业土地利用结构。

由于调查问卷设计的初衷,并没有围绕土地流转为核心研究对象,其调查研究的村庄选点也并非是土地流转发生的典型区域。因此,关于土地流转的诸多方面尚未深入涉及。未来对土地流转后的用途变更和效益变化以及与农产品市场化之间的关系有待进一步研究。尤其对土地规模经营主体,如种养大户、龙头公司、合作组织等还未涉及,这类主体的市场化行为更具有代表性,与土地流转行为的关联也更紧密,这都是有待深入研究的重要方向。另外,在对土地转出问题的统计描述上,暂且包括土地征收的形式和费用,这并不是严格意义上的流转方式,尽管样本不多(25 户),但有可能对研究结果产生一定影响。

7 农户土地资源可持续利用的实现途径

本章力图从研究农户土地可持续利用行为的决策过程分析入手,阐述农产品市场化对农户土地可持续利用可能产生的影响,并构建化肥投入与土地产出的回归模型,从制度安排的角度提出有利于农村土地持续利用的政策建议。

7.1 农户土地可持续利用的决策过程

农户的土地保护意识是土地能否可持续利用的内在驱动力。他们对今后生产收获的态度将影响保护性投资数量以及是否采用持续性土地利用方式(欧阳进良,2004)。农户在开发利用土地时考虑种植什么、种植多少以及怎样种植的问题上,市场影响越发明显。这不仅给农户提供了更多土地利用方式的选择,也意味着将带来更多的土地利用后果不确定性(谭淑豪等,2001)。

7.1.1 农户土地可持续利用行为特征

第一,农户具有环境理性。从农户的农业生产制度和过程来看,他们无一例外地选择了主动适应地理环境的特点,以追求最大或最稳定的产出(李小建,2009)。在调查访谈的过程中发现,农户已经把环境条件作为隐性生产成本,虽未计入账面成本,却已经计入了心理成本。当农户发现破坏环境带来的损失远大于收益时会停止破坏;当认识到保护环境带来的收益大于为破坏环境付出的成本时,有可能会采取保护环境的行动。例如,对于节水灌溉技术的推广、农田水利设施的修建等措施,不少农户愿意尝试并参与其中。

第二,农户土地预期不稳定。支配农户土地利用行为的决定力量是农户对土地未来收益的预期(姜志德,2001)。农业生产属于弱质产业,受外界影响大。即使在同一个生产周期中,农作物产量或者上市价格都会发生较大的变化。当农户认为经营土地能够在将来收获期或上市期取得较高收益,甚至达到家庭效用最大化时,会在当前的生产周期中增加人力、物力投入,引用先进技术,精耕细作,苦心经营;如果认为在未来收获期收益较低,甚至入不敷出时,他们往往对土地采取漠不关心的态度,或者粗放经营,或者撂荒闲置,在满足自身基本需要的前提下,将投入成本降到最低化。例如,对于蔬菜、果木等经济效益较高且市场需求量大的农产品,农户的生产积极性较高。至于化肥、农药和除草剂等可能带来的污染,他们考虑较少。

第三,农户具有生产投机性。土地质量的变化是一个长期而缓慢的过程。趋好或者趋坏都需要较长时间的检验。当农户认为承包土地长期稳定,并愿意从事农业生产时,会采取长效投资,涵养水源,培肥地力,保护土地;反之,如果认为土地变更频繁,并不愿意投身农业,当非农就业机会不利时,才会经营农业,这些都导致农户经营土地的短期行为,会将后期收益变为当期收益,以掠夺地力的方式将当期成本延滞为后期成本。例如,长三角农村因本地劳动力非农就业增多,涌入很多外地农业大户承包土地,而流转协议多是一年一签,缺乏安全感,或者减少投入,或者过多投入,以求在短期内获得最大产量,实现最高收益。

第四,农户风险容忍度低。农户在市场经济条件下,面临自然和市场的双重风险,较低的农业收入使他们更趋向规避风险。一方面,在土地利用方式的选择上,多数农户,尤其年龄较大的农户,往往选择风险性最低、能满足自己基本需要的土地利用方式(孟媛等,2007)。农户半自给半商品化的特征,决定了他们在土地利用过程中获得的纯收益不只是纯货币收入,还包括用于自给自足的食物等相关产品,也就是包括赚取的生计和利润两个方面。有的农户对土地利用方式的选择并不是以纯货币收入作为唯一出发点,而是以稳健、安全作为首选。比如,阜南地区的不少农户在种植蘑菇和粮食的选择中,更倾向于选择粮食,因为蘑菇技术及市场的不确定性,使他们不愿意冒险。另一方面,表现在环境治理上。环境是一种不具有排他性的竞争性公共物品,当保护环境需要支付成本时,如果没有外界因素的限制,农户是不会在有限的收入中,主动为消耗资源、利用生态环境和使用公共设施等付费的。

7.1.2　农户土地可持续利用行为过程

从上述农户的行为特点判断,农户认识到土地利用方式选择对土地质量产生影响,并愿意改变,会做出有利于持续性土地利用方式选择的决策。这种改变或者出于自己意识,或者出于外在力量的引导。而政府干预和市场诱导是两种最典型的外在力量。

农户进行土地利用的过程主要有"生产什么","怎样生产"和"生产多少"三个阶段(诸培新和曲福田,1999)。"生产什么"在土地利用上表现为土地利用结构的调整。"怎样生产"是在选择了"生产什么"后的第二个问题。涉及生产方式的选择和劳动力、生产资料等投入要素的变化,主要考虑资金、技术、劳力等要素的拥有情况及未来的投入产出效益。"生产多少"是第三个问题。在假定自然条件良好的前提下,这是农户基于自身食物供给安全和农产品市场销售情况的双重判断。从"生产什么"到"生产多少"的每一步骤,都是农户在综合考虑经济目标、资源禀赋、外部体制环境的基础上做出的土地利用决策过程。合理的政策措施有助于消除制约因素,实现土地的可持续利用。

然而,农户目标、政府目标与市场目标三方往往是不一致的。农户以家庭生产效益最大化为目标,政府以社会、经济与生态效益最大化为目标,市场则以要素流动配置市场化为目标。农户增加收入的微观经济目标往往与政府土地可持续利用的宏观政策目标有所偏差,即农户出于自身经济利益考虑,不一定会将土地保护纳入行为决策。政府主观上期望达到社会、经济及生态环境的综合效益最佳,然而综合效益最佳并不一定等同于农户本身获取的经济收益也最佳。而市场为了推动包括土地、劳动、物质资料、农产品等各种要素在市场上的自由流动及价值实现,其市场规律的运行既不能保证政府宏观可持续目标的达成,也不能保证农户家庭利益的获得。这可能正是过去土地可持续利用效果难以实现的根源所在。寻找三者目标的和谐统一,是实现土地可持续利用的有效路径。

假设农户土地利用行为是不可持续的,农户可能改变土地不可持续利用行为的过程大致分为三个步骤。第一步,是否了解土地不可持续利用的现象和后果。土地环境恶化的表现有地力下降、病虫害增多、产量降低,等等。这个过程比较缓慢,当他们不经常审视土地,或者没有必要的知识和联系,就可能不清楚这些是土地恶化的信号。第二步,是否知道改变土地不可持续利用的方法。当意识到自己的土地出现了不可持续利用的现象之后,在没有技术指导和专业服务的地区,农户往往不知道采取什么样的措施遏制土地环境的进一步恶化。第三步,是否愿意做出改变土地不可持续利用的决定。当农户家庭以非农就业为主导,或者认为改良土地的方法代价太高,他们往往不愿意改变,而是抱着"听之任之"的态度。因此,农户实施土地改良措施的过程与土地改良的成本及社会经济预期是密切相关的。

为促进农户土地可持续利用行为的实现,通过内外作用路径图来简单阐述(图7-1)。一方面取决于农户经济效益最大化行为。这是实现土地可持续利用的内部动力。农户通过科学合理的土地利用安排,在保护土地环境的前提下,获得家庭经济效益最大化。另一方面取决于政府与市场的耦合手段。这是实现土地可持续利用的外部动力。在政府有效的宏观调控下,发挥市场配置要素的基础性作用,增加农民收益,实现社会和生态环境的同步改善。

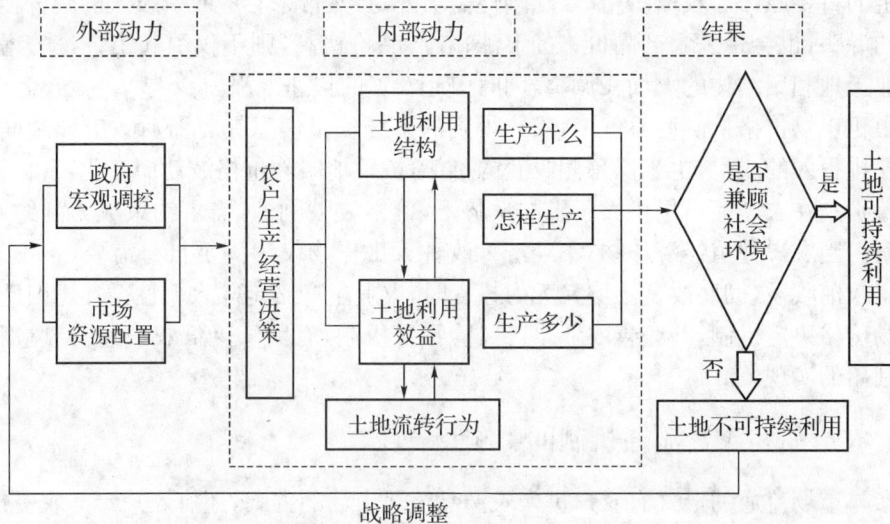

图 7-1　农户土地可持续利用决策图

图 7-1 看出,农户的生产经营决策过程就是通过土地利用结构的选择,以获得土地利用效益最大化的过程,他们往往倾向于选择那些能带来最大经济收益的土地利用方式,包括作物种类的选择(生产什么)、劳力及物资投入的判断(怎样生产)以及产出效果的预期(生产多少),在调整生产规模和效益的过程中可能伴随土地流转行为的发生。可持续土地利用行为模式要求农户在选择土地利用方式时综合考虑其经济效益、社会效益和生态效益,同时考虑投入产出以及边际社会成本与边际社会收益的大小。当这种以经济效益最大化为目标的模式,不能达到土地可持续利用的目标时,则需要借助市场机制的诱导和政府调控的干预,实现地区重大发展战略的改变。

7.2　农产品市场化对农户土地可持续利用的可能影响

农产品是联系农户生产经营过程的节点和纽带。农产品市场价值的实现直接决定着农户经济效益的高低。农产品的产前、产中、产后过程分别对应了农户的生产决策、投入决策和销售决策,也贯穿了农业生产资料市场、劳动力市场、土地市场、农产品市场等环节,体现着市场经济针对农户作为生产者、消费者及经营者不同角色在不同农业生产阶段行为的影响,与土地资源可持续利用实现与否关系重大。

农民土地利用行为的效用最大化应当是当前利益与长远利益相结合的总体效用最大化(罗芳和鲍宏礼,2010)。现实中的农户所采取的可能是一种非持续的行为方式,即追求的效用最大化目标仅基于眼前利益的考虑,而以牺牲长远利益为代价。因此,有必要了解农户土地可持续利用的影响因素。

7.2.1　农产品和农资价格机制的影响

各种生产资料价格和农产品价格是影响农户土地可持续利用行为的重要因素。农业的各种生产要素投入数量和价格主要通过市场来决定,农产品都需要通过市场交换实现价值。农资价格与农产品价格之间有着千丝万缕的联系,一方的变化总是快速地引起另一方的变化。市场机制已经深深渗透到"三农"经济的各个领域。农产品和农资市场价格的剧烈波动是造成农户收入不稳定的重要原因。农资价格高,除刚性需求外,必然带来相应农资投入的减少,农资又是农业生产的源头,也会带来农产品价格的上涨;农产品价格高,则不仅引起销售量的增加,也可能带来农业土地利用结构的大面积调整,同时引起农资的快速上涨。

但是由于市场价格机制尚不健全,农户得到的市场价格信息具有滞后效应和片面性,往往不能提前安排投入的成本,也难以预测收获的价值,被动地跟着价格波动而变化,盲目性和随意性较大。特别是在农产品市场供大于求的形势下,价格波动剧烈,需求约束成为制约农民增收的重要因素。当农户种植经济作物"不经济",改种大田作物仅为满足自身需要,不投入化学农资无法获得眼前收益,彻底改良土壤又无力投资时,农业生产必定陷入恶性循环。因此,建立健全农村市场价格决定机制,并完善农业生产风险预警机制,有助于降低农户经营风险和农户土地可持续利用的实现。

7.2.2　农产品和农资流通机制的影响

农户参与市场流通的形式有农户进入农产品流通市场的方式,还有农户参与农资市场流通的方式。农资流通是从投入或者前端对农户经营收入产生间接影响,农产品流通则是从产出或者终端对农户经营收入产生直接影响。过高的流通成本和过少的流通渠道都不利于农户对土地投入产出水平的提高。就目前来看,农资生产市场和流通市场的市场化程度比较低(夏春玉等,2009)。以农资中占比最大的化肥市场为例,化肥企业数量多、平均规模小、生产资质差、产业集中度低,造成化肥生产行业的低效运行。不但难以满足国内市场的需求,流通渠道过长、流通环节过多也人为地增加了化肥的生产成本。从而使农户承担高价格、低服务、甚至是低质量的农资产品。就调查访谈了解,农户普遍反映近年农资涨价厉害,而且效用逐年下降,农户并不清楚涨价和效用下降的真正原因,往往归咎于商贩提价、肥力不足等表面现象,结果为了追求产量而不得不继续增加农资投入,进一步加剧了土壤板结、地力下降等不良后果。

由于我国农户家庭生产的特殊性,绝大多数农产品存在同质化、原始状态、规模有限的特征。以调查地区为例,粮食作物仍然较多地延续着传统的田头交易方式,而蔬菜、水果等生鲜农产品更倾向于直接进入农贸市场销售。目前,农产品流通渠道相对单一,农户市场信息缺乏,由众多的中间商和批发商层层盘剥了本应属于农民的利益。农产品流通依然存在着流通成本高、渠道关系不稳定、流通业态单一等问题。农产品流通成本的上升,或者流通不畅,不仅打击农户农业生产的积极性,也会对下一农时的生产格局安排产生影响。

7.2.3　土地流转市场的影响

土地流转是农户调整家庭经营规模的重要手段。最能对经济当事人产生激励作用的因素之一是产权,良好的产权制度能够形成稳定的农户收益预期,成为理性市场行为的前提。调查地区发生土地流转的农户中,农地交易价格并未充分显化,不正式的土地流转较多。除委托代耕等无偿流转的形式外,即使是出租等寻租行为也不规范。绝大多数交易发生在本村范围内,大多数的土地流转以口头协议为主,协议期短,没有形成正规的书面合同,明确双方的责权利。频繁变动的土地流转加剧了土地供求双方的心理负担,农户更倾向于土地利用的短期行为,不利于土地的长效投资和改良。

造成上述现象的主要原因可能是土地流转的产权界定不明晰。经济结构的变化往往是大规模资源转让的结果(叶剑平等,2006)。如果转让权受到限制,潜在的资源转让连同经济增长就会受到阻碍(周其仁,2004)。农地转让权的"交易收益效应"和"边际产出拉平效应"会影响土地市场交易和经济效益。前一种效应指农地的自由流转有益于提高投资的交易收益,从而间接刺激农户进行土地投资的积极性;后一种效应指农地的自由流转明显地改善了劳动投入和土地投资的配置效率(姚洋,2004)。而农户一般不清楚自己拥有什么样的权利,更谈不上了解如何流转才能更有利于自己权益的保护。

7.2.4 劳动力转移市场的影响

人地矛盾和农业比较效益低下促进了农村劳动力的大量转移。农产品生产的多个阶段离不开必要的人工管理,而劳动力就业收入也影响着家庭对土地的可能投入水平。但是,由于非农就业机会有限,外出务工人员还未享受到与城市就业人员的同等待遇,容易造成非农就业的回流,影响农户家庭劳动成员之间在土地利用上的分工和安排。在当前农村社会保障体系尚未健全的前提下,仍然存在劳动力非农收入绝对高于农业收入的情况,可能是由于农外就业的"风险溢酬"包含在收入之中。

家庭内部劳动力的转移意味着在土地总收益不变的情况下因务农人口减少,提高了人均土地收入;而以农户为单位的彻底非农化转移,则有利于增加留在农业内部的农户土地经营面积,其土地收益也将由于整体规模的扩大而增加。持续而稳定的农村劳动力转移对于提高农户对土地的预期有着积极作用。从另外一个方面看,在青壮劳动力大量流出的地区,只有老弱病残和妇女从事农业生产,他们的人力资本水平不高,不利于农业新技术的推广和利用,导致农田管理水平下降,进而影响当地农业的持续发展。

7.2.5 市场失灵与政府失灵

农户土地利用行为与农业土地持续利用之间,有着统一性与矛盾性。从统一角度看,有利于农业可持续发展,从矛盾角度看,又会阻碍其发展。归根结底,"市场失灵"与"政策失灵"的出现是土地不可持续发展的制度诱因。

市场失灵是因为市场机制不完全、市场机制扭曲等,导致生态环境日趋恶化和资源价格配置不合理,外部性效应不断显化。农户土地利用的目的是收益与效率,大多从自身经济利益角度考虑生产、消费与投资,没有充分考虑经济过程中的生态环境要素。环境资源因其公共物品特性,很难直接反映在农户的生产要素或者产品的市场价格中,从而造成价格扭曲,产生资源浪费和生态环境破坏。即使在市场经济发展过程中,单靠市场作用,难以保证农户土地利用行为的持续性。协调市场与政府的关系成为制度体系中最重要的内容,使市场与政府力量得到最优"配置",有利于引导农业可持续发展。

政府失灵是因为政府干预政策不能建立起公平竞争的市场竞争机制,加剧生态环境破坏的外部性。政府并非总是社会利益的代表者,它具有制度完善、政权稳固以及整体社会各个阶层宏观调控的价值取向,而且政府获取资源配置的信息也并不全面,其管理利益与微观经济组织的利益并不总是一致的。就目前而言,农产品价格控制、农资经济补贴以及土地所有权调整等都是政府干预市场的主要手段。在支持农业发展的过程中,仍存在一些问题。例如,对种子、农药、化肥等生产企业实施直接补贴,让不法农资公司钻了空子,从中赚取利益,而质量无法保障;农村土地使用权的频繁调整,会加剧农民的短视行为,忽略长期投资对土地的改良与治理。如此种种,都需要政府政策在市场机制完善的过程中,进一步更合理地设计和实施。

7.3　农产品市场化主导下农户土地可持续利用的推进策略

本书所研究的长三角地区,与其他自然生态脆弱区,在可持续发展的内涵和理念上有着本质的不同。长三角地区自然基底良好,土地开发利用经验比较成熟,人文素养较高,历来是社会、经济、环境三者效益组合较好的地区。但是,随着城市化、工业化、市场化的持续快速推进,人地关系紧张、自然环境恶化等不可持续发展的症状日渐凸显,在农业上表现为,地力下降、农民增收乏力,等等。因经济发展导致对利益过度追逐而产生的种种短期行为,破坏了原本优越的发展条件。如何从有利于农产品市场化的角度,在保持农业经济快速平稳发展,农民收入稳定提高的同时,实现土地可持续利用,这是本研究的初衷和目的。

7.3.1　农户土地可持续利用基本内涵

土地利用贯穿在人类生存与发展的整个历史过程中(孙雁和刘友兆,2010)。随着可持续发展研究的兴起,联合国粮农组织(FAO)的土地可持续利用含义为:土地利用方式不仅有利于保持和提高土地的生产力;而且能够降低土地资源利用可能带来的风险,使土地产出稳定;又能保护自然资源的潜力和防止土壤与水质的退化;还能增加人们的福利,促进经济增长;以及社会可接受性等五项基本原则。在农业土地利用上,可以理解为保持一定数量的农业用地,既保证食物安全,又提高当代人生活质量,并保证后代人的生存发展不受影响,逐步建立起协调的农村土地利用机制。

在市场经济体制下,农户土地可持续利用应具备以下三个方面的特征:第一,生态可持续。提高农地生态系统的永续生产力和功能,维护各种自然资源的数量和质量,保护农业生产条件,使农业生产在较长时间内维持一个较好的产出水平。第二,经济可持续。在市场经济体制下持续不断地增加农民收入,促进农村全面发展,消除农村贫穷。第三,社会可持续。既满足人类衣食基本需要又满足社会文化需要(陈利根,2001)。

7.3.2　研究区域化肥投入与土地产出之间的关系

肥料是供给农作物养分并改良土壤的重要农业生产资料。现有农村家庭小型畜牧业越来越少,人畜粪便等农家肥的施用随之减少,而有机肥往往因为价格高而较难普及,取而代之的是常规化学肥料的大量施用,其省时、省力、高效的特点在农村得到较快推广。为了追求农产品产量,绝大多数农户施肥结构不尽合理,单纯注重"量"的追加;加上近年来化肥等农资市场价格上涨过快,不仅加重了农户经济负担,而且也加剧了土壤板结和水体污染。选择实证地区农户单位面积化肥费用(元/公顷)与单位面积土地产值(元/公顷)之间的关系来进一步分析研究区域土地可持续利用的现状及未来空间。

运用 SPSS 16.0 软件,建立化肥投入(x)对土地产值(y)影响的回归方程,得出:

$$y = -0.000\ 25x^2 + 10.471x - 2\ 492.566 \qquad (7-1)$$
$$sig. = 0.002 \quad sig. = 0.000$$

式(7-1)通过了概率值在 0.01 的水平下显著性检验。这是一条"倒 U 型"抛物线,意味着随单位面积化肥投入的增长,单位面积土地产值呈现先增长后下降的趋势。当达到极大值拐点时,化肥投入为 20 942 元/公顷,此时,土地产值为 107 149 元/公顷,也就是说在此拐点前,化肥投入的增长能带来土地经济效益的提高,越过此拐点,化肥投入的增长反而抑制了土地经济效益的提高。

提高经济收入是农户土地利用的核心目标,也是其持续增加化肥投入的根本动因。就目前来看,研究区域农户单位化肥投入的最大值已经达到 16 629.71 元/公顷,超过 12 000 元/公顷的有 31 户农户(占 972 户样本的 3.2%)。主要集中在常熟、奉贤等以蔬菜等经济作物种植为主的地区。从现阶段来看,化肥投入的上升仍能带来一定程度的土地产值上升,扣除物价等因素,该指标日趋逼近拐点,土地产值上升的空间在不断缩小。

在单靠物质投入导致土地产出受限的背景下,依靠市场导向和技术进步是不可或缺的重要手段。农资产品以及农产品的市场价格稳定、流通渠道畅通是降低成本、提高效益的必要条件;同时,技术创新及扩散是农户改变土地利用方式的有利前提。广泛应用新型科学的土地利用方式,让市场在资源要素配置中真正发挥作用,有助于区域土地可持续利用的实现。

7.3.3 农户土地可持续利用推进策略

在政府宏观调控下,充分发挥市场对农村资源配置的基础性作用,有利于寻找农民增收和土地可持续利用之间的最佳平衡点。从市场需求和区域优势的角度,研究制定切合本地实际的农业结构调整规划,从而具体指导本区域的农业结构调整(李洪斗和柴庆臣,2001)。既要立足各地资源优势,进一步将资源优势转化为市场优势、商品优势和经济优势;又要突出各地产品优势,培育优势农产品,形成规模化经营、专业化经营及产业化经营,从而建立区域性支柱产业;还要重视区位优势。选择大中城市的经济发达地区或交通便利的区域,以优势农产品占领市场,推动当地经济发展。把市场供需与上述优势紧密结合起来,科学安排各地区土地利用格局,从而改善农户生产生活水平,实现区域可持续发展。

1) 构建专业化生产格局,提升农业产业化水平

农业产业化经营是促进农业结构战略调整的重要途径。提升农业产业化水平,有利于提高农业及农产品科技含量,改善农产品及农副产品的质量和数量,进而增强农业竞争力,逐步建立起具有区域化、专业化、高效化的农业生产格局,使广大农民除了稳定获得种植业、养殖业的正常收入外,还可以分享到加工和服务业的部分利润,扩大增收空间。在确立地区主导产业的基础上,充分发挥当地优势,按照市场需求,选择市场容量大、单位产出高、经济效益好的产业和产品作为开发重点,把生产、加工、储运、销售融为一体,形成产业优势。同时,根据比较优势原则科学布局区域农业生产。在农作物最适宜生长的地区,建立专业化生产基地。通过反复比较农作物的投入产出效果,逐步开展不同层次的结构调整和优化,最终确定区域农业优势产业。专业化的土地利用格局是提高农产品商品率的前提。形成种养加产供销、服务网络为一体的专业化生产,有助于提高产业链的整体效率和经济效益。

加强农业龙头企业与农民的利益连接机制。大力发展订单农业,规范合同内容,明确权利责任,实行最低保护价,提高订单履约率。大力推广"公司+基地+农户"、"公司+合作组织(协会)+农户"等经营模式,与农户建立相对稳定的购销关系。鼓励和提倡龙头企业与农户建立密切的利益关系,建立风险基金、按农户出售产品的数量、质量开展二次返利等形式。还要促进龙头企业与农户建立起"风险共担、利益共享"的新机制,鼓励农民以资金、土地、劳力、技术等生产要素参股、入股龙头企业,充分发挥龙头企业对农民增收的带动作用。

2) 健全农产品市场机制,提高农户土地收益

完善农产品价格机制,减少农民因市场波动遭受不良冲击。参照国际经验,逐步放开粮食市场价格,尝试以全国平均生产成本作为基础价格,加上合理的利润空间,构成重点农产品的目标价格(夏春玉等,2009)。当市场价格高于目标价格时,农民直接在市场上出售农产品;而当市场价格低于目标价格时,农户仍在市场出售农产品,但市场价格与之间的差价由政府通过"差额

补贴"直接补给农民,而非企业。使农产品实际市场价格更接近真实价格,在一定程度上调节供求关系,缩小市场价格的扭曲程度,提供比较真实的市场信息。

拓宽农产品流通渠道,解决农民"卖难"问题。据调查了解,近年来农产品收获后卖不掉的情形已经大大减少,因惜售或者仓促销售导致的价格低廉风险比较多。建立低成本、高效率的农产品流通服务体系和物流配送系统,采取多渠道、多形式、多元化的办法,打破所有制、地域、行业界限,加快培育一批大型流通企业集团,建成集商品集散、仓储保鲜、加工运输、农资服务为一体的现代农产品流通体系。根据农户"田头销售"的行为特点,培育一支具有营销技能的高素质农民经纪人队伍,帮助农户小规模农产品的集散和销售。

建立科学合理的农资投入市场机制。我国小规模农业生产体系中提高农业生产效率的关键手段之一就是农用化学要素的大量施用,如化肥、农药等。这不仅可能影响农产品的品质,导致后续年份产量降低,而且威胁整个农业生态系统乃至危害人类身体健康(宁满秀和吴小颖,2011)。减少政府对农资生产和流通的直接干预,放开化肥等农资价格,推动产业资源按照市场原则优化组合,打破城乡区域壁垒。建立农资价格补贴机制,除良种外,把化肥、农药等也逐步纳入补贴范围,改革现行补贴办法,实行农户现金直补,而非实物补贴,提供其自由选择的范围,可能更有利于农民得实惠。加强农技服务队伍建设,对种子、农药、化肥的施用进行科学指导,注重有机肥等的配合施用,改良土壤水、肥、气等组合效果。

3) 完善土地流转市场,引导土地规模经营

推进土地流转,发展农业适度规模经营,有利于克服小规模家庭经营的局限性,有利于实现土地资源优化配置,促进土地、资金、技术、劳动力等农业生产要素的合理流动和优化组合,提高土地产出效益(洪民荣,2003;邓万春,2006)。由于土地产权的稳定性和可流转性对农户的投资方向有重要的影响,在严格执行土地承包政策的前提下,促进农村土地流转规范化、制度化,加快土地向农业园区、龙头企业和种植大户集中,鼓励土地适度规模经营。土地经营的长期稳定有利于增加土地投入,农户更倾向于采用环境友好技术以利于土地资源的可持续利用,反之,则会倾向于掠夺式生产(向冬梅,2011)。

加快培育农村土地流转市场主体。一方面,培育土地流转规模经营大户。让有能力、愿意投身农业的能人,能够获得稳定而持续的土地经营权,发展规模特色农业。另一方面,大力扶持各类农村专业合作组织。不断提高农民组织化程度,加快农村土地流转步伐。把推进土地流转与促进农业产业化结合起来。用农业产业化的规划去引导土地流转,跨地域发展大规模的农业产业,打破村与村、乡与乡的界限,引导土地规模经营业主互相联手,形成最大化的规模效应,构建跨地区的农业经济优势板块,增强农产品市场竞争力。

4) 加大人力资本投入,加快剩余劳动力转移

农户是基本的社会经济和消费组织,在家庭生命周期演化规律及自身特性的作用下有显著的独特性与规律性,具有自主的决策与发展权力,是区域生态系统的直接作用者,也是相关政策的具体响应者(Peterson et al,2007;王成超,2010)。大力培养农民的市场主体意识,使其对市场的商品供求关系和价格变动能及时、灵敏地做出理性反应,增强其参与市场竞争的自觉性和主动性,从而获得良好的经济效益。树立"大规模投入,大规模培养"理念,加快农村人力资本积累,重点保证农村基础教育和职业培训的正常运行。除适龄农村青少年必须完成义务阶段的教育外,以村为单位,针对地区实际和农民需要,由专家和技术人员定期对村民进行经常性的农业技术和就业技能培训指导。这不仅有利于农业生产水平的提高,也为劳动力的非农转移提供必要的知识储备。

建立农村劳动力向非农领域稳定转移机制。鼓励大量有离农意愿和能力的农村青壮年劳

力进入城镇,进入二、三产业,实现充分就业及市民的身份转换。让他们在城镇中扎根,真正融入城镇。鼓励农民自主创业。培育农村劳动力就业市场,建立健全就业服务体系。加强包括农村最低生活保障、大病救助、子女教育等为主的农村社会保障体系建设。减少农民对土地的直接依赖,逐步弱化土地的福利性和社会保障功能,最大限度地发挥土地的经济功能。帮助"流出"的富余劳动力在各级城镇安居乐业,不再"回流"农村。

　　5) 重视因地制宜,分类引导区域发展

　　就东部发达地区而言,经济实力雄厚,人文社会积淀深厚,资源禀赋质量较高而数量短缺,农户土地可持续利用压力大,城市化与工业化进程快,农业土地利用格局变化剧烈。为构建农产品市场发展与农户土地利用的良性互动机制,需要注重粮食安全与耕地保护,全面提升农产品市场化的完善程度,大力培育农产品商品经济,加快形成土地利用的专业化与组织化生产格局,加快形成市场合理配置资源要素的价格机制和流通机制。延伸农业产业化链条,大力提高农业产业效益。规范土地流转,加速土地适度规模经营。致力于保护农户生存发展权益,稳定农村劳动力转移方向,健全社会保障制度,引导农户推行绿色、环保、高效的土地利用方式和农产品生产模式。

　　就中西部欠发达地区而言,经济社会正处于全面进步的调整发展阶段,资源禀赋相对丰富,农户土地可持续利用基底优越,农村土地利用格局加速演变。为构建农产品市场发展与农户土地利用的良性互动机制,需要在继续保持生态优势的前提下,加大农产品市场基础设施和农业基础设施建设,立足地区优势,积极培育特色农产品和专业化、组织化各种新型生产形式。通过建立市场化的农产品价格机制和生产要素价格机制,激发广大农户参与市场的主动性,改变传统生产惯性,提高依据市场供需安排生产的敏锐度。以各种手段,大力提高农业生产效益,加速土地流转和农村劳动力转移。全面保障农户发展权益,加大农户与市场的联系,实行生态环保型土地利用模式。

7.4　小结

　　本章主要基于可持续发展理论,首先从农户土地可持续利用的决策过程入手,分析其具有环境理性、土地预期不稳定、生产投机性、风险容忍度低等四个行为特征。详细阐释了农户土地利用决策的"生产什么","怎样生产"和"生产多少"三个阶段,而农户目标、国家目标和市场目标三方不一致是导致土地不可持续利用行为发生的主要原因,绘制了促进农户土地可持续利用行为的路径图。

　　其次,讨论农产品市场化对土地可持续利用产生的影响。主要有直接影响和间接影响两个方面。其中,农产品市场和农资市场波动较大是直接影响。二者互相影响,联系紧密,其价格机制和流通机制尚不健全,既不利于农户增收,也不利于农户对土地的持续有效投入,是造成农户短期行为的重要因素之一。土地流转市场和劳动力市场不稳定是间接影响。因土地产权不明晰,劳动力非农转移机制尚未建立等因素影响农村土地流转稳定性、农户土地投入可持续性与合理性。以上种种表现都是"市场失灵"和"政府失灵"综合作用导致的。

　　最后,在界定农户土地可持续利用内涵的基础上,建立研究区域化肥投入与土地产出之间的回归模型,得出 20 942 元/公顷为土地产值由升到降的投入转折点。在投入产出受限的前提下,实现土地可持续利用需要市场及技术的共同引导。进一步提出从产业化、市场化、规模化等方面建立专业化土地生产格局、健全农产品市场机制、规范土地流转、加快剩余劳动力转移、因地制宜推进各地发展等措施和建议,以促进农户土地可持续利用目标的实现。

8 全书结论与讨论

随着我国农村市场经济体制改革的全面深入,农村土地利用格局变化与农产品市场发展过程的联系日益增强。本书基于农户土地利用行为的理论模型,主要采用实证分析的研究方法,较为系统地从微观层面阐述了农产品市场发展对农户土地利用变化的影响过程及差异,并从宏观层面初步探讨了区域农产品市场发展与农业土地利用变化的时空演变趋势。研究发现,无论经济发达的长三角地区还是传统农区,农产品市场发展仍处于初级阶段,农户参与市场的广度和深度还不够,土地专业化分工和规模化生产尚不明显,农业组织化和产业化生产模式带动力量不足。然而,随着农户市场意识的觉醒,农产品市场化对农户土地利用变化的影响逐渐显化,已经成为引导农村土地利用变化的重要驱动力之一。农产品市场化的不断完善将有助于农户的土地利用结构优化、土地利用效益提升以及土地流转市场的确立。

8.1 主要研究结论

农产品市场化和农户土地利用变化都是渐进的变革过程,其发育程度和变化趋势受到市场主体特征、市场环境特征及市场行为特征等内外因素的共同作用,任何一个方面的改变都会引起二者的变化。

8.1.1 中国农产品市场发展与农业土地利用变化联系紧密

改革开放以来,我国农产品市场发展进程加速,农村土地的专业化分工、区域化布局和规模化经营的趋向愈发明显。农业产业化发展的新格局逐步形成,为建设现代农业奠定了良好的基础。目前全国已经在相当程度上建立了农民和市场之间的关系。主要表现在农产品市场化水平显著提升、农村土地利用格局不断优化、农业现代生产方式大量涌现等。为阐述宏观层面农产品市场化和土地利用变化的时空特征及发展态势,本书选取二者的关键指标建立简单的回归分析发现:无论时间序列还是空间分异,农产品市场价格、商品化行为及流通成本对粮经农产品的土地利用规模及土地利用效益都产生了比较显著的影响。尤其市场价格作为"看不见的手"的推动力量已经越来越突出。粮食价格和商品率每增加 1 个单位,其播种比例和产值分别上升 0.14 和 7.80 个单位;蔬菜商品率和价格每增加 1 个单位,其播种比例和产值分别上升 0.39 和 72.74 个单位。但仍然存在流通渠道不畅、市场定价不合理、农产品土地效益不高、区域差异显著等问题。

8.1.2 农产品市场化对农户土地利用结构优化产生积极影响

本书在较为详尽地阐述了实证地区市场主体、市场环境及市场行为特征差异的基础上,运用 Tobit 模型综合分析各主要特征对农户土地利用结构的影响。

(1) 农产品销售价格、流通成本及商品化、专业化和组织化生产方式作为农产品的主要市场行为,对刺激农户扩大稻麦或蔬菜种植规模起到了正向促进作用。以销售为目的的商品型农产品比以口粮安全为目的的粮食农产品响应程度更高、变化更敏感。市场价格和商品率每提高 1 个单位,蔬菜种植比例将上升 0.18 和 0.45 个单位。

（2）资源禀赋及区位条件作为农产品的客观市场环境，其规模、细碎化程度及与中心城镇距离和本地市场的发育程度，无论对蔬菜还是稻麦都产生了积极影响。粮经农产品的生产经营特性成为农户安排不同农产品土地空间布局的主要依据。地块面积每增长 1 个单位，稻麦种植比例将上升 0.09 个单位，蔬菜则下降 0.16 个单位。

（3）农户作为农产品的市场经营主体及土地利用主体，其收入水平、劳动力配置、市场响应等状况对稻麦比对蔬菜的影响更显著。农户特征差异的产生对应于口粮作物和商品作物的不同种植需求。农业家庭更倾向于口粮与商品作物的兼顾，非农家庭更倾向于口粮作物。

（4）地区差异不容忽视。市场价格对传统农区、商品率和流通渠道对长三角地区的农户土地利用结构呈现显著的正效应。根据市场化动力特征差异，研究区域划分为自主推动型（奉贤）、外力促进型（常熟）、内外共推型（宝应和江都）及自发传统型（阜南）四类。另外，多样化种植结构与家庭自给自足的生产特性分不开。

8.1.3　农产品市场化对农户土地利用效益提高产生显著影响

本书在较为详尽地阐述了实证地区农资投入和劳动投入为主的农产品投入市场环境差异的基础上，简要比较了不同农产品的投入产出状况，运用扩展 CD 模型综合分析各主要特征对农户土地利用效益的影响。

（1）农产品销售价格、流通成本及商品化行为对粮经作物种植效益的提升都产生了显著的正向刺激作用，商品型农产品比半自给型农产品响应更敏感。农产品商品率和市场价格每增长 1%，水稻单位产值分别增长 0.28% 和 1.02%；小麦单位产值分别增长 0.20% 和 1.47%；蔬菜单位产值分别增长 1.69% 和 0.26%。因调查地区普通农户专业化与组织化的水平不高，涉及范围不广，对蔬菜比对稻麦种植效益的影响更显著，尚未起到理想的带动作用。

（2）无论稻麦粮食作物还是蔬菜经济作物，因其各自生产特性，对以种子、农药、化肥等农资为代表的增产性投入和以机械化程度为代表的省工性投入响应程度不同。农资投入比劳动投入的影响更显著。化肥投入每增长 1%，小麦和蔬菜单位产值分别增长 0.06% 和 0.12%。根据研究区域农产品投入产出特征，划分为自给型农产品（油菜、豆类）、半自给型农产品（水稻、玉米）和商品型农产品（小麦、蔬菜）三类。

（3）地区差异不容忽视。农资投入及市场行为对传统农区和长三角地区的区域优势农产品土地利用效益影响更显著。根据行政干预重点差异，研究区域划分为价格补贴型（奉贤）、技术推广型（常熟）、组织强化型（宝应和江都）和公共服务型（阜南）四类。另外，农户素质提升和家庭收入结构改变都影响农户种植效益的高低。

8.1.4　农产品市场化对农户土地流转行为尚未产生重要影响

本书在较为详尽地阐述了实证地区土地流转规模、流转方式及流转费用等土地流转市场环境的基础上，运用 Heckman 模型综合分析各主要特征对农户耕地流转的影响。

（1）农产品销售价格、流通成本及土地流转租金等市场行为要素还未对土地流转行为产生显著影响。正是由于农产品市场价格机制、流通机制及土地市场机制的不健全，在一定程度上制约了土地流转的速度和规模。但是，商品化、专业化及组织化等新型生产方式的出现有利于土地规模经营的形成。

（2）农户年龄和家庭收入结构变化以及分配土地的原始状态是刺激农户开展土地流转的主要动力。依赖农业生产的农户更愿意进行规模化、专业化和组织化经营，而离农倾向严重的农户也更希望土地有价值的流出，解除后顾之忧。另外，地区差异不容忽视。根据土地流转市场的发育程度和流入、流出规模差异,研究区域划分为流入流出型地区(宝应和江都)、流入型地区(阜南)和流出型地区(奉贤和常熟)三类。

（3）由于土地流入和土地流出是土地流转的两个方向,同一因素对其产生的推拉作用往往是相对的。流转概率及流转规模两个阶段的相同解释变量在研究不同被解释变量时,其方向和程度也会发生改变。多数因素对流转规模的影响比流转概率的影响更显著。

8.1.5　农产品市场化加剧农户土地可持续利用地区分异

本书在分析农户土地可持续利用决策过程的基础上,探讨农产品市场化对农户土地可持续利用的直接影响与间接影响,并提出促进农户土地可持续利用实现的路径策略。

（1）农户土地可持续利用行为具有环境理性、土地预期不稳定、生产投机性、风险容忍度低等四个行为特征,而农户目标、国家目标和市场目标三方不一致是导致土地不可持续利用行为发生的主要原因。政府干预和市场诱导成为促使农户进行有利于土地可持续利用行为选择的主导力量。

（2）根据农户土地可持续利用的基本内涵,针对农产品市场化对农户土地可持续利用的种种影响以及地区差异,建立研究区域化肥投入与土地产出之间的回归模型,得出 20 942 元/公顷为土地产值由升到降的投入转折点,提出建立专业化土地生产格局、健全农产品市场机制、规范土地流转、加快剩余劳动力转移、分类引导地区发展等措施和建议,以促进农户土地可持续利用目标的实现。

8.2　创新点及不足

8.2.1　可能创新点

（1）较为系统地揭示了农产品市场化对农户土地利用变化的影响过程及作用机理,丰富了现有农户土地利用变化市场机制驱动力的研究;

（2）分别针对粮食作物和经济作物两大农产品类别,深入剖析其市场化过程中表现出来的生产经营特征和土地利用特征差异,进一步归纳地域分异规律;

（3）既从微观层面分析农产品市场化对农户土地利用变化的各种影响,又从区域层面阐述农产品市场发展与农业土地利用变化的时空特征,二者进行相互验证。

8.2.2　有待深入研究的问题

本书主要针对面广量大的"小农"主体,而非规模户、专业户、龙头企业、合作组织等引领市场的主体,展开实证研究。可能存在以下不足:

相关概念的界定存在不准确之处。本研究对农产品市场化过程、农户土地利用变化过程以及土地可持续利用的内涵、专业化及组织化形式等进行了简要界定,主要基于研究对象、研究区域及研究内容等实证研究过程的考虑。然而,随着农产品市场化和农户土地利用实践的不断深入以及相关理论的不断发展,其内涵与概念也会发生相应的改变。

相关数据及实证检验模型有待完善。本研究使用的实证数据主要来源于问卷调查,虽然作者对数据的信度等进行了前期核查,仍然可能存在选点、数据处理、调查访问等环节带来的主客观因素偏差。在对模型构建和变量选择方面也会因个人能力限制,存在一定的缺陷,这些都有待逐步完善。

另外,由于本研究基于农产品市场要素都能参与市场竞争的前提,对于国家行政干预仅作为隐性要素考虑,例如对粮食价格的保护、专业化种植格局的形成,等等。我国社会主义市场经济体制决定了政府干预不同于其他市场经济体制国家,可能更显著,如何将国家宏观调控作为显性指标合理引入,也需要进一步修正完善。

8.3　研究展望

就目前而言,我国从农产品市场发展角度系统研究对农户土地利用的影响还比较少,本书主要基于农户调查数据开展了定性与定量相结合的系统性分析与阐释。也正因为如此,还有许多值得进一步深入探讨的问题:

第一,研究角度的拓展。对于研究命题的准确了解和把握,是建立在多层次、全方位的深入剖析基础之上的。由于本书主要基于微观主体层面,对于宏观层面和中观层面的分析仅限历程回顾和规律性总结,尚没有触及本质性问题,因此,对于国家、地区等宏观层面的分析还有待深入研究。

第二,研究方法的拓展。本书所采用的数据主要是截面问卷调查数据,没有考察具有时间尺度的地区变化趋势。而往往正是具有较长时间尺度的土地利用变化才能更客观更全面地反映现实问题。另外,入户调查数据对于地块的空间解析能力不足,未来有必要尝试将农户问卷调查和地理信息系统以及遥感手段结合起来,给予农户地块较为准确的定位,增强对土地利用和土地利用变化空间理解与表达的能力。

第三,研究领域的拓展。就本书研究结论来看,农产品市场化对土地流转行为影响的显著程度比土地利用结构和土地利用效益要小。一方面,可能因为农村市场体制的不健全,农产品市场化的主要因素还没有对土地流转行为产生明显的影响;另一方面,可能因为土地流转不是本书核心研究对象,其调查研究的村庄选点也并非土地流转发生的典型区域。因此,关于土地流转的诸多方面尚未深层次涉及,对土地流转后的土地用途变更和土地效益变化以及与农产品市场化之间的关系有待深入研究。

在土地利用结构的研究上,种植结构单一化并不是专业化的全面反映,多样化也非种植结构合理与否的综合判断,究竟是多样化利用还是专业化利用更有利于提高农产品的市场化程度,引导土地利用结构的优化,改善农户的生活水平,值得进一步研究。

在土地利用效益的研究上,考察农产品利润率的环节没有引入劳工投入或者劳动工资的内容,一则因计量单位不统一,二则尚未对农户劳动力市场开展深入观察,尤其对农户劳动投入由工时到工资的货币转化科学性有待进一步研究。还有,农资投入对于土地可持续利用的影响也值得深入研究。

另外,还缺乏对于区域农产品市场化的综合水平判断。有必要进一步对农产品市场发展与农户土地利用行为之间的关联进行更加深入的剖析,比如开展区域农产品市场的实体调查,更为全面地考察农户生产经营过程中的市场参与程度,从农户生活消费的支付意愿、信贷能力等角度开展对农产品半自给半商品化特性及土地利用格局的影响研究,等等。

参 考 文 献

[1] Akpabio I. A. Women NGO's and the Socio-economic Status of Rural Women in Akwa Ibom State, Nigeria [J]. Journal of Agriculture & Social Sciences, 2007, 3(1):1-6.

[2] Alix G. J., Janvry A., Sadoulet E. A Tale of Two Communities: Explaining Deforestation in Mexico [J]. World Development, 2005,33(2): 219-235.

[3] Boehlje M., Doering O. Farm Policy in an Industrialized Agriculture [J]. Journal of Agribusiness, 2000,18(1): 53-60.

[4] Brown C., Waldron S., Longworth J. Specialty Products, Rural Livelihoods and Agricultural Marketing Reforms in China [J]. China Agricultural Economic Review, 2011,3(2): 224-244.

[5] Brown S., Kennedy G. A Case Study of Cash Cropping in Nepal: Poverty Alleviation or Inequity? [J]. Agriculture and Human Values, 2005, 22(1):105-116.

[6] Brown S., Shrestha B. Market-driven Land-use Dynamics in the Middle Mountains of Nepal [J]. Journal of Environmental Management, 2000, 59(3): 217-225.

[7] Buijs A. E. Public Support for River Restoration: A Mixed-method Study into Local Re-sidents' Support for and Framing of River Management and Ecological Restoration in the Dutch floodplains [J]. Journal of Environmental Management, 2009, 90 (8): 2680-2689.

[8] Burger A. Agricultural Development and Land Concentration in A Central European Country: A Case Study of Hungary [J]. Land Use Policy, 2001,18(3): 259-268.

[9] Carlyle W. J. The Rise of Specialty Crops in Saskatchewan, 1981-2001 [J]. The Canadian Geographer, 2004, 48 (2): 137-151,15.

[10] Carter M. R., Mesbah D. Can Land Market Reform Mitigate the Exclusionary Aspects of Rapid Agro-Export Growth? [J]. World Development, 1993,21 (7): 1085-1100.

[11] Chen M., Zhong T., Zhou B., et al. Empirical Research on Farm Households' Attitude and Behaviour for Cultivated Land Transferring and It's Influencing Factors in China [J]. Agricultural Economics—Zemedelska Ekonomika, 2010,56 (9): 409-420.

[12] Chen Z., Huffman W. E., Rozelle S. Farm Technology and Technical Efficiency: Evidence from Four Regions in China [J]. China Economic Review, 2009, 20(2): 153-161.

[13] Clark J. R. A. The 'New Associationalism' in Agriculture: Agro-food Diversification and Multifunctional Production Logics [J]. Journal of Economic Geography, 2005, 5 (4): 475-498.

[14] Deininger K., Savastano S., Carletto C. Land fragmentation, cropland abandonment, and land market operation in Albania [J]. World Development, 2012, 40 (10): 2108-2122.

[15] Deininger K., Zegarra E., Lavadenz I. Determinants and Impacts of Rural Land Market Activity: Evidence from Nicaragua [J]. World Development, 2003, 31(8): 1385-1404.

[16] Diao X., Fan S., Zhang X. China's WTO Accession: Impacts on Regional Agricultural Income:

A Multi-region, General Equilibrium Analysis [J]. Journal of Comparative Economics, 2003, 31 (2): 332-351.

[17] Dijk T. V. Scenarios of Central European Land Fragmentation [J]. Land Use Policy, 2003, 20(2): 149-158.

[18] Drechsel P., Gyiele L., Kunze D., et al. Population Density, Soil Nutrient Depletion, and Economic Growth in Sub-Saharan Africa [J]. Ecological Economics, 2001, 38 (2): 251-258.

[19] Du W., Huang X., Zhai W., et al. Spatial Differentiation of Land Transfer: Case Study of Shanghai, Nanjing and Taizhou in Changjiang river delta [J]. Chinese Geographical Science, 2006,16(1):24-31.

[20] Evan T., Kelley H. Multi-scale Analysis of a Household Level Agent-based Model of Landcover Change [J]. Journal of Environmental Management,2004, 72(1-2): 57-72.

[21] Evans T. P., Manire A., Castro F. de, et al. A Dynamic Model of Household Decisionmaking and Parcel Level Landcover Change in the Eastern Amazon [J]. Ecological Modelling, 2001,143 (1-2): 95-113.

[22] Fan S., Pardey P. Research, Productivity, and Output Growth in Chinese Agriculture [J]. Journal of Development Economics,1997,53(1): 115-137.

[23] Gao S., Huang X., Zhong T., et al. Effect of Farmers' Behavior on Agricultural Production Benefits: An Empirical Analysis Based on Market Driving Force in China [J]. Journal of Food, Agriculture & Environment, 2013,11(2): 535-539.

[24] Glauben T., Herzfeld T., Wang X. Labor Market Participation of Chinese Agricultural Households: Empirical Evidence from Zhejiang Province [J]. Food Policy, 2008, 33 (4): 329-340.

[25] Gómez Sal A., González García A. A Comprehensive Assessment of Multifunctional Agricultural Land-use Systems in Spain Using a Multi-dimensional Evaluative Model [J]. Agriculture, Ecosystems and Environment, 2007, 120(1): 82-91.

[26] Heckman J. J. Sample Selection Bias as a Specification Error [J]. Econometrica, 1979, 47(1):153-161.

[27] Heltberg R., Tarp F. Agricultural Supply Response and Poverty in Mozambique [J]. Food Policy, 2002,27(2):103-124.

[28] Holmes J. Impulses towards a Multifunctional Transition in Rural Australia: Gaps in the Research Agenda [J]. Journal of Rural Studies, 2006, 22(2): 142-160.

[29] Hoshino S. Multilevel Modeling on Farmland Distribution in Japan [J]. Land Use Policy, 2001,18(4): 75-90.

[30] Hurrelmann A. Analysing Agricultural Land Markets as Organisations: An Empirical Study in Poland [J]. Journal of Economic Behavior & Organization, 2008,67(1): 338-349.

[31] Klerkx L., Leeuwis C. Matching Demand and Supply in the Agricultural Knowledge Infrastructure: Experiences with Innovation Intermediaries [J]. Food Policy, 2008,33 (3): 260-276.

[32] Kristensen S. P. Multivariate Analysis of Landscape Changes and Farm Characteristics

in a Study Area in Central Jutland, Denmark [J]. Ecological Modelling, 2003, 168 (3): 303-318.

[33] Lerman Z. Policies and Institutions for Commercialization of Subsistence Farms in Transition Countries [J]. Journal of Asian Economics, 2004,15(3): 461-479.

[34] Lin J. Y. Rural Reforms and Agricultural Growth in China [J]. American Economic Review, 1992, 82(1): 34-51.

[35] Maltsoglou I. , Tanyeri A. A. Transaction Costs, Institutions and Smallholder Market Integration: Potato Producers in Peru [R]. ESA Working Paper, 2005(4-5):229-235, 455-466.

[36] Mbaga S. Z. , Folmer H. Household Adoption Behaviour of Improved Soil Conservation: The Case of the North Pare and West Usambara Mountains of Tanzania [J]. Land Use Policy, 2000, 17(4): 321-336.

[37] Mertens B. , Sunderlin W. D. , NdoyeEric O. , et al. Impact of Macroeconomic Change on Deforestation in South Cameroon: Integration of Household Survey and Remotely-Sensed Data [J]. World Development, 2000, 28(6): 983-999.

[38] Moock P. R. Education and Technical Efficiency in Small-farm Production [J]. Economic Development and Cultural Change,1981,29(4): 723-739.

[39] Mottet A. , Ladet S. , Coqué N. , et al. Agricultural Land-use Change and its Drivers in Mountain Landscapes: A Case Study in the Pyrenees [J]. Agriculture, Ecosystems & Environment, 2006, 114(2-4): 296-310.

[40] Moyo S. Land and Natural Resource Redistribution in Zimbabwe: Access, Equity and Conflict [J]. Schwarzwalder African and Asian Studies, 2005,4(1-2):187-224,38.

[41] Neven D. , Reardon T. The Rise of Kenyan Supermarkets and the Evolution of Their Horticulture Product Procurement Systems [J]. Development Policy Review, 2004, 22 (6): 669-699.

[42] Overmars K. P. , Verburg P. H. Multilevel Modelling of Land Use from Field to Village Level in the Philippines [J]. Agricultural Systems, 2006, 89 (2-3): 435-456, 22.

[43] Pan W. K. Y. , Walsh S. J, Bilsborrow R. E. , et al. Farm-level Models of Spatial Patterns of Land Use and Land Cover Dynamics in the Ecuadorian Amazon [J]. Agriculture, Ecosystems & Environment, 2004, 101(2-3): 117-134.

[44] Peterson M. N. , Peterson M. J. , Peterson T. R. , et al. A Household Perspective for Biodiversity Conservation [J]. The Journal of wildlife Management, 2007,71(4):1243-1248.

[45] Pingali P. Westernization of Asian Diets and the Transformation of Food Systems: Implications for Research and Policy [J]. Food Policy, 2007, 32(3): 281-298.

[46] Pumphrey G. R. , Edwards J. A. , Becker K. G. Urban and Rural Attitudes toward Municipal Water Controls: A Study of a Semi-arid Region with Limited Water Supplies [J]. Ecological Economics, 2008, 65(1): 1-12.

[47] Ravindran K. C. , Venkatesan K. , Balakrishnan V. , et al. Restoration of Saline Land

by Halophytes for Indian Soils [J]. Soil Biology & Biochemistry, 2007,39(10): 2661-2664.

[48] Rozelle S. , Swinnen J. F. M. Success and Failure of Reform: Insights from the Transition of Agriculture [J]. Journal of Economic Literature, 2004,42(2): 404-456,53.

[49] Sadoulet E. , Fukui S. , Janvry A. de. Efficient Share Tenancy Contracts under Risk: The Case of Two Rice-growing Villages in Thailand [J]. Journal of Development Economics, 1994,45(2): 225-243.

[50] Sherbinin A. de, Vanwey L. K. , Mcsweeney K. , et al. Rural Household Demographics, Livelihoods and the Environment [J]. Global Environmental Change, 2008, 18(1): 38-53.

[51] Shriar A. J. Food Security and Land Use Deforestation in Northern Guatemala [J]. Food Policy, 2002, 27(4): 395-414.

[52] Sullivan K. A. , Napier T. L. Anticipated Socio-environmental Impacts of the Proposed Little Darby National Wildlife Refuge in Ohio [J]. Journal of Environmental Management, 2005,74 (1): 53-64.

[53] Swinton S. M. Capturing Household-level Spatial Influence in Agricultural Management Using Random Effects Regression [J]. Agricultural Economics, 2002, 27(3): 371-381.

[54] Tipraqsa P. , Schreinemachers P. Agricultural Commercialization of Karen Hill Tribes in Northern Thailand [J]. Agricultural Economics, 2009, 40 (1): 43-53.

[55] Timmer C. P. Food Security and Economic Growth: an Asian Perspective [J]. Asian-Pacific Economic Literature, 2005, 19(1): 1-17.

[56] Treeger C. Legal Analysis of Farmland Expropriation in Namibia [J]. Analyses and Views, 2004 (5): 1-12.

[57] Tuan N. D. A. Land Use and Agricultural Commercialization: The Case of Namdinh Province(Vietnam) [C]. The Ninth Conference of the International Association for the Study of Common Property, Victoria Falls, Zimbabwe, 2002:17-21.

[58] Verburg P. H. , Overmars K. P. , Witte N. Accessibility and Land-use Patterns at the Forest Fringe in the Northeastern Part of the Philippines [J]. The Geographical Journal, 2004,170(3): 238-255.

[59] Wang J. , Huang X. , Zhong T. , et al. Climate Change Impacts and Adaptation for Saline Agriculture in North Jiangsu Province, China [J]. Environmental Science & Policy, 2013,25(1):83-93.

[60] Wu Z. , Liu M. , Davis J. Land Consolidation and Productivity in Chinese Household Crop Production [J]. China Economic Review, 2005, 16(1): 28-49.

[61] Zhong T. , Huang X. , Zhang X. , et al. Temporal and Spatial Variability of Agricultural Land Loss in Relation to Policy and Accessibility in a Low Hilly Region of Southeast China [J]. Land Use Policy, 2011, 28(4):762-769.

[62] Zhong T, Huang X, Zhang X, et al. The Effects of Basic Arable Land Protection Planning in Fuyang County, Zhejiang Province, China [J]. Applied Geography, 2012, 35(1-2): 422-438.

[63]　Zimmerer K. S. Cultural Ecology：Placing Households in Human-Environment Studies——the Cases of Tropical Forest Transitions and Agrobiodiversity Change [J]. Progress in Human Geography，2004，28（6）：795-806.

[64]　Zwane A. P. Does Poverty Constrain Deforestation? Econometric Evidence from Peru [J]. Journal of Development Economics，2007，84（1）：330-349.

[65]　摆万奇,赵士洞.土地利用变化驱动力系统分析[J].资源科学,2001,23(3):39-41.

[66]　蔡昉,王德文,都阳.中国农村改革与变迁——30年历程和经验分析[M].上海:格致出版社,2008:80-120.

[67]　蔡荣."合作社＋农户"模式:交易费用节约与农户增收效应——基于山东省苹果种植农户问卷调查的实证分析[J].中国农村经济,2011(1):58-65.

[68]　柴斌锋,陈玉萍,郑少锋.玉米生产者经济效益影响因素实证分析——来自三省的农户调查[J].农业技术经济,2007(6):34-39.

[69]　陈春生.论农户行为模式转型与中国粮食安全问题[J].陕西师范大学学报,2010,39(1):147-152.

[70]　陈利根.中国农业可持续发展与耕地资源可持续利用[J].安徽农业大学学报,2001,28(1):102-105.

[71]　陈瑜琦,李秀彬,朱会义,等.劳动力务农机会成本对农户耕地利用决策的影响——以河南省睢县为例[J].地理科学进展,2010,29(3):1067-1074.

[72]　陈宗胜,吴浙,谢思全.中国经济体制市场化进程研究[M].上海:上海人民出版社,1999:159-161.

[73]　储新民,李琪.我国农业合作化与市场化联动机制分析[J].财经问题研究,2009,(9):124-128.

[74]　邓万春.动员、市场风险与农民行为[M].武汉:湖北人民出版社,2006:208-220.

[75]　丁建吾.我国农产品批发市场竞争状况及发展趋势[J].中国经贸导刊,2011(10):36-38.

[76]　董晓霞,许世卫,李哲敏,等.完全竞争条件下的中国生鲜农产品市场价格传导——以西红柿为例[J].中国农村经济,2011(2):22-32.

[77]　董晓霞,李志强,李干琼.中国省际葡萄市场整合程度研究[J].山东农业科学,2009(2):114-117.

[78]　方鹏,黄贤金,陈志刚,等.区域农村土地市场发育的农户行为响应与农业土地利用变化——以江苏省苏州市、南京市、扬州市村庄及农户调查为例[J].自然资源学报,2003,18(3):319-325.

[79]　费建.农产品流通新体系建设研究——以上海大宗农产品市场"百县百品"工程为例[J].中国流通经济,2011(8):21-26.

[80]　冯旭芳.农村市场化理论与方法[M].北京:中国经济出版社,2006:72-76,80-82,167,187.

[81]　高铁梅.计量经济分析方法与建模[M].北京:清华大学出版社,2006:120-122.

[82]　高云才.全国农民专业合作社超68.9万家5 300万农户入社[EB/OL].(2013-10-11)[2013-06-02].http://money.163.com/13/0602/08/90BOM6UB00252G50.html.

[83]　郜亮亮,黄季焜.不同类型流转农地与农户投资的关系分析[J].中国农村经济,2011(4):9-17.

[84]　巩前文,张俊飚,李瑾.农户施肥量决策的影响因素实证分析——基于湖北省调查数据的

分析[J].农业经济问题,2008(10):63-68.

[85] 郭红东,蒋文华.影响农户参与专业合作经济组织行为的因素分析——基于对浙江省农户的实证研究[J].中国农村经济,2004(5):10-16.

[86] 郭锦墉,尹琴,廖小官.农产品营销中影响农户合作伙伴选择的因素分析——基于江西省农户的实证[J].农业经济问题,2007(1):86-93.

[87] 郭锦墉.农产品营销中农户合作行为实证研究——基于江西省农户的调研[D].华中农业大学博士学位论文,2007:23-28.

[88] 国务院发展研究中心课题组.我国粮食生产能力与供求平衡的整体性战略框架[J].改革,2009(6):25-35.

[89] 郝海广,李秀彬,辛良杰,等.农户兼业行为及其原因探析[J].农业技术经济,2010(3):14-21.

[90] 贺伟.我国粮食最低收购价政策的现状、问题及完善对策[J].宏观经济研究,2010(10):32-36,43.

[91] 贺雪峰,魏华伟.土地问题的六个常识[J].社会科学战线,2010(2):195-198.

[92] 洪民荣.市场结构与农业增长——理论与中国实证研究[M].上海:上海社会科学院出版社,2003:100.

[93] 胡定寰."农超对接"怎样做?[M].北京:中国农业科学技术出版社,2010:5-10.

[94] 黄河清,潘理虎,王强,等.基于农户行为的土地利用人工社会模型的构造与应用[J].自然资源学报,2010,25(3):353-367.

[95] 黄季焜.六十年中国农业的发展和三十年改革奇迹——制度创新、技术进步和市场改革[J].农业技术经济,2010(1):4-18.

[96] 黄贤金,陈志刚,钟太洋,等.土地经济学[M].北京:科学出版社,2009:148-152.

[97] 黄贤金,尼克·哈瑞柯,鲁德·卢本,等.中国农村土地市场运行机理分析[J].江海学刊,2001(2):9-15.

[98] 黄贤金,彭补拙,张建新,等.区域产业结构调整与土地可持续利用关系研究[J].经济地理,2002,22(4):425-429.

[99] 黄贤金,张安录.土地经济学[M].北京:中国农业大学出版社,2008:30-35,263-268.

[100] 黄贤金.城市化进程中土地流转对城乡发展的影响[J].现代城市研究,2010(4):15-18.

[101] 黄宗智.华北的小农经济与社会变迁[M].北京:中华书局,2000:4-5.

[102] 黄祖辉,陈欣欣.农户粮田规模经营效率:实证分析与若干结论[J].农业经济问题,1998(11):2-7.

[103] 回良玉.进一步加大强农惠农政策力度,努力保持农业农村发展好势头[J].求是,2011(3):3-8.

[104] 姜长云.我国农产品价格变化趋势与对策[J].宏观经济管理,2011(7):32-33.

[105] 姜志德.稳定农户土地预期,推动农地可持续利用[J].中国人口·资源与环境,2001,11(51):107-109.

[106] 孔祥斌,李翠珍,张凤荣,等.基于农户土地利用目标差异的农用地利用变化机制研究[J].中国农业大学学报,2010,15(4):57-64.

[107] 孔祥斌,张凤荣.中国农户土地利用阶段差异及其对粮食生产和生态的影响[J].地理科学进展,2008,27(2):112-120.

[108] 黎红梅,李波,唐启源.南方地区玉米产量的影响因素分析——基于湖南省农户的调查[J].中国农村经济,2010(7):87-93.

[109] 李洪斗,柴庆臣.政府在农业结构调整中的作用[J].经济论坛,2001(20):19-21.

[110] 李小建,高更和.中国中部平原村庄农业生产区位研究——以河南南阳黄庄为例[J].地理科学,2008,28(5):616-623.

[111] 李小建.经济地理学的微观研究[J].经济地理,2011,31(6):881-887.

[112] 李小建.欠发达农区经济发展中的农户行为——以豫西山地丘陵区为例[J].地理学报,2002,57(4):459-468.

[113] 李小建.经济地理学[M].北京:高等教育出版社,2006:25-30.

[114] 李小建.农户地理论[M].北京:科学出版社,2009:37-39.

[115] 李秀彬.土地利用变化的解释[J].地理科学进展,2002,21(3):195-203.

[116] 李燕玲,刘爱民.长江流域冬季农业主要作物的耕地竞争机制及案例研究[J].长江流域资源与环境,2009,18(2):146-151.

[117] 李岳云,吴滢滢,赵明.入世5周年对我国农产品贸易的回顾及国际竞争力变化的研究[J].国际贸易问题,2007(8):67-72.

[118] 梁流涛,曲福田,诸培新,等.不同兼业类型农户的土地利用行为和效率分析——基于经济发达地区的实证研究[J].资源科学,2008,30(10):1525-1532.

[119] 林国先.市场化制度变迁与中国农业发展[M].北京:中国环境科学出版社,2001:137.

[120] 蔺卿,罗格平,陈曦.LUCC驱动力模型研究综述[J].地理科学进展,2005,24(5):79-87.

[121] 刘成武,李秀彬.对中国农地边际化现象的诊断——以三大粮食作物生产的平均状况为例[J].地理研究,2006,25(5):895-904.

[122] 刘广栋,程久苗.1949年以来中国农村土地制度变迁的理论和实践[J].中国农村观察,2007(2):70-80.

[123] 刘国荣.我国农业走向市场面临的问题[J].当代思潮,2002(2):36-38.

[124] 刘帅,钟甫宁.实际价格、粮食可获性与农业生产决策——基于农户模型的分析框架和实证检验[J].农业经济问题,2011(6):15-20.

[125] 刘文超,李辉,许兴芹.农产品交易性质分析[J].河北农业大学学报,2006,8(2):49-52.

[126] 刘阳."农超对接"流通模式的影响因素及策略探析[J].中州学刊,2011,4(7):79-81.

[127] 卢凌霄,周应恒.农产品批发市场现状及发展趋向[J].商业研究,2010(2):10-14.

[128] 吕晓,黄贤金,钟太洋,等.中国农地细碎化问题研究进展[J].自然资源学报,2011,26(3):530-540.

[129] 罗从清.引导农户经营行为,促进农业结构调整[J].农村经济,2002(1):34-35.

[130] 罗芳,鲍宏礼.中国城市化背景下耕地可持续利用研究进展[J].贵州农业科学,2010,38(12):224-229.

[131] 马晓河.60年农村制度变迁与经济社会的发展[J].中国经贸导刊,2009,(22):21-25.

[132] 曼昆.经济学原理(微观经济学分册)[M].梁小民,梁砾,译.北京:北京大学出版社,2011:71-95.

[133] 孟媛,张凤荣,姜广辉.国家和农户层次上土地利用可持续性的经济学差异分析[J].资源科学,2007,29(6):170-175.

[134] 宁满秀,吴小颖. 农业培训与农户化学要素施用行为关系研究——来自福建省茶农的经验分析[J]. 农业技术经济,2011(2):27-34.

[135] 农业部市场与经济信息司. 中国农产品批发市场发展报告[M]. 北京:中国农业大学出版社,2010:100-105.

[136] 欧阳进良,宋春梅,宇振荣,等. 黄淮海平原农区不同类型农户的土地利用方式选择及其环境影响——以河北省曲周县为例[J]. 自然资源学报,2004,19(1):1-11.

[137] 欧阳进良. 农户土地利用持续性评价与政策选择——以河北省曲周县为例[D]. 中国农业大学博士学位论文,2004:10-15,20-25,50-75.

[138] 恰亚诺夫. 农民经济组织[M]. 萧正洪,译. 北京:中央编译出版社,1996:19.

[139] 乔家君. 欠发达平原区村域特色种植销售市场的时空变化[J]. 经济地理,2009:12(12):2055-2060.

[140] 乔俊果. 市场化进程与农村劳动力非农就业关系研究:1983—2009[J]. 农业技术经济,2011(10):54-62.

[141] 邱述兵. 影响大宗蔬菜"农超对接"效率的因素与对策研究[J]. 价格理论与实践,2011(6):32-33.

[142] 屈小博,霍学喜. 交易成本对农户农产品销售行为的影响——基于陕西省6个县27个村果农调查数据的分析[J]. 中国农村经济,2007(8):35-46.

[143] 屈小博. 不同经营规模农户市场行为研究[D]. 西北农林大学博士毕业论文,2008:1-2.

[144] 荣晓华,孙喜林. 消费者行为学[M]. 大连:东北财经大学出版社,2001:45.

[145] 商务部流通产业促进中心. 中国农产品流通发展报告(上)[J]. 中国流通经济,2009(1):13-17.

[146] 邵春杰. 农业产业化过程中均分地权和规模化经营研究[D]. 华中农业大学博士学位论文,2005:3-5,66-67,78-80.

[147] 苏小梅,曹敏. 总结经验,统筹兼顾进一步落实好强农惠农政策[J]. 中国经贸导刊,2011(6):10-13.

[148] 孙江超. "农超对接"体系的构建及其主体行为[J]. 江苏商论,2011(6):3-5.

[149] 孙雁,刘友兆. 基于土地细碎化的土地资源可持续利用评价——以江西分宜县为例[J]. 自然资源学报,2010,25(5):802-810.

[150] 谭淑豪,曲福田,黄贤金. 市场经济环境条件下不同类型农户土地利用行为差异及土地保护政策分析[J]. 南京农业大学学报,2001,24(2):110-114.

[151] 谭淑豪,曲福田,尼克·哈瑞柯. 土地细碎化的成因及其影响因素分析[J]. 中国农村观察,2003(6):24-30.

[152] 田永峰. 农业市场化道路上的"蛛网陷阱"与经济信息系统的构建[J]. 中国农村观察,2000(1):58-63.

[153] 田玉军,李秀彬,陈瑜琦,等. 城乡劳动力流动及其对农地利用影响研究评述[J]. 自然资源学报,2010,25(4):686-695.

[154] 涂军平,黄贤金. 区域农地流转与农产品商品化关系分析——以江苏省宝应县农户调查为例[J]. 中国农村经济,2007,(2):35-39.

[155] 汪腾. 我国农产品市场体系发展存在的主要问题及对策探析[J]. 特区经济,2011(5):244-245.

[156] 王成超. 农户生计行为变迁的生态效应——基于社区增权理论的案例研究[J]. 中国农学通报,2010,26(18):315-319.

[157] 王济川,郭志刚. 回归模型——方法与应用[M]. 北京:高等教育出版社,2001:78-80.

[158] 王俊沣,伍振军. 农地流转的市场模式与参与方动机解析[J]. 改革,2011(2):77-83.

[159] 王鹏,黄贤金,张兆干,等. 江西上饶县农业结构调整与土地利用变化分析[J]. 资源科学,2004,26(2):115-122.

[160] 王鹏,黄贤金,张兆干,等. 生态脆弱地区农业产业结构调整与农户土地利用变化研究[J]. 南京大学学报(自然科学版),2003,39(6):814-821.

[161] 王万茂. 土地资源管理学[M]. 北京:高等教育出版社,2004:15-20.

[162] 王唯义. 现代管理心理学[M]. 北京:北京经济学院出版社,1997:125.

[163] 王文军. 土地流转、边际效益与农地制度的重新安排[J]. 江汉论坛,2010(44):33-37.

[164] 王银梅. 中国社会化小农与农村土地流转[J]. 农业经济问题,2010(5):45-50.

[165] 王玉蓉,孙良媛. "布吉模式"与中国农产品流通体制改革会议综述[J]. 中国农村经济,1999(12):72-74.

[166] 魏众. 健康对非农就业及其工资决定的影响[J]. 经济研究,2004(2):64-74.

[167] 吴玉鸣. 中国区域农业生产要素的投入产出弹性测算——基于空间计量经济模型的实证[J]. 中国农村经济,2010(6):25-37.

[168] 伍德里奇·杰弗里·M. 计量经济学导论:现代观点[M]. 北京:中国人民大学出版社,2003:438-439.

[169] 武立永. 我国农村土地非市场化配置对"三农"的影响探究[J]. 河南师范大学学报,2011,38(5):140-142.

[170] 西奥多·W. 舒尔茨. 改造传统农业[M]. 梁小民,译. 北京:商务印书馆,2010.

[171] 席利卿. 农产品营销渠道纵向协作研究[D]. 华中农业大学博士论文,2010.

[172] 夏春玉,等. 中国农村流通体制改革研究[M]. 北京:经济科学出版社,2009:24-25.

[173] 向冬梅. 促进农户采用环境友好技术的制度安排与选择分析[J]. 重庆大学学报,2011,17(1):43-47.

[174] 向国成,韩绍凤. 农户兼业化:基于分工视角的分析[J]. 中国农村经济,2005(8):4-9.

[175] 辛良杰,李秀彬,朱会义,等. 农户土地规模与生产率的关系及其解释的印证——以吉林省为例[J]. 地理研究,2009,28(5):1276-1284.

[176] 辛明. 改革开放后我国农民收入的三大特征[N]. 中国县域经济报,2003-03-14.

[177] 徐柏园. 公益性:农产品批发市场性质的正本清源[J]. 中国流通经济,2011(5):92-97.

[178] 徐建英,柳文华,常静,等. 基于农户响应的北方农牧交错带生态改善策略[J]. 生态学报,2010,30(22):6126-6134.

[179] 徐欣,胡俞越,韩杨,等. 农户对市场风险与农产品期货的认知及其影响因素分析——基于5省(市)328份农户问卷调查[J]. 中国农村经济,2010(7):47-55.

[180] 许庆,尹荣梁. 中国农地适度规模经营问题研究综述[J]. 中国土地科学,2010,24(4):75-80.

[181] 薛薇. SPSS统计分析方法及应用[M]. 第2版. 北京:电子工业出版社,2010:246-250,261,422-428.

[182] 杨钢桥,靳艳艳,杨俊. 农地流转对不同类型农户农地投入行为的影响——基于江汉平

原和太湖平原的实证分析[J]. 中国土地科学,2010,24(9):18-23.

[183] 杨钢桥,彭钱英. 市场价格对农户耕地流动资本投入的影响分析[J]. 地域研究与开发, 2010,29(6):129-132.

[184] 杨丽霞. 基于 C-D 函数和岭回归的粮食生产影响因素分析——以浙江省为例[J]. 地域研究与开发,2013,32(1):147-151.

[185] 杨林,曾繁华. 大宗农产品远期交易市场模式的定位分析——兼论生猪电子盘[J]. 财经理论与实践,2011,32(173):44-48.

[186] 杨维鸽,陈海,杨明楠,等. 基于多层次模型的农户土地利用决策影响因素分析——以陕西省米脂县高西沟村为例[J]. 自然资源学报,2010,25(4):646-656.

[187] 姚文,祁春节. 交易成本对中国农户鲜茶叶交易中垂直协作模式选择意愿的影响——基于 9 省(区、市)29 县 1 394 户农户调查数据的分析[J]. 中国农村观察,2011(2):52-66.

[188] 姚霞. 农产品市场时空格局与江苏农业结构调整策略[D]. 南京农业大学硕士学位论文,2004:80,95.

[189] 姚洋. 中国农地制度:一个分析框架[J]. 中国社会科学,2000(2):54-65.

[190] 姚洋. 土地、制度和农业发展[M]. 北京:北京大学出版社,2004:55.

[191] 叶剑平,蒋妍,丰雷. 中国农村土地流转市场的调查研究——基于 2005 年 17 省调查的分析和建议[J]. 中国农村观察,2006(4):48-55.

[192] 伊利·莫尔豪斯. 土地经济学原理[M]. 滕维藻,译. 北京:商务印书馆,1982:120-125.

[193] 尹倩. 农产品生产记录制度实施过程中的农户行为研究——基于浙江省调研的实证分析[D]. 浙江大学硕士论文,2010:24-28.

[194] 于格,刘爱民. 中国小麦的耕地竞争力及其对小麦供求平衡的影响[J]. 资源科学,2005,27(1):60-63.

[195] 于奎. 农村市场开拓的战略路径:市场化、产业化、城镇化[J]. 北方经济,2005(5):12-13.

[196] 臧俊梅,王万茂,朱亚夫,等. 我国农地利用经济效益的东中西部差异比较分析[J]. 农村经济,2006(1):39-42.

[197] 张安录. 灾区农业生产结构功能效益对应变换分析[J]. 农业现代化研究,2002,23(5):331-335.

[198] 张健,濮励杰,彭补拙. 基于景观生态学的区域土地利用结构变化特征[J]. 长江流域资源与环境,2007,16(5):578-583.

[199] 张丽君. 区域农户土地流转的农产品商品化响应研究——以长江三角洲典型农村调查为例[D]. 南京大学硕士学位论文,2006.

[200] 张淑英,李永强. "十五"期间我国农产品价格回升的特点与影响[J]. 调研世界,2006(6):3-5.

[201] 张小蒂,等. 市场化进程中农村经济与生态环境的互动机理及对策研究[M]. 杭州:浙江大学出版社,2007:5-10.

[202] 张晓山. 关于发展现代农业的几点认识[J]. 中国经贸导刊,2011(1):21-23.

[203] 张晓山. 中国城乡经济社会一体化新格局中的农业、农村发展问题刍议[J]. 经济经纬,2010(4):1-8.

[204] 张学军. 论美国农业经销合作社规范的演变及其启示[J]. 浙江大学学报(人文社会科学版),2011,41(4):119-132.

[205] 张永丽.农户劳动力资源配置及其对农业发展的影响——我国西部地区 8 个样本村的调查与分析[J].农业经济问题,2009(2):4-16.

[206] 张永民.土地利用/覆被变化模型研究面临的几个问题[J].干旱区资源与环境,2009,23(10):53-58.

[207] 张玉香.关于加强农业信息化、标准化和市场化建设的思考[J].农业经济问题,2005(9):47-49.

[208] 赵良庆,张贵友.农村土地规模经营主体发展对策——重庆市统筹城乡综合配套改革试验区调查[J].宏观经济管理,2011(7):62-63.

[209] 赵晓丽,汪潇,张增祥,等.河南省土地覆盖变化的时空特征分析[J].水土保持通报,2010,30(2):24-30.

[210] 钟甫宁,王兴稳.现阶段农地流转市场能减轻土地细碎化程度吗?——来自江苏兴化和黑龙江宾县的初步证据[J].农业经济问题,2010(1):23-31.

[211] 钟太洋,黄贤金,陈志刚,等.区域农地市场发育对农业商品化的影响——基于农户层次的分析[J].经济地理,2009,29(3):461-465.

[212] 钟太洋.劳动力转移对农业土地利用及其变化的影响研究——基于农户层次的分析[D].南京大学博士学位论文,2007.

[213] 周其仁.产权与制度变迁——中国改革的经验研究[M].北京:北京大学出版社,2004:125-128.

[214] 朱会义,李秀彬,辛良杰.现阶段我国耕地利用集约度变化及其政策启示[J].自然资源学报,2007,(6):907-915.

[215] 朱天明,杨桂山,苏伟忠.江苏沿江地区农用地集约利用与农产品市场可达性关系研究[J].长江流域资源与环境,2010,19(4):397-402.

[216] 诸培新,曲福田.土地持续利用中的农户决策行为研究[J].中国农村经济,1999(3):32-40.

后　记

本书是在作者博士论文基础上修改和完善而成的。部分内容已在《Journal of Food，Agriculture & Environment》《地理研究》《长江流域资源与环境》等期刊发表。

在南京大学攻读博士学位期间，"诚朴雄伟、励学敦行"的校训铭刻于心。从活泼生动的课堂教学、博大精深的中外讲坛到展现自我的学术沙龙、再到创新务实的科研项目，我无时无处不感受着开放自由的学术氛围和奋发向上的拼搏精神。这是对我人生经历的深刻磨炼，也是对我学术能力的全面提升。这个过程既有痛苦迷茫的纠结与挣扎，又有探索求知的充实与喜悦。带着从南大得到的学习经验及体会，我将在未来道路中走得更坚定、更踏实，从而迈向新的奋斗征程。值此书付梓之际，内心充满了沉甸甸的感恩！

首先，衷心感谢我的博士生导师黄贤金教授。黄老师为人谦和，治学严谨。他教导我如何做好科研，教会我如何为人处世。无论是生活细节，还是论文难点，黄老师都给予了无微不至的指导和点拨。博士论文更是倾注了黄老师的无数心血。从论文选题、到调研选点、再到数据处理、文章框架的建立以及成文后的反复琢磨，每一个环节都与他的关心分不开。最感动的是，在调研酷暑期间，黄老师多次亲切慰问，给我和调研同学带来了无限的鼓舞。正是黄老师每一步的督促和激励，减少了我研究写作过程中的很多障碍。黄老师这种端正、积极的人格魅力让我终身受益。他不仅以广博、卓越的学识为我指明方向；更以忘我进取的工作态度及兼容并蓄的育人态度为我敬仰。我对导师的感激之情无以言表，永藏心底。

衷心感谢可敬可亲的彭补拙老师。他德高望重，对学生关爱有加。从日常聚餐到论文发表，都给予周到的关怀和帮助。每次与彭老师交流，既能收获知识，又能感悟温暖。衷心感谢濮励杰老师和周寅康老师，他们的真知灼见为论文完善提供了不可或缺的指导性建议。

衷心感谢钟太洋老师和陈志刚老师，与他们讨论让我受益匪浅，获益良多，从问卷设计到研究方法再到写作内容，他们的建设性意见让我少走了很多弯路。他们给我提供了许多珍贵的学习书籍和文献，不厌其烦地解答我提出的各种疑问。衷心感谢陈逸老师，与她交流如沐春风，她豁达开朗的人生态度，给了我战胜困难的勇气和决心。衷心感谢朱明老师对论文提出的宝贵建议。

在农户调查过程中，先后得到安徽阜阳市国土局赵兴富副局长、上海市奉贤区房屋土地管理局涂军平科长、江苏常熟市农工办薛静芬科长、江苏宝应县农工办王其龙主任、江苏江都市建设局孙杰副局长等所在单位和个人的热心帮助，调研工作的顺利展开离不开他们的热情接待与周到安排。

衷心感谢江苏省社会科学院的各位领导和同事，尤其是农村发展研究所的同仁们，他们为我的生活和工作提供了无数便利，帮助我在学习过程中排忧解难。既给了我许多中肯的指导意见，又创造了良好的实践机会，让我对农业经济有了比较深入而感性的认识，为我博士论文的顺利完成，给予了莫大的支持。

特别感谢和我朝夕相处的同学们，他们是赖力、赵志凌、陆汝成、赵小风、张兴榆、王佳丽、赵荣钦、徐慧、吕晓、赵雲泰、陈艳华、揣小伟、张梅、李丽、刘艳、谢泽林、印兴波、於冉、胡初枝、谭丹、王伟林、郑泽庆、王倩倩、刘欣、高敏燕、李颖、赵成胜、王海、马文君、彭佳雯、王婉晶、谭梦、张宇辰、孙宇杰、何为、尹凯华、张墨逸、马奔、卢俊宇等师兄妹。与他们在课题合作以及学习探讨的过程中建立了深厚而可贵的友情。特别感谢参与问卷调研的同学们，他们是陈萌、黄晓阳、潘倩、田兴、李华宇、万昌鹏、王方翔等同学。

　　我更要深深感谢我亲爱的父母、家人和挚友。读书期间很少回老家探望，他们没有丝毫怨言，电话中的殷殷叮咛让我倍感温馨，并时常以幽默风趣的话语帮我走出每个困境。感谢我的丈夫，他在繁忙工作之余，承担了家中的很多事务，以轻松淡定的态度化解我的烦躁紧张情绪，免除我的后顾之忧，并在论文写作过程中给予很多良好的建议。感谢我的儿子，他对我无限的爱与依赖成为我前进的动力和源泉。感谢我的各位挚友，是他们不变的支持与鼓励，伴随我孜孜追求，勇敢前行！

　　本书仅是在农村土地利用领域进行的一次小的探索，学习借鉴了大量同仁的研究成果。谨向本书写作过程中引用或参考的文献的作者们表示诚挚谢意，当然，文责自负。衷心感谢南京东南大学出版社的朱珉老师和赵利华老师，本书得以顺利出版，离不开她们辛苦的编辑校对和严谨的工作态度。

　　谨以此书献给所有关心和帮助过我的老师、同学、朋友和亲人！

高　珊